万卷楼

柏桦说

明清律例

罪与罚

柏桦 著

北方联合出版传媒（集团）股份有限公司

万卷出版公司

前　言

　　明清律例在广义上讲，既有律，又有条例，还有事例、则例、禁令等一系列法规；从狭义上讲，就是指《大明律》《大清律》，以及附在律文之后的条例。无论是从广义上，还是从狭义上，要理解其内容都是很难的，毕竟是已经逝去的法律，在淡出历史舞台的时候，仅仅留下记忆。明清律例法规体系，施行了 500 余年。以明清司法体系而言，府州县官都要办理狱讼，一个府州县官年平均办理 2000 多件诉讼，而当时全国有 2000 左右个府州县，一年下来就是 400 多万件，再乘以578 年，就是 20 多亿件。虽然大多数诉讼案件已经见不到了，但现存的史料中也是比比皆是，而所有案件都要有个判决，亦可见律例应用的频繁。

　　首先是律文。朱元璋立法气势乃是前无古人的，声称："凡我子孙，钦承朕命，无作聪明，乱我已成之法，一字不可改易。"群臣敢议改法律者，夷三族。《大明律》经过几次编纂，最终勒定为定本 460 条，不但有明一代无人敢进行更改，有清一代也基本承袭。《大清律》定本 436 条，除了删除已经不适用的"钞法"之外，将明律原注明是该律有几条的文字删除，如"盐法十二条"，清没有十二条，也就成为一条，其内容基本没有什么变化，等于是照搬《大明律》。

其次是条例。从明代的《问刑条例》，到清代的《大清律例》，条例一直是律的重要补充。除此之外，还有许多法规形式，诸如令、诰文、事例、则例、榜文、章程、告示、成案等，与律例互为补充而相得益彰，形成独特的法规体系。在具体实施过程中，何者优先，虽然在原则上有规定，但在实际裁断过程中，有些并不是按照原则办理，在天理、国法、人情的理念下，乃是一种情理法的交融，也是君主专制政体必然的现象。

读明清律易，知明清例难，而知事例、则例、榜文更难，章程、告示、成案则奇难。台湾黄彰健先生在1979年完成《明代律例汇编》的编纂，解决了知明代例难的问题，但面对众多事例、则例、榜文，也只好另当别论了。自2001年起，余在南开大学从事中国法制史教学，深感明清律例之难，便花10年工夫完成《清代律例汇编通考》，竟然得500余万字，目前正在出版中。该书除了律文、例文之外，还收录事例、则例、成案、禁令等与律例相关的内容，进而对明清律例略有知晓，并且围绕此问题发表一些研究论文。

除了研究之外，讲学任务也颇重，因为是双聘教授，两个学院的课都要上，最多时一年讲授14门课程，涉及到本科生、硕士生、博士生，还要指导硕士、博士学位论文。迄今为止，所指导的硕士、博士、博士后，已经有150余名毕业和出站。如此多的学生，毕业论文选题自然要费心思。在研究明清律例之时，想到让学生们也进行研究。于是，硕士选择一条律例，博士选择一组律例。以《大清律例》30门436条来说，即便是有几百名硕士，其研究也是不会重复的，有30名博士，完全也可以在这方面展开研究。时至今日，已经有70余名硕士、博士以明清律例为研究题目，并且顺利毕业，他们的论文核心内容，已经出版了《明清律例研究》（南开大学出版社，2013年5月），此后还要出版第2辑、第3辑。集体的研究收效更大，不但弄清明清律例的一些问题，也扩大了影响。

自2005年起，应中央电视台12频道之约，先后进行《故事与法》《明清妙判》《明清奇案》《明清御批案》等四个系列的讲座，已经播出300余集次。既然是讲明清案例，总会涉及明清律例的适用。解读案例，分析律例的适用，也就成为经常性的事情，故此对明清律例更加情有独钟了。

经好友马勇推荐，筹划了《柏桦说明清律例》一书，乃是杂采近年以来在各类刊物所发表过的论文，进行加工编制，其中也有一些没有发表的论文，以及在中央电视台12频道的部分讲稿，勒为是编，虽有些仓促，但毕竟是多年研究的心得。

每一本书的出版，都记载着一段人生经历，这种经历既有研究的辛苦，也有成功的喜悦，还有失败的苦恼，更有在解不开难题时痛不欲生的感受，而这些只有作者才能够知道，而读者则会有更高的要求。其实每位作者在提交稿件的时候，都有"复恐匆匆说不尽，行人临发又开封"（〔唐〕张籍《秋思》）的感受，会感到有许多缺陷与不足，这里也有同感。这正是"爱憎不由人主持，存亡毕竟有归处"〔清〕赵嘉程《得失行》)。读者们的厚爱，若能够提出批评指正，无论是对我，还是对学术，都有很大的裨益，这里先感激读者的阅读，且恭候指教。

目 录

清律・义与天下同安危

明

法 · 百年疆域汉神州

一字不可易之法

洪惟我太祖高皇帝，膺天眷命，奄有万方，君临天下，慨彼前元纪纲沦替，彝遵倾颓，斟酌损益，聿新一代之制作，大洗百年之陋习。始著《大明令》以教之于先，续定《大明律》以齐之于后，制《大诰》三编以告谕臣民，复编礼仪定式等书，以颁示天下，即孔子所谓道之以德，齐之以礼，道之以政，齐之以刑之意也。当时名分以正教化，以明尊卑，贵贱各有等差，无敢僭越，真可以远追三代之盛，而非汉唐宋之所能及矣。

这是明人颂扬朱元璋在法律方面的建树，认为立法超过汉唐宋。朱元璋深知国无法则不立，于法律之事非常关心，其在位 31 年期间，亲自过问与参与了《大明律》的编纂，前后颁行至少 5 次，最终完成有明一代没有改易的《大明律》定本。朱元璋的立法气势也是前无古人的，声称："凡我子孙，钦承朕命，无作聪明，乱我已成之法，一字不可改易，非但不负朕垂法之意，而天地祖宗亦将孚佑于无穷矣！"在"祖制"不能够擅自更改，子孙改者则废弃不置，官员改者则夷其三族，所以经过朱元璋勒定的《大明律》终明代而不改，而清代又大体延续，成为实施500多年不变的根本法。

关于《大明律》的编纂经过，目前学界多依据《明史·刑法志一》："盖太祖之于律令也，草创于吴元年，更定于洪武六年，整齐于二十二年，至三十年始颁示天下"的记载，认为其从草创到定型，历时三十年，其中涉及吴元年（1367）、洪武六年（1373）、洪武二十二年（1389）、洪武三十年（1397）等4个阶段，而对1373—1389年间修订律的情况少有论及。对此台湾学者黄彰健，大陆学者杨一凡、徐晓庄等，都曾经提到过洪武十八、十九年行用律，而对洪武九年胡惟庸修律也有所涉及，但都语焉不详，究其原因，都是因为没有完整律文存在，但考证修律的经过，这段时间乃是至关重要的。

乱世用重典

　　吴元年（1367）律令，是以左丞相李善长为总裁官，参知政事杨宪、傅瓛，御史中丞刘基，翰林学士陶安等28人为议律官的法典编纂班子完成的，因为是当年十二月颁行，次年便改元为"洪武"，所以又称洪武元年律。

　　早在1356年，朱元璋刚刚当上吴国公时，便设立提刑按察使司。1357年则采取大赦的形式，将在狱的罪囚赦免。1358年春，又命提刑按察司金事分巡郡县录囚，所依据的还是元代法律，凡是笞刑都释放，杖刑减半，重囚杖七十，赃罪免于追赃。对于这种行为，当时左右劝说："去年释罪囚，今年又从末减用。法太宽，则人不惧法。法纵弛，无以为治。"而朱元璋的看法则是："用法如用药。药本以济人，不以毙人。服之或误，必致戕生；法本以卫人，不以杀人，用之太过，则必致伤物。百姓自兵乱以来，初离创残。今归于我，正当抚绥之。况其间有一时误犯者，宁可尽法乎？大抵治狱以宽厚为本，少失宽厚，则流入苛刻矣。所谓治新国用轻典，刑得其当，则民自无冤。抑若执而不通，非合时宜也。"在朱元璋看来，此时正在征战中，争取民心是最重要的，但也反映出他对法律的基本认识。

在法律方面使用轻典，还是使用重典，朱元璋虽然有一定的认识，但在戎马倥偬之时，似乎还没有考虑制定为自己所用的法律，而元朝户部尚书、宛平人张昶的到来，因为"智识明敏，熟于前代典故"，被授予参知政事，在朱元璋草创国家制度方面起到重要作用，但他"劝上重刑法，破兼并之家，多陈厉民之术，欲上失人心，阴为元计"时，被朱元璋发现破绽。后来都事杨宪从张昶卧榻偷出其手书有"身在江南，心思塞北"，因此将其诛杀。这个事件出现以后，朱元璋对于法律的制定更加关注，所以对臣下讲用刑的问题："刑本生人，非求杀也。苟不求其情，而轻用之，受枉者多矣。故钦、恤二字，用刑之本也。"正是在"钦恤"的方针下，朱元璋认识到制定法律的重要性。

吴元年（1367）九月，对元代法律粗有了解的朱元璋与当时的中书省臣李善长、傅瓛、杨宪等有次对话。先是朱元璋认为"连坐"之法不符合先王之政，要求取消连坐，而参政杨宪则认为"元政姑息"，应该采取重治。朱元璋批评杨宪见识太浅："民之为恶，譬犹衣之积垢，加以浣濯，则可以复洁。污染之民以善导之，则可以复新。夫威以刑戮，而使民不敢犯，其为术也浅矣。且求生于重典，是犹索鱼于釜，欲其得活难矣。故凡从轻典，虽不求其生，自无死之道。"因此制定法律，轻典应该是吴元年（1367）律令的编纂方针。

吴元年（1367）十月，以左丞相李善长为总裁官的律令编纂班子组成，朱元璋训示道："立法贵在简，当使言直理明，人人易晓。若条绪繁多，或一事而两端，可轻可重，使奸贪之吏得以夤缘为奸，则所以禁残暴者反以贼良善，非良法也。务求适中，以去烦弊。夫网密则水无大鱼，法密则国无全民。卿等宜尽心参究，凡刑名条目，逐日来上，吾与卿等面议斟酌之，庶可以为久远之法。"朱元璋认为唐、宋皆有成律断狱，唯元不仿古制，取一时所行之事为条格，胥吏易为奸弊，因此这次编定律条的原则是建立成法。依照朱元璋训示精神，律令编纂大张旗鼓地展开。朱元璋非常关注修律工作，不但常常召见他们讨论条目，而且对编纂的各条都能够说出自己的见解。《明实录》仅选择一个比较有代表性的见解，以说明朱元璋关注律令制定的认真态度，那就是关于"七杀"之说。朱元璋认为："近代法令极繁，其弊滋甚。今之法令，正欲得中，毋袭其弊，如元时条格烦冗，吏得夤缘，出入为奸，所以其害不胜。且以七杀言之，谋杀、故杀、斗殴杀，既皆死罪，何用如此分析？但误杀有可议者，要之与戏杀、过失杀，亦不大相远。今立法正欲矫其旧弊，大概不过简严，简则无出入之弊，严则民知畏而不敢轻犯，尔等其体此意。"通检洪武二十二年（1389）律，"七杀"依然存在，但就朝鲜引进《大明律》的情况来看，高丽朝在1380年翻译了《大明律》，但"苦于没有现存资料，也无法确定其是否确实存在过"。因此，有关吴元年（1367）律的内容已经很难见到，而朝鲜所翻译的是洪武六年（1373），还是洪武九年（1376）律，也无从考察，但洪武二十二年（1389）《大明律直解》在朝鲜翻译并印行100本。

在律法编纂过程中，朱元璋曾经与议律官进行讲论，但在讲论过程中，凡是有争议的问题，只要朱元璋一发表意见，所有的议律官都持赞同意见，连朱元璋也认为太过分了。对于刑法这样重要的事情，如果制定不好，不但会使人无所措手足，也何谈垂法于后世？本来没有颁布律令的打算，但在起居注熊鼎的劝解下，朱元璋还是同意先编成，然后再修订。律法编纂完毕，朱元璋与众大臣们共同阅视之，其中"去繁就简，减重从轻者居多"。最终确定了令145条，其中吏令20条，户令24条，礼令17条，兵令11条，刑令71条，工令2条；而律则根据唐律来进行增删，最终确定为285条，其中吏律18条，户律63条，礼律14条，兵律32条，刑律150条，工律8条。

285条律至今没有发现有存，但可以确定，这个律贯穿朱元璋的轻刑思想。正如明人丘濬所讲："洪武元年即为《大明令》颁行天下，盖与汉高祖初入关约法三章，唐高祖入京师约法十二条，同一意也。"

这个律令在吴元年（1367）十二月"命颁行之"，参与编纂律令的人都得到赏赐。律令是以六部顺序编定，虽然在体例上是模仿《元典章》的六部顺序，但一改以前法典编纂体例，创造新的模式，也有聿新一代制作的意义。在颁行律令的同时，朱元璋对群臣发表自己的见解，认为：凡是读书人读书都是去明白事理，但是要保持自己身家性命就要守法。做官者要成为"循良之吏"，不在于以威严驭下，而在于尊奉法律和遵循事理。众位官员虽然都读书，但不能够不明白法律，因为一般犯法的人，都违反事理，作为君子因为遵守事理，所以不犯法，而小人因为轻视法律，所以陷于重刑。他要求官员们明白这个道理，为官应该谨慎，不要轻触法网，"令卿等各有官守，宜知所谨"。众官员唯唯听命，却不知道帮助朱元璋编纂的律令，犹如一张大网。

1367 年颁行的律条，后人对其内容也无法知其详，但参与此次编纂律令的共计 29 人，有些人则是依据此律条被朱元璋处置的，不能说他们是自投罗网，却也是自制罗网而将自己网住。如议律官参知政事杨宪，在编纂律令时，因为有连坐之条，朱元璋认为该律太重，古代先王对于一般犯罪都是罪止及其身，而不是牵连后嗣，下令以后凡是民有犯罪者，不要再施行连坐。杨宪却认为：古代先王用刑轻重是根据实际情况而定的，现在是因为元王朝为政不力，姑息养奸，所以人民轻易就触犯法律，如果现在不从重处置，以后犯法的人会更多。杨宪的论点遭到朱元璋的批驳，认为立法还是应该从轻典，使人民"虽不求其生，自无死之道"。律令虽然是从轻典，但"峻法以绳之"仍然是 1367 年律的主导。杨宪追求重典，其死也在重典。1370 年，刚刚被提拔为中书左丞的杨宪，看风使舵，了解到朱元璋对开国第一功臣李善长有所不满，便开始联合江南的一些文人，纷纷弹劾李善长，并有取而代之的意念，殊不知朱元璋善于吃一观三，能够把握全局，正好一石二鸟，在杨宪与李善长互揭隐私的情况下，将杨宪以"谋反"罪处以极刑，因为有连坐之条，杨宪家人当然不能够幸免，而他所联合的江南文人，如凌说、高见贤、夏煜等人，也因为连坐之法而先后被处以死刑。李善长则因为忧郁成疾，身有疾病，正好给朱元璋以"养病"的借口，于是给他一定的赏赐，将之赶回凤阳去将养，以后也免不得以"谋反"罪被满门抄斩。正所谓：是秦人不暇自哀，而使后人哀之；后人哀之而不鉴之，亦使后人而复哀后人也。

刑平邦用中典

洪武六年（1373）律，也称洪武七年（1374）律，是六年开始编纂，七年完成并颁布施行的。1367年律令颁布以后，虽然说明王朝有了可以依据断罪的法律，但在具体实施过程中，仍然存在许多不足，尤其是"尚有轻重失，亦有乖中典"。按照古代经书确定的原则：刑新邦用轻典，刑平邦用中典，刑乱邦用重典。也就是说，对新征服的地区用轻典，对已经占有的地区及政治稳定的地区用中典，对有反叛势力及人民反抗的地区用重典。中典乃是持久的法律，要想维持长治久安，只有中典才能够保持社会的长期稳定，这对于希望江山稳固，万世一系的朱元璋来说，当然是理想追求。以"中典"为方针的修律活动，在1367年律令颁布以后就紧锣密鼓地展开。先是在洪武元年（1368），朱元璋命令4名儒臣会同刑部官员来为他讲《唐律》，儒臣每天写20条送进，并解释律文的内涵，朱元璋选择其中可以适合本王朝的律文，吩咐刑部编入律令之内，如果他发现有些轻重失宜，便亲自加以损益。经过学习与评议《唐律》，朱元璋的法律知识不断增加，臣下再谈到法律问题时，也就不再仅发表原则性的见解，而是据理明令臣下遵守。如洪武二年（1369），监察御史睢稼以《周礼》与《礼记》所讲"悬法象魏""乡饮读法"之说，希望朱元璋能够开展读律与讲律的运动，务必使全国人民通晓律令，这样便可以"人皆知畏法而犯者寡矣"。朱元璋却不以为然，认为：读律固然可以起到禁民为非的效用，但要使民不犯法，应该从根本的问题去解决，因为"威人以法者，不若感人以心"。提倡信义廉耻，提高人民的道德水平才是根本，而法律则是维护道德的，是"刑以辅治"，不是"刑以威人"，从经典的《尚书》中，就可以看出设置刑法的目的不是为了使用刑法，而是为了不使用刑法，是"刑期于无刑"，更重要的是民不犯法，这才是王朝设立刑法的要点所在，而不是向人民宣示刑法的威严。

在朱元璋既定的方针下，律条编纂工作一直在有条不紊地进行，洪武四年（1371），朱元璋任命刘惟谦为刑部尚书，并专门发表上谕，要他学习汉代名臣张释之、于定国，不要"专务刑罚"。不久，刘惟谦被发往四川行中书省为参政，因为他曾经是1367年律令的议律官，所以在洪武六年（1373），又被调回为刑部尚书，并主持律条的编纂工作，同年八月率先"更定亲属相容隐律"，十一月全面进行编纂。朱元璋对此一直关注，每完成一篇，便让刘惟谦等缮写送入宫内，贴在宫殿墙壁，朱元璋亲自加以裁定。次年二月钦定本《大明律》，由翰林学士宋濂作表，由刘惟谦领衔，将之呈上，由朱元璋批准颁行全国。

洪武七年（1374）律，一改1367年律令的编纂体例，完全仿照《唐律》而成，共计有《名例》《卫禁》《职制》《户婚》

《厩库》《擅兴》《盗贼》《斗讼》《诈伪》《杂律》《捕亡》《断狱》等12门。其中有已经颁行的旧律288条，后续颁行的律128条，由1367年的"令"改为律的36条，因某些事而制定的律31条，从《唐律》选取以补遗漏的123条，共计606条。这完全是《唐律》的翻版，但也增加许多适合当时社会情况的内容，体现出"因时制治"的特点。

洪武七年（1374）律，现在已经很难见到，从该律颁布以后的司法情况来看，虽然去掉1367年律中一些较为严酷的条文，但在朱元璋"重典治国"的立法精神下，依然很严厉，以至于朱元璋不得不用诏令谕旨来进行补充。如洪武八年（1375），朱元璋饬令刑官，将杂犯死罪的人全部免死，让他们劳役终身，在"以全其生"的前提下，希望通过劳役使他们"悔罪改过，复为善人"。在"明主治吏不治民"的原则下，朱元璋对官吏的处罚尤为从重，对于贪赃枉法的官吏往往是严惩不贷。洪武七年律，使官吏更容易触法网，以至于杀不胜杀。为此，朱元璋在洪武八年（1375），对"官吏受赃及杂犯私罪者"，都发往凤阳去屯种，不到一年，因罪发往凤阳屯种的官员就达1万多人，按照当时的职官设置，在从九品以上的官，也就是2万多人，一年之间，居然有近50%的官犯法，可见洪武七年律的严酷细密。值得一提的是领衔呈上洪武七年（1374）律的刘惟谦，自己也陷入法网之中，不久便被免官，发往凤阳而不知所终，成又一位作茧自缚者。

诛奸废相

洪武七年（1374）律颁行之后，朱元璋并没有一劳永逸的想法，而是经常披阅，对于其中不妥之处，也时常发表见解，也感觉到该律仍然"轻重失宜"，很难成为"贵得中道"的法律而传之于后世。洪武九年（1376），朱元璋召见中书左丞相胡惟庸、御史大夫汪广洋等，讲自己翻阅洪武七年（1374）律的看法，先以古代先王为例，认为："古者风俗厚而禁网疏，后世人心漓而刑法密"，所以圣明之主立法贵得中道，其目的是在于"服人心而传后世"，因此现在的法律还有不合乎圣王之道者，要胡惟庸、汪广洋等"详议更定，务合中正，仍具存革者以闻"。根据朱元璋的指示，胡惟庸、汪广洋等不敢怠慢，不久便将厘定的《大明律》呈上来，其中详加考订厘正者有13条，总共还有446条，这就是所谓的洪武九年（1376）律。

洪武九年（1376）律具体内容也难以得知，相关史料也少，其修订是以吴元年（1367）律令还是洪武六年（1373）律为本，也很难确定，但从总共还有446条来看，应该是依照吴元年（1367）律颁布以后陆续颁行的律为基准，因此洪武九年（1376）律，应该是按照名例、吏、户、礼、兵、刑、工分部的。

按照一般惯例，主持制定法律的人被治罪谪发凤阳，其制定的法律也会受到牵连，胡惟庸等人不采用洪武六年（1373）律，按照此前陆续颁行的律进行修订，应该是顺理成章的。

对洪武九年（1376）律的内容多为猜测，尤其是厘正13条究竟是什么，更是成为了谜。如果仔细研读1376年前后的历史，就会发现"奸党"的罪名是这时增加的。按照后来定本的《大明律》，"奸党"罪名是由"奸党""交结近侍官员""上言大臣德政"3条律所构成。正是因为有了"奸党"罪，厘定法律的胡惟庸、汪广洋等又是作茧自缚。

"胡惟庸奸党案"是非常有名的事件，1934年吴晗先生在《燕京学报》发表《胡惟庸党案考》一文以后，各种谈及明代历史的著作，似乎都不能够忽略该案，大多数都认为其是以朱元璋为代表的"君权"与胡惟庸为代表的"相权"之间的斗争，因为胡惟庸被杀后，朱元璋废除丞相制度，由皇帝直接统领六部，使中央集权制度得到进一步加强。但是，当人们讨论"胡惟庸奸党案"时，因为该案辗转株连，从洪武十三年（1380）开始，到洪武二十三年（1390）颁布《昭示奸党录》，在长达10余年的时间里，有多达3万余人受到牵连，其中开国功臣如李善长、南雄侯赵庸、荥阳侯郑遇春、永嘉侯朱亮祖等公侯一级的人物22人都被处死，大多数都被"族诛"。曾经为朱元璋的笔杆子、诸王子的老师的宋濂，其儿子宋璲、孙子宋慎也被一并杀死，宋濂受到株连，要不是马皇后与皇太子求情，尤其是马皇后，陪朱元璋吃饭，命令撤去酒肉，以素斋来表明她要"为宋先生作福事"，才使朱元璋免宋濂一死，流放到茂州（今四川茂汶羌族自治县）。洪武十四年（1381）五月，71 岁拖着老病的身躯，有"尊宗二氏"之称的宋濂，信奉佛、道二教，在拜过佛之后，便睡下难以起床，不由得叹惜道："佛书多取譬之言，果可尽征乎！"也就是说"佛书报应之类的说法，看来都是骗人的呀！"于是便断然绝食，在该寺院与世长辞，要不是该地方长官慕他的文名，将之葬在莲花山下，宋濂可能会曝尸山野。当然，朱元璋的后世子孙为宋濂平反，不但得以改葬，还在 1513 年追加"文宪公"的谥号。

正因为朱元璋在处置"奸党"时决不手软，学界才认为朱元璋置当时法律于不顾，在法律之外任意采取各种刑罚，以至于滥刑诛杀。如果不是滥杀，就应该有法律依据。如沈家本所言擅勾属官、奸党、交结近侍官员、上言大臣德政等，"当定于胡惟庸乱政之后，所谓亡羊补牢也"。沈家本这种猜度之语，实际上不符合中国古代传统，因为杀人定罪必然依法，如果没有法律，以君主诏令谕旨定罪而将之列入法律的范围也是正常的，更何况处置"胡惟庸奸党案"，既有公开颁布的《昭示奸党录》，又有现在还不能找到的洪武九年（1376）律，因此朱元璋将所有"奸党"定罪，都是有依据的。胡惟庸、汪广洋等在得势之时，"附顺者拔擢，忤恨者诛灭"，排斥异己，拉帮结派，正是统治阶级内部各种政治势力角逐的特征，一时得势的派别，总是根据自己的利益来权衡利弊，那么以"奸党"罪清除异己，也是他们的选择。可以确定"奸党"罪是洪武九年（1376）厘正 13 条的内容之一，因为这符合朱元璋对待臣下之心，如其《申诫公侯铁榜》讲："待功臣之心皎如日月，奸臣不能离间。"在设置通政使司时讲："壅蔽于言者，祸乱之萌；专恣于事者，权奸之渐。"隐隐约约都可以看到"奸党"罪入律的情况，更何况以后洪武十八、十九年（1385、1386）行用律也有"奸党"罪。殊不知胡惟庸将异己视为"奸党"，自己也陷入"奸党"的泥潭。胡惟庸等厘定的法律，却将罪名留给自己，正是自设罗网而自入之，自挖陷阱而自入之，颇有耐人寻味之处。

修善之法

　　台湾学者黄彰健致力于《大明律》研究，不但出版有《明代律例汇编》（台北"中央研究院"历史语言研究所，1979 年），还有《明清史研究丛稿》（台湾商务印书馆，1977 年），收录其研究明代法律的论文，其中《〈律解辩疑〉〈大明律直解〉及〈明律集解附例〉三书所载明律之比较》，提到洪武十八、十九年有行用律，也就是当时适用的法律，认为该律已经是 460 条。经过比较，可以看出洪武十八、十九年行用律规定的刑罚较重，而这个时期正是朱元璋将《大诰》颁行全国而大力推行之时。

　　对于洪武十八、十九年行用律是洪武九年律，还是在洪武九年以后陆续修订的律，都是以洪武十九年（1386）署名何广的《律解辩疑》为根据，但该书不是洪武原刻本，摘录的律文又多有删节，因此法史学界还有争议。黄彰健在将各版本的《大明律》比较过程中，发现《律解辩疑》有 7 条改动比较大，量刑标准轻重不一，总体上还是变化不大。

　　从 1380 年朝鲜典法司中有"应参照《大明律》来改正本朝之律"的记载来看，应该是根据洪武九年（1376）律来改正的，此律对"《朝鲜经国典》产生了巨大的影响"。以后朝鲜翻译的《大明律》则是以洪武二十二年《大明律直解》为底本，因此可以推定如果洪武十八九年行用律确实存在，也应该是在洪武九年（1376）律基础上增添的，从原来的446条，增加到460条。因为从洪武十一年（1378）始制牙牌，"私相借者论如律"；洪武十五年（1382）颁军法定律29条"皆参酌律意，颁行遵守"，后来《大明律·兵律》分"宫卫"19条，"军政"20条，所参酌的当是"兵律"；洪武十六年三月，"命刑部尚书开济议定诈伪律条"。九月"磨勘司奏增朝参牙牌律"等情况来看，律条是在不断增添修订的。

1389年，朱元璋命翰林院同刑部官再次更定《大明律》，其具体方法是"取比年所增者，以类附入"，这就是洪武二十二年（1389）律。该律以《名例律》冠于篇首，然后仿照《元典章》编纂体例，按六部官制，分为吏、户、礼、兵、刑、工六律，计名例47条；吏律分职制15条，公式18条；户律分户役15条，田宅11条，婚姻18条，仓库24条，课程19条，钱债3条，市廛5条；礼律分祭祀6条，仪制20条；兵律分宫卫19条，军政20条，关津7条，厩牧11条，邮驿18条；刑律分盗贼28条，人命20条，斗殴22条，骂詈8条，诉讼12条，受赃11条，诈伪12条，犯奸10条，杂犯11条，捕亡8条，断狱29条；工律分营造9条，河防4条，计30卷，460条。此律的出现，使隋唐以来沿袭了800多年的古代法典体制结构发生了重大变化。该律刑制以"笞、杖、徒、流、死"为五刑之正。"五刑之外，徒有总徒四年，有准徒五年。流有安置，有迁徙，有口外为民，其重者曰充军"；"二死之外，有凌迟，以处大逆不道诸罪者。充军、凌迟，非五刑之正"。洪武二十二年律颁行之时，正是全国推行《大诰》的高峰时期。

就科罪量刑而言，洪武二十二年律依然保留了许多"畸重"的条款，虽然是"轻其轻罪，重其重罪"，但还体现着朱元璋"重典治国"的统治方针，以至于不久朱元璋在与皇太孙朱允炆论刑时说："吾治乱世，刑不得不重。汝治平世，刑当自轻，所谓刑罚世轻世重也。"也就是说，在颁行洪武二十二年律的同时，朱元璋已经考虑到子孙治理稳定的社会时应该采用"中典"，因此当皇太孙朱允炆请更定律中的五条以上内容时，朱元璋欣然同意，于是朱允炆进一步提出："明刑所以弼教，凡与五伦相涉者，宜皆屈法以伸情。"在这种原则下，律文改定了73条。由于是律与例并行，所以在洪武二十五年（1392），刑部提出律条与条例不同者宜更定，但朱元璋认为："条例特一时权宜，定律不可改。"洪武二十八年（1395），刑部又提出"律条与律例不同者，宜更定，俾所司遵守"的问题，朱元璋依然是认为："律者，常经也；条例者，一时之权宜也。朕御天下将三十年，命有司定律久矣，何用更定？"拒绝修改律条的请求。在保持律的总体稳定的情况下，以条例来应对各种各样的问题，进而确立了明代"常经"之法与"权宜"措置并用的法制方略。

洪武三十年（1397）律最后定本刊行，全律460条，以名例律为总纲，列五刑、十恶、八议、自首、合并论罪等名目；以下依次是吏律，是有关对官吏公务的规定；户律，是有关土地、户役、钱粮、市场管理和婚姻方面的规定；礼律，是关于违反礼制的刑罚处分规定；兵律，是宫卫、军政、厩牧、邮驿等有关军政事务的刑罚处分规定；刑律，是有关处罚、诉讼、捕亡、断狱等方面的规定；工律，是关于营造、河防等有关修建方面的刑罚处分规定。

《大明律》从草创到定型，历时30年之久，是朱元璋"日久而虑精，一代法始定"的成果，他命子孙守之，永世不得更改，群臣有稍议更改，即坐以变乱祖制之罪，因此一直到万历十三年（1585）合刻颁行的《大明律附例》，仅对律文中传刻差误的55字予以改正外，终明一代律之正文从未更改。

《大明律》是明王朝的刑法典，自洪武三十年（1397）正式定型以后，"中外决狱，一准三十年所颁"，通行于明一代。从《大明律》的几经修订的过程来看，都是在立足于明代社会发展的现实基础上进行的，无论形式或内容都较之前代法律多有创新和发展，其以六部分目，使古来律式为之一变，与《唐律》一样是承前启后的代表之作。洪武三十年（1397）《大明律》采取律诰合编的体例，在律后将整个洪武朝所颁布实行的单行的诰、例附入其中，增强了律的实用性。在具体适用上，"其洪武元年之令，有律不载而具于令者，法司得援以为证，请于上而后行焉。凡违令者罪笞，特旨临时决罪，不著为律令者，不在此例。有司辄引比律，致罪有轻重者，以故入论。罪无正条，则引律比附，定拟罪名，达部议定奏闻。若辄断决，致罪有出入者，以故失论"。从明初律、令、诰、榜文、例等法律形式并存，到逐步形成和实行律例合编，律例并用，使执政者得以在保障律典长期稳定不变的前提下，更能灵活地适时立法，发挥其在治国实践中的效用。

王朝根基

黄彰健先生认为:"明代法律实施分为三个时期,一是洪武、永乐两朝的以榜文为主,律为辅;二是仁、宣、英、景四朝的律为主,现任皇帝所定例为辅;三是宪宗(成化)以后的例辅律而行。随后则是"因律起例,因例生例,例愈繁而弊愈无穷矣"。可以说明代的大诰、榜文、诏令、例等发挥重要作用,但不能够否定律的主导作用。王锺翰认为:"诚以律为一代不易之大法,例乃因时损益之定制,律不可不严,过严则不能垂之久远;例不可过宽,过宽又无以绳百司民人;例所以补律之不及者也。"即便是每个时期有不同的侧重,但也不能够忽略律的主导作用。

在吴元年(1367)定律令时,朱元璋就"欲颁成法,俾内外遵守"。此后在处理各种犯罪时,率先考虑的就是律。如洪武元年(1368),在设置各处水马站及递运所、急递铺时强调:"若公文不即递送,因而失误事机及拆动损坏者,罪如律。"同年八月在大赦天下时也强调:"其守御逋逃者,亦许首免,所在官司给与行粮,起遣还役;一月外不首者,论如律。"并且认为:"其有刑出军律者,未为平允。"洪武三年(1370),朱元璋接见各道按察司官时指出"知府、知州有罪，监察御史按察司官按问得实，则于市中依律断罪"，所要求的依然是以律为断罪的根本。洪武四年（1371），对诸处领兵、镇守、屯戍诸将，"非奉制书，亦毋得辄自离职，违者论如律"。洪武五年（1372），颁布《申诫公侯铁榜》，第6条规定："凡功臣之家屯田、佃户、管庄、干办、火者、奴仆及其亲属人等，倚势凌民，夺侵田产财物者，并依倚势欺殴人民律处断。"同年在强调农桑、学校的重要性时指出："民有不奉天时、负地利，及师不教导，生徒惰学者，皆论如律。"洪武六年（1373），在更定有司申报庶务法时指出："府、州、县轻重狱囚，即依律断决。"洪武七年（1374），在申定兵卫之政时，对卫所官兵违法行为都"俱论如律"。洪武十二年（1379），规定海舟有死亡将士，不准遗弃在海里，"违者论如弃尸律"。洪武十四年（1381），朱元璋"命法司论囚，拟律奏闻，从翰林院、给事中及春坊正字、司直郎，会议平允，然后覆奏论决"。也是拟罪要以律为本，而会议平允也是依据律条。洪武十七年（1384），朱元璋命令礼部榜示八事的第七事谓"凡诸司狱讼，当详审轻重，按律决遣，毋得淹禁"，强调的也是按律定罪。由此可见，朱元璋虽然采取"重典治吏"，但他并没有破坏根本律法的意图，而在修订律法过程中，一直循"中典"之路，期望能够制成万世可循之法。

在处理具体案件过程中，朱元璋往往也是尊重律条。如洪武十二年（1379），古北口千户派军士8人出境伐木，为贼所杀，刑部将千户拟为死罪，而卫指挥以下7人连坐，朱元璋认为："千户违法，擅役军致死，可论如律，余人并宥之。"

依照《大明律·兵律·军政·纵放军人歇役》条规定，千户这种行为最多是杖一百，罢职发边远充军，但致死3名以上是绞，因此千户难免于死，但律中有知情不知情，知情同罪，不知情不坐，朱元璋认为卫指挥等并不知情，所以不应该连坐。再如洪武十五年（1382），上海知县王瑛以选力士不称旨，刑部"以欺诳不敬论之"。给事中刘遝则认为："贡举非人，律有定条，选力士不称而坐以不敬太重，不当律意。"朱元璋同意刘遝的看法，要法司按律定罪。如果按照"欺诳不敬"，便是死罪，而按照"贡举非其人"定罪，最多是杖八十，所以"瑛得从轻论"。能够严格按照律条办事，这是统治者没有破坏自己建立的法律，但专制主义中央集权制度，没有任何法律限制君主不遵循法律，因此统治者制定的法律，统治者率先破坏之，几乎成为规律。

律条没有规定的，往往不为罪。如洪武四年（1371），有二人由御道西偏南行走，被左右执法拿下，朱元璋则认为："律未有禁条，命释之。"在省部臣定议新律条时，制定治罪方案，朱元璋则力排众议认为："直驰中道者罪之，横度者勿论。"再如，洪武十五年（1382），朱元璋命令诸司，凡是常行事务，都要如律定拟，"如律所不载，拟有未当，临时奏请者，则备书所奉旨意。法司讯谳罪人，不许预请，窥旨意所向，俟狱成，奏闻"。要求法司依律定罪，不得事先请示，也就维护了律条的尊严。

在引用律不得当的时候，则按照相关的律进行改拟，甚至直接判定无罪。如洪武十五年（1382）因为一个粮长征收夏税时，有匿绢入己的行为，刑部拟为"监守自盗"；磨勘司令俞纶在磨勘卷宗时提出刑部拟罪不当，应该按照"因公科敛财物入己"论罪，朱元璋同意俞纶的看法，予以改拟。按照"监守自盗仓库钱粮"条规定，价值40贯便可以问斩罪；而按照"因公擅科敛"条规定，计赃以不枉法论，不枉法赃达到120贯以上，也最多是杖一百、流三千里。再如洪武十五年（1382），湖州民进新粟时，在中途私启封缄，但没有损坏及少送所进之粟，被所司坐以"弃毁御用物"，当杖而徒。朱元璋认为"原其情无他，若坐以此律，是以法伤人而不究其情也"，因此免去湖州民的罪责。

当然，朱元璋亲裁的案件往往不依律裁断。如洪武三年（1370），户部奏："苏州所逋税，其官吏当论如律。"朱元璋则认为："苏州归附之初，军府之用，多赖其力。今所逋税，积二年不偿，民困可知。若逮其官，必责之于民，民畏刑罚，必倾赀以输官，如是而欲其生，遂不可得矣。其并所逋免之。"这样做是出于政策上的考虑，也是朱元璋一直奉行的"权宜"之道的体现。再如同年十二月，中书省臣言："民有贩卖私盐者，于法当诛，请如律。"朱元璋认为："彼皆细民，恐衣食不足，而轻犯法，姑杖之，发戍兰州。"

在维护明王朝赖以存在的统治基础的情况下，朱元璋常常会因"孝""忠"而屈法以赦免，这种事例屡见不鲜。如洪武八年（1375），杭州民有获罪，律当杖而谪戍，因为其子愿以身代，朱元璋则认为"此美事也，姑屈法以申父子之恩，俾为世劝"，则赦免其罪。洪武十五年（1382），北平民为人所诬，逮至京师，其子也到京师诉冤，刑部以"越诉"定罪，朱元璋认为："子知父冤，其忍无词，听父诬伏，岂得为孝子？诉父枉，出其至情，不可加罪。"当然，并不是所有子代父抵罪都可以得到赦免，如洪武十七年（1384），太平府民有殴伤孕妇至死，其子乞代父受刑，朱元璋就没有赦免，而是让大理寺详议。大理寺认为："子代父死，情固可矜，然死妇系二人之命，冤曷由伸？犯人当二死之条，律何由贷？与其存犯法之父，孰若全无辜之男。"朱元璋便同意处死犯法之父，而没有按照一般惯例予以减罪或赦免。如果从提倡孝道的角度，朱元璋的做法应该无可指摘，但屈法赦免其罪，却破坏了法律的尊严，使人们只是相信万能的君主，而不信既定的法律，其最终是使法律没有信任的社会基础，更不能够奢谈什么法治了。

朱元璋在裁断案件时，往往是原情论理，早在1358年，身为中书省平章的朱元璋就用药来比喻法律，药应该根据病情来用，法应该根据民情来施，因此原情是朱元璋经常采用的办法。如洪武九年（1376），有卫卒夜巡，遇二人伏草中，因为二人持杖拒绝询问，被卫卒刺死一人，法司以斗殴杀人律，论二卫卒当死，朱元璋认为："卫卒巡夜，诘奸职也。"因此刺死拒绝询问者无罪，释放卫卒，但赔偿死者丧葬费。洪武十五年（1382），黄州府同知安贞擅造公宇器用，被书吏告到湖广按察司，按律拟罪上闻，朱元璋认为："安贞有犯，法司如律按之，固其职也。然原贞之情，非自私也，房宇器用之物，皆公家所需。贞若迁他官而去，必不以偕往，今乃罪之，是长猾吏告讦之风矣。"朱元璋原情论理，没有处罚黄州府同知安贞，而治书吏诬告之罪。再如，洪武十七年（1384），民有与妻忿争而裂其钞，被法司以弃毁制书律定罪，朱元璋认为："彼夫妇一时私忿耳，非有意于毁钞也，宥之。"洪武二十二年

（1389），有军士在内库支给赏，支给数超过应得之数，被门卒发觉，"法司论当盗内府财物律"，朱元璋则认为"此司藏者之误也"，而没有将军士定罪，奖励门卒忠于职守，将多给之钞赏给门卒。洪武二十三年（1390），当四川土官所属土民偷盗官粮的时候，按照律条都应该处死，朱元璋"悯其无知犯法，命释之"。这是因俗而治，于情于理都说得过去，土民治以土法，也是统一王朝经常采取的政策。

洪武二十八年（1395），几起地方官使用非法刑讯的案件送到朱元璋手中，其中有浙江黄岩县丞余琳，打造尖刀锥子，还带有铁钩，将那些拖欠钱粮者，都用锥子刺入人体，带出血肉；松江府华亭县知县王纪用，制造大杖，用紫檀木镶在杖头，这样便可以使杖头重量增加，因为檀木的坚硬，会使受刑人更加痛苦；山西白水县知县罗新，制作两层生牛皮的鞭子，刑讯时蘸水，使受刑人皮开肉绽。看到这些，朱元璋不由得勃然大怒，认为这些刑讯手段，作为臣下，怎么敢随便使用？生杀之柄，人君操之，臣下岂能够操人生死？于是颁布圣旨，要刑部衙门榜示天下。按照朱元璋的看法："律载刑具明有定制，乃弃不用，而残酷如是，是废吾法也，难论常律。"对于使用非法刑具的官员，他从来不按律条规定处置。按照律条规定，官员使用法定以外刑具伤人，要从重处罚，致人于死，则最重刑罚是杖一百、徒三年，加罚埋葬银两。朱元璋对于这些使用非刑的官吏，不是将他们凌迟处死，便是将之枭首示众，即便是听从行刑的衙役也不能够幸免。朱元璋坦陈"律外处治"，要全国臣民都要知道，并公开重处各种犯罪的原则，体现了"朕即是法"的专制主义中央集权制度的精神。

朱元璋即便是按律定罪，也会将"明刑弼教"发挥到极致。如洪武四年（1371）江苏兴化卫指挥佥事李春挖掘宋代坟墓，盗黄金等物，朱元璋"命罪之如律，仍追所盗物，敛瘗其骸，立木刻其事于墓左，以为民戒"。再如洪武十四年（1381），朱元璋要求刑部"自今凡官吏有犯，宥罪复职，书其过，榜示其门，使之自省。若果能省身改过，则为除之，有不悛者，则论如律"。先教后诛，给予一定自新的机会。

在律与例的适用方面，朱元璋也常常以律为本，只是在律不能够定罪的时候，才引用例。如洪武二十四年（1391），有夫犯死罪而妻妄控，法司援引例，拟将罪妻刺字为奴，朱元璋认为："夫犯罪而妻诉之，彼但知爱其夫而来诉耳。今以其妄而并黥之，是刑罚太过，此皆足以伤天地之和也。自今宜悉依律断决，勿深文也。"坚持以律裁断，而不用例。同年，嘉兴府通判庞安缉获私盐，按照律的规定将私盐赏与缉获人，户部却以其违例，罚他盐价，还要将之定罪。庞安不服上言："律者万世之常法，例者一时之旨意，岂可以一时之例坏万世之法？"指出"今之律即古所谓法，国家布大信于天下者也。例者即古所谓出于一时之命也。今欲依例而行，则于律内非应捕人给赏之言，自相违背，是失信于天下也"。问题提的尖锐，但讲得有道理，所以朱元璋"诏论如律"。洪武二十五年（1392），监察御史宫俊提出"刑名不实，法司以面欺，例当斩"的问题，朱元璋认为："奏对不实，自有常律，何得一以例论？宜依律。"洪武二十七年（1394），朱元璋近30年更改胡俗、兴教化的成效不明显，虽然律条与《大诰》都有严厉的处罚，但朱元璋还是舍《大诰》而用律条，"比闻民间尚有顽不率教者，仍蹈袭胡俗，甚乖治体，宜申禁之，违者论如律"。这也标志着重典向中典回归，法律也逐渐趋于稳定，因此当刑部、都察院奏请加"反逆法"时，朱元璋不同意，"但令如律"。

洪武三十年（1397），历经30多年编纂的《大明律诰》编成了，朱元璋登上午门，向天下宣布："凡榜文禁例悉除之，除谋逆并律诰该载外，其杂犯大小之罪，悉依赎罪之例论断。"自此以后《大明律》的地位得以完全确立，但这个诏书还承认《大诰》及例的效用，也就决定《大明律》不可能是单独的法律，而令、大诰、榜文、诏令、例、告示禁约等彼此相连的法规体系，不但成为明代的特色，对清代的法律也有深远的影响。

有效的榜文

> 太宗文皇帝，奠安万姓，肃清四方，凡所施行，务
> 遵成宪，故诏诰臣民，谆谆以申明旧章为言；榜谕天下，
> 惓惓以紊乱旧制为戒。

这是明人在赞扬朱元璋创制，而子孙世世遵守，并强调
"榜谕天下"乃是以遵从祖制为根本。在明代法规体系中，榜
文是基于朝政的急需，以皇帝名义或部院衙门及地方奉旨发
布的文告，它能迅速地反映朝廷的意志，明确当前治理的重
点和惩治的主要对象，有必要深入研究。

未断的榜文

黄彰健先生认为："明代法律实施分为三个时期，一是洪武、永乐两朝的以榜文为主，律为辅；二是仁、宣、英、景四朝以律为主，现任皇帝所定例为辅；三是宪宗（成化）以后的例辅律而行。随后则是"因律起例，因例生例，例愈繁而弊愈无穷矣"。可以说明代的律、例、大诰、榜文、诏令、则例等构成的法规体系，在具体实践过程中，都曾经发挥作用。如果用主辅的关系来论述，其实也有顾此失彼之嫌，因为不同的法规所发挥的效用不同。以榜文来说，除了洪武、永乐两朝之外，这种法规形式在以后各朝都曾经存在，而且是针对不同的情况，不断地创制更新，有明一代从来没有间断过。

杨一凡致力于古代珍稀法典的整理，在收集与整理过程中，关注到明代榜例，并专门撰文进行了考证。他认为：洪武、永乐两朝榜文大多已经失传，现存的榜文散见于各类史籍中，资料相对集中者有《皇明制书》所收《教民榜文》和《南京刑部志》所收的榜文，其中《南京刑部志》所收 69 榜，系嘉靖时南京刑部仍悬挂、使用的洪武、永乐榜文，其中属于洪武朝的45 榜，永乐朝的 24 榜。经过考证得出结论是：榜文兼有法律和教化双重功能，大体可分为两类：一是以告谕、教化为宗旨，内容是指陈时弊，申明纲常礼教和治国之道，意在使人知所警觉，趋善避恶。二是朝廷公布的法律、法令、政令，要求臣民一体遵守。后一类榜文具有法律的规范性和强制性，其作为有法律效力的文书，是王朝法律体系的有机组成部分，也是古代法律的重要形式之一。这种论点有一定的见地，但将榜文定位在法律和教化，则未免有些武断，因为榜文几乎涉及到王朝所有的事务，不仅仅局限于法律和教化这两个方面，也不可能仅有两类。

有明一代十六帝，都曾经颁布榜文，散见于《明实录》《明会典》《皇明条法事类纂》《条例备考》《军政备例》等书之中。可以说自明初起到明末都有榜文这种形式，虽然各朝君主对于榜文的制定和实施的重视程度有所不同，但榜文作为重要的法律形式被累朝沿相使用，其涉及事务之多，范围之广，也不能够简单而论。

榜文由于颁布者不同，其法律效力也不同。在众多榜文中，有皇帝批准或指示有关部门制定，向全国颁布的，其法律效力就具有全局性；有针对局部地区制定，经过皇帝批准的，其法律效力则是局部性。也就是说从立法的角度来看，经过皇帝批准的榜文，无论是全局，还是局部，都具有通行全国的法律功效，至于中央各部门与地方官发布的榜文，具有部门法规与地方法规的功效，虽然也有法律的效能，但不能够视为国家级的法律。本文则以皇帝批准或指示颁布的榜文为论述基点，中央各部门与地方官自行发布的榜文将在另文予以论述。

榜示与榜谕

　　朱元璋非常注重榜文的效用，早在 1355 年，以左副元帅率军攻打采石镇的时候，先令李善长为《戒戢军士榜》，进城以后便张挂起来，结果"城士卒欲剽掠，见榜揭通衢，皆愕然不敢动。有一卒违令，即斩以徇，城中肃然"。不但使军队受到约束，也起到安定民心的效用。榜文收到良好的效果，此后则常常使用。1360 年，有散兵游勇剽掠无为州，朱元璋"命揭榜宥其罪，官复故职，给以田宅，廪饩士卒，则赡养之"，结果成功地收编了这些散兵游勇。1362 年，在攻打驻守处州的张士信时，"使谍者揭榜于义乌之古朴岭"，扬言徐达率大军将至，扰乱张士信的军心，张部士卒纷纷准备逃窜。结果朱元璋的军队一进攻，张士信部众便"自相蹂践及溺死者甚众"。这三个榜文内容完全不同，一个是申明纪律，一个是赦免罪责，一个是扰乱敌心，都收到了朱元璋所期待的效果。

　　1367 年，朱元璋成为吴王以后，榜文则指示中书省撰写颁布，主要精神则为朱元璋所授意。如徐达、常遇春等攻入山东，朱元璋指示中书省张榜安抚山东军民，如果归顺，"军则月给以粮，民则各归本土。如不从命，天宪靡逃，一丽于法，悔无及矣"。可能是山东为元朝占据过久,几次安抚榜文发出,还有一些曾经在元朝当官或有功名的人,"多疑惧不安",所以再次发榜予以安抚。明军攻占北京以后,朱元璋命礼部榜示:"凡北方捷至,尝仕元者不许称贺。既又以元主不战而奔,克知天命,谥曰顺帝。"这种策略,既安抚了元朝投降的官员们,也笼络人心。对于安抚榜文,朱元璋本着实事求是的态度。如中书省榜谕天下,有侈大之词,他便深责宰相"不知大体,妄加诋诮",应该以安抚为上,所以接连发出安抚与约束军队的榜文。如"命户部榜谕天下军民,凡有未占籍而不应役者,定期许自首"。要都督府榜示中外卫所,"禁武官纵军鬻贩"。

随着明王朝的巩固,朱元璋往往根据形势需要,颁布一些应急性的榜文。如为了抗击倭寇,在浙江、福建造 660 艘海舟,朱元璋怕地方官借此勒索百姓,要中书榜谕该地区,不许"重科吾民"。还"设榜于午门外,并省、府、台门,凡有戒饬之事则书之"。从中央到地方,颁布戒令,让官员谨遵"朝廷礼法",实际上是要整饬官场风纪。

洪武十三年(1380)废除丞相以后,朱元璋直接面对六部及五军都督府等衙门,根据不同的事务,朱元璋分别指示各部门颁布榜文,其中有"榜示"与"榜谕"之别。

从"榜示"的内容来看,主要是要天下周知。其中有户部的"自今如军民嫁娶、丧祭之物,舟车、丝布之类,皆勿税"的榜文;要求各府、州、县设立预备仓的榜文,"有余粟愿易钞者,许运赴仓交纳,依时价偿其直,官储粟而扃镭之,就令富民守视。若遇凶岁,则开仓赈给,庶几民无饥饿之患也"。将宝钞与铜钱兑换的标准榜示天下知之,"凡钞一贯准钱一千文"。

以礼部名义榜示：有地方官为政"八事"，即州县官为政要求；府官的职责；布政司与按察司的职责；县级司法权限；布政司司法权限；刑部司法权限；不许淹禁；不许越诉等，"颁布天下，永为遵守"。表彰湖广沅陵县主簿张杰的母亲，能够身为"妇人当乱世，能守节教子"，所以榜示天下以励风俗。限制僧寺道观交结官府，严守戒律，不许乱建庵堂、乱收徒弟，必须官给度牒，"有称白莲、灵宝、火居及僧道不务祖风，妄为论议沮令者，皆治重罪"。

以兵部名义榜示：有针对士兵逃亡而公布榜文，凡是"有匿逃亡者，即令送官，逃者与藏匿者勿问，违者俱坐以罪"。有因士兵逃亡过多，要地方官及时上报，"惟榜于治所，以速其报"，如果再拖延时日，将下吏诘问。有在外卫所遇有寇盗不能够及时剿捕，要兵部榜示天下："自今各卫所地方，设有寇三四十人即调官军一二百人，寇有数百人即调数千人，刻期捕获，毋令滋蔓。如指挥、千户不躬率士卒及调兵失律误事者，罪之"。这是申明军律，为及时剿灭寇盗而设。

以刑部名义榜示：有从宽处理官吏的，"自今凡官吏有犯，宥罪复职，书其过，榜示其门，使之自省。若果能省身改过，则为除之，有不悛者，则论如律"。允许自新，但要使他们知道自己的罪过。有禁止议刑文书繁文缛节者，凡是"虚词失实，浮文乱真"者，都要"以繁文出入人罪者罪之"。

从"榜谕"的内容来看，则偏重于戒谕，有寓教于先、惩处于后的意味，也有表彰善行与暴露恶行的内容。如朱元璋令户部榜谕两浙、江西之民，要他们为仁义忠孝之民，劝诚他们遵守法度，服役纳税，不要多好争讼，"无负官府，是以上下相安，风俗淳美，共享太平之福，以此较彼，善恶昭然"。然后申明"宜速改过从善，为吾良民，苟或不悛，则不但国法不容，天道亦不容矣"。再如，戒谕百姓，"令四民务在各守本业，医卜者土著，不得远游，凡出入作息，乡邻必互知之。其有不事生业而游惰者，及舍匿他境游民者，皆迁之远方"。在倡行教化的同时，移风易俗，显示出先教后诛的策略。有显示皇恩浩荡，免去某地赋税徭役者，如"永免凤阳、临淮二县税粮徭役"，因为这是朱元璋的故乡与祖陵所在地。有因为土地荒芜，仍然征收赋税，而命户部榜谕天下郡县："凡土田荒芜者，以实奏报。"一方面核实土地情况以保证朝廷的税收，一方面减免一些荒田租税以安抚民心。

以礼部名义的榜谕大多是以移风易俗、申明学制等为主。如定天下学校岁贡生员之制："岁贡生员各一人，正月至京，从翰林院试经义、四书义各一道，判语一条，中式者入国子监，不中者罚之。"命令礼部榜谕天下府、州、县学，成为有明一代不变之制。再如，平定云南以后论功行赏，因为赏不公平，致使军人心怀不满，朱元璋命令礼部榜谕诸军："受赏不及格与有劳而不及赏者，皆许陈诉，验实赏之。"既显示了皇恩浩荡，也稳定了军心。

以兵部名义的榜谕则以申明军纪，改革军制，完善军事物资供给等为主。如原来明军士兵要自备兵器，士兵负担过重，所以兵部榜谕："自今士卒军装、器械有敝者，官为给造，若侵扰者罪之。"各处驿传的马匹都让百姓自己出资买马应役，而所孳息幼马却归官府所有，显然不合理，所以朱元璋命令兵部榜谕:"驿马不问官给及民自买,其孳息听其货鬻,勿禁。"在榜谕天下以后,河间阜城驿马户以孳生马给官府,朱元璋认为:"岂朕言不信于民耶?无乃有司奉行之不至也?其即还之。"由此可见榜谕实施的情况,也可见榜谕的效力。由于达官权贵不遵守驿传规定,凭借权势擅自使用驿传的船只马匹,所以朱元璋命兵部榜谕天下:"凡公、侯、驸马奉命出使,其傔从及诸藩府使人无符验者,不得擅乘驿传船马,违者罪之。"由于军用物资走私海外,朱元璋命令兵部榜谕沿海居民:"毋得以麻、铁出境。"

以刑部名义的榜谕一般是申明禁令,或者是在惩处某些犯罪时告诫天下,毋要仿效。如朱元璋命令刑部榜谕天下:"犯法者不许诬引良善,违者所诬虽轻,亦坐以重罪。"这是严惩诬告的举措,为的是有所劝惩。再如岚州学正吴从权、山阴县学教谕张恒,因为奏对有失朱元璋的旨意,因此命令刑部榜谕天下学校:"若二人者于心无诚,已违圣贤之教,虚縻廪禄,无补于时,宜窜之极边。"就是为了让天下学校的教官与生员们,以为鉴戒。

以工部名义榜谕则是关于经济与水利方面的劝谕。如河南、山东一带土地宜种植桑枣,而山西民众地狭,朱元璋便命令工部榜谕山西民众迁徙河南、山东,"愿徙者验丁给田,其冒名多占者罪之"。其劝谕的意义明显,但对于借机冒占者则要治罪。

以都督府名义榜谕则主要针对军卫。如福建等地的都司滥用军士修建城楼,甚至私营居室,朱元璋命令五军都督府榜谕天下都司:"自今非奉命,不得擅兴营造,私役军士,违者或事觉，或廉得其状，必罪之，削其职。"再如甘肃、西凉、西宁贩卖马匹，有将官马贩卖者，朱元璋令"右军都督府榜谕河州等处禁民毋鬻官马"。另如广西龙州土官赵宗寿因为袭职问题发生争执，朱元璋命令右军都督府榜谕："如茂（被继承者）果存，则送至京师，以赎尔罪，复违令，则命大将军率兵讨捕，罪在不赦；如茂果死，则宗寿亦亲率大小头目至京，具陈其由。凡龙州军民人等，悉皆知会。"在恩威并济的情况下，以解决土官世袭问题为根本。

综上可见，榜示与榜谕有一定区别。一般情况下，榜示的强制力比榜谕要强，榜示在宣布治罪方针时，具有雷厉风行的效用，有先兵后礼的寓意，法律的效力比较强。榜谕则主要在于劝诫，有先礼后兵的意味，如果不听劝诫，其法律效力也高于一般律例的规定。这种方针实际上勒定了明代榜文的制度，如嘉靖年间，对于王守仁（王阳明）学说进行清算，让都察院"榜谕天下，敢有踵袭邪说，果于非圣者，重治不饶"。而对于妖书则以为"愚民往往被惑，乞备录书名，榜示天下，使咸知其谬幻"。前者具有劝诱性质，后者具有禁止性质，看起来并没有什么太大的区别，但在具体实施过程中却有很大区别。

以刑部之名

洪武、永乐两朝的榜文内容涉及六部和都察院所管的事务，因治理的对象和应用的范围不同，有悬挂于官署，有榜于市，有挂于申明亭，还有专门申诫公侯的铁榜，其中既有像《教民榜文》那样用于民间事务管理和道德教化之类的榜文，也有许多以"惩创奸顽"为特定内容的榜文。

杨一凡总结榜文的特色有：第一，许多规定属于新的刑事立法，其内容不是为明律所未设，就是律文的规定比较笼统，榜文规定得更加具体。第二，榜文中所列刑罚苛刻，大多较当时行用的律文相近条款量刑为重。这是就洪武、永乐现存的 69 榜而言，实际上洪武、永乐两朝的榜文远远超过此数，如果再加上以后 14 帝颁布的榜文，可以知见者以千数，其处罚标准、量刑轻重也视榜文所涉及的事务而异，如安抚流亡、招抚叛逆、赈济灾荒等榜文，也不可能比当时行用律文量刑为重，常常是法外开恩。

在《洪武永乐榜文》中，洪武年间以刑部名义颁布的榜文有 19 榜，其中可以称为"榜示"的 10 榜，"榜谕"者 9 榜。

刑部榜示中有洪武十九年（1386），因为僧人互相控告，榜示:"乖于佛教者,弃于市,以禁将来。"洪武二十三年(1390),因为有诸司官吏弃毁公文不立卷宗,所以将数百名官吏公布罪名之后处斩,榜文以"红牌青字,悬于公座之上"。同年又针对藏匿卷宗进行榜示:"许诸人告发,官给赏钞一百锭。犯人处斩,家迁化外。"洪武二十六年(1393),颜锁住等38名,将鞋改成官靴模样,被"押去本家门首枭令了,全家迁入云南"。同年因为蓝玉党案,"将各人情词,图形榜示"。洪武二十七年(1394),因为军官私役屯军,"将他凌迟处死,传首沿途号令"。同年又针对科敛屯军,将百户王麟斩首,"前去本卫枭令",并申明凡是科敛屯军,均如此处置。另外针对卖放军人,处斩两名百户,由刑部出榜:"与管军人员知道,以为借鉴。"针对顽民强占良民为奴,"除将本人凌迟示众之外,妻子并一家人俱刺面入官为奴",并警告再有类似的事情,即按此治罪。洪武二十八年(1395),针对一些官吏非法用刑,要刑部"将合用刑具,依法较定,发与诸司遵守",如果违例用刑,不但官要处死,连听从官行刑的皂隶也要一体处死。

从洪武刑部榜示可以看到,除了公布犯罪者的罪行及处置情况以外,都申明如果出现类似的事情,依照榜文治罪。上述10榜,涉及律文多条。僧人互相控告,涉及"诬告",而诬告反坐,要看诬告罪名以及已决未决,才能够量刑定罪,而这里只要是僧人互控,则予以弃市,显然处罚很重。"弃毁公文"和"藏匿卷宗",按照《大明律·职制·公式》诸条律规定,弃毁官文书,只有"事干军机钱粮者绞",一般的也就是笞杖之刑,这里则全部处斩,甚至还有凌迟处死者。颜锁住等穿官靴模样的鞋,《大明律》中有"服舍违式"条,但没有规定这样具体，即便是僭用违禁龙凤纹的刑罚，最高也只是杖一百、徒三年，其他物品，有官的杖一百，无官的笞五十。这里仅将鞋子更改如官靴的样子，还不是官靴，只不过形制类似，便将这 38 人枭首了，还牵连家属迁徙到云南。"科敛屯军"按照《大明律·兵律·军政·纵放军人歇役》及《关津·私役弓兵》等条规定，也就是笞杖，追回科敛钱财，而榜文却凌迟处死或枭示。由此可见，榜文处置非常严厉，但仅实施于一时，因为洪武三十年（1397）颁布《大明律》时，已经明令废除此前的榜文。

刑部榜谕中有洪武二十二年（1389）针对淹禁而颁布的，"今后敢有淹禁一年之上不发落者，当该官吏处斩"。有针对诬告而颁布的，"将好词讼刁民凌迟于市，枭首于住所，家下人口移于化外"。洪武二十四年（1391）针对诬指正人颁布的榜谕，凡是"本身已得入死罪，又诬指人，凌迟，都家迁化外"。洪武二十六年（1393），岚州学正吴从权、山阴县学教谕张恒，奏对失旨，"拟依奏启事体语言不一，转换支吾面欺者斩，家迁化外"。洪武二十七年（1394），有针对充军罪犯谋充卫所吏典发布的禁约，"许诸人指实陈告，正犯处以极刑"。有针对偷盗官物发布的榜谕："一体处死，仍着家眷依照原盗官物，十倍追赔还官。"有针对偷盗颁布的禁约，凡是"做贼的、掏摸的、骗诈人的，不问所得赃物多少，俱各枭令"，并且要求"务要家至户到，男子、妇人、大的、小的都要知道"。从上榜谕可以看出，公布禁约，宣告罪名，都是先礼后兵，当榜谕公布以后，再有犯榜谕所列罪名者则按照榜文处置。如做贼、掏摸、骗诈，曾经事先发布榜谕，结果"犯者至今不已"，所以再次颁布，而且有处置案例：

> 枭令犯人十起：沈付二等六起，俱偷盗。薛二等三起，
> 俱诈骗。王军儿、陈神保一起，升斗作弊骗人。
>
> 处斩犯人三起：杜丑驴、金氏等三起，俱通奸。

依照《大明律》，通奸罪的最高刑罚是杖八十，刁奸之罪也只是杖一百，即便是强奸也不过是绞刑，这里将通奸罪犯处斩，可谓极重。窃盗罪应计赃科断，除监临主守盗所监官钱四十贯者，均不处死刑，榜文把此类犯罪一律加重为死罪，实是过于严酷。朱元璋坦陈"律外处治"，要全国臣民都要知道，公开自己重处各种犯罪的原则，使榜文的法律效力明显，也体现"朕即是法"的专制主义中央集权制度的精神。

在众多的榜文之中，特别值得一提的是《教民榜文》。现在可以见到的《教民榜文》是洪武三十年（1397），朱元璋诏令户部修订，刊布天下，其榜文共41条，涉及里老人、里甲理断民讼和管理其他乡村事务的方方面面，如里老制度的组织设置、职责、人员选任和理讼的范围、原则、程序、刑罚及对违背榜文行为的惩处等，作了详尽的规定，堪称我国历史上极有特色的民间事务管理和民事诉讼法规。

在中国历代皇帝中，朱元璋最熟悉农村和农民生活。他出身贫苦，经历坎坷，经验丰富，巩固政权以后，精心设计了一套乡村治理制度，便是《教民榜文》，其中明令讲道："民间户婚、田土、斗殴相争一切小事，须要经由本里老人、里甲断决。若系奸、盗、诈伪、人命重事，方许赴官陈告。"一

般民事案件都由里老人、里甲办理，刑事案件才由官府办理。朱元璋去世以后，里老人办理民事诉讼的权力被收回，但在官批民调的体制下，基层组织依然发挥重要作用。虽然在法律上没有特别明确的规定，但在实际司法审判中是常见的现象。这里既有诉讼程序方面的问题，又有风俗习惯和传统伦理道德的规范，不但蕴含着"礼之用，和为贵"传统礼制的内容，也体现着王朝的统治政策，还具有广泛的社会基础。

昭告天下

从《洪武永乐榜文》所收 69 榜文来看，可以称为"榜示"者，一般都是在展示罪犯罪恶的时候，颁布处罚情况，然后警告再有如此犯罪者，就要按照被处罚的罪犯一样处置。可以称为"榜谕"者，一般都是公布某些禁约，谈到一些犯罪现象，然后公布处罚标准。这是两者的主要区别所在，但也有相通之处。

洪武三十年《大明律》颁行时，朱元璋曾经明令将"递年一切榜文禁例，尽行革去"，但其子孙依然还不断地颁布新的榜文，不但涉及朝廷各种政务，有些还成为施政与推行的重点。

以"榜示"而言，主要向天下宣告处置罪犯，并进行警告，常常用于"奸党"、强盗等罪大恶极的罪犯，将他们的罪名与处置过程颁布，主要是以儆效尤。如宣德元年（1426），汉王朱高煦反叛，明宣宗即令"兵部榜示中外"，将其罪行公布于天下，声明乱臣贼子，人人得以诛之。平叛以后，又命"都察院榜示中外"，公布"反逆家属在逃之令"。当然，"榜示"的用途也是多样的，如嘉靖四十三年（1564），陕西游僧武如香，用莨菪之类的药物迷倒昌黎县民张柱妻而奸污之，"复将魔法吹入（张）柱耳中，柱发狂惑，见举家皆是妖鬼，尽行杀死，凡一十六人，并无血迹"，破获以后，张柱与武如香皆论死，并"榜示天下"。另外诸如招商、公布条例、赈济灾荒等也使用榜示。如云南粮盐匮乏，便揭榜招商，给予一定优惠，允许各处客商，将井盐、运谷，运"于大理、金齿等处上仓"。宣德三年（1428）将"新定清理事例十一条，通前八条榜示天下"。宣德五年（1430），户部榜示天下，"劝谕亲邻同里之人协助赒恤，有扰害之者罪之"。

"榜谕"则具有惩恶扬善的双重效用。颁布禁约，指出违反禁约如何处罚，但给予一定的期限，有劝谕的性质。如朱棣取得帝位，逮捕黄子澄等，将"不服族诛，姻党成边者四百余人，同时被戮诸臣，俱号齐黄奸党，榜谕天下"，目的是使人人知儆。再如宣德二年（1427），因为各处卫所军士多有逃亡，便令兵部"出榜晓谕，使之改过"，给予一定自新的机会。正统元年（1436），命户部揭榜晓谕，督令逃民复业，然后"严逃民不复业之禁"。至于招揽人才，表彰循吏、晓谕民众，则是扬善。如洪武年间，苏州知府王观，因为"为政严整，多所兴建，发奸摘伏，民惮之如神明"，被朝廷得知，便"嘉其能，榜谕天下，以励怠政者"。成化年间，晋州知州李愚平定桑冲叛乱的事情传到朝廷，因此"特令榜谕天下以示功"。宣德三年（1428），福建出现叛乱并扰乱浙江，便"榜谕所在官吏军民，有能导引官军捣贼巢穴者升赏"。嘉靖年间，礼科给事中谢蒉，因为上疏得到明世宗的认可，"为下诏榜谕天下"。明熹宗即位诏讲道地方官吏在一条鞭之外，"立小条鞭火耗之外，复加秤头，任意干没"，因此刊榜晓谕，声明"违查参重处"。天启二年（1622），努尔哈赤围困广宁，当时谣言四起，京师动摇，"兵部悬示榜文明谕军民无得轻信讹言"，并公布奸细"缉防之令"等。

其实"榜示"与"榜谕"有时候区分不大，以至于两者容易混淆在一起。如弘治七年（1494），山陕人孙腾霄等，诱迫乞丐与富商巨家寻衅闹事，然后杀掉乞丐进行讹诈，"名曰贩苦脑子，前后杀十人"。后来被查获，明孝宗认为："人命至重，此曹乃以为货殖，奸巧横出，所杀至数十人，罪难轻贷。其为首者凌迟处死，为从者斩并枭首示众，仍榜于天下知之。"本来是"榜示天下"，但《明政统宗》则认为是"榜谕天下"，而《涌幢小品》则将明孝宗的谕旨改为"其为首者凌迟处死，为从者斩并枭首示众，仍榜谕天下知之"。是明人已经很难区分"榜示"与"榜谕"，也不知道两者的区别所在。

《明史》认为朱元璋"又命刑部，凡官吏有犯，宥罪复职，书过榜其门，使自省。不悛，论如律。累颁犯谕、戒谕、榜谕，悉象以刑，诰示天下"。这里特别推出榜文的问题，没有提出对朱元璋之后的榜文应用的情况。虽然每位皇帝即位的时候，常常申明"今后一应罪，悉依大明律科断，法司不许深刻，妄引榜文及诸条例比拟"。实际上，每位皇帝在位期间都公布新的榜文，因为是以现任皇帝名义公布的榜文，所以无论是法律效力，还是在实施上，都比《大明律》与历年条例更为有效。时过境迁，随着榜文风头过去，其功效也就不明显，在审断案件时往往不会考虑陈年的榜文，这就是榜文的时效性特点。

其次，榜文还具有灵活性的特点，便于应对各种新情况及突发事件。如宣德元年（1426），汉王朱高煦叛乱，明王朝接连发布榜示与榜谕，在首恶必办的前提下，"其余军民被胁从者一切不问"。再如，当边境局势紧张，明王朝及时榜谕："一应人等，有愿奋勇效力剿贼立功者，许其赴官自陈。"凡是能够杀敌立功者都给赏赐。此外诸如灾荒、兵乱等突发事件，无不以榜文的形式申明赏罚，便于更好地应对。

再次，榜文几乎涉及王朝各种事务，既能够发挥法律的效力，也利于明确各部门的工作重点。纵观明代经过皇帝批准的榜文，都是以六部与都察院的名义颁布的，既有他们职权范围内的事务，又有王朝当前的工作重点，还有短期应急性的特点，因此便于推行与落实。如万历六年（1578），朝廷推出开垦荒地三年之内不起科的政策之后，"百姓疑畏，旋开旋弃"，通过榜谕，告诉百姓，"通限种田六年，方准起科，各给印信执照，永为己业"，使百姓消除疑虑，在有利可图的情况下，使"荒芜尽辟"。

此外，榜文在推行时具有雷厉风行的特点，在家喻户晓的情况下，更容易发挥法律效力。俗话说"新官上任三把火"，专制政权在推行某些政策时，固然常常是虎头蛇尾，来势凶猛，去时萧然，而榜文的时效性恰恰与之相适应，因此常常能够收到效果。当然由于专制主义中央集权制度自身存在难以解决的矛盾，其政策推行能力也不能够估计太高。

虽然榜文公布的赏罚标准与《大明律》及各部门则例有不一致之处，但由于榜文的时效性，很难完全破坏固有的法律和制度，而其灵活性及应变特点，既能够弥补法律和制度方面的不足，又能够应对各种新情况及突发事件。不应该以榜文刑罚苛刻和赏赐非制而将之否定，而是应该将之视为王朝法律体系的有机组成部分，在肯定其存在价值的基础上，分析其利弊得失。

百官的花名册

经朱元璋敕定，于洪武二十六年（1393）三月内府刊印的《诸司职掌》，被认为是"明初最为重要的职官法典，它详细规定了明朝政府设官分职之制"。或者是"明初最重要的行政方面的立法，为明一代的职官制度奠定了基础"。至于是职官法典，还是行政法典，抑或是令典汇编、综合法典，必须细加分析，才能够予以准确定位。

六部之分

《诸司职掌》颁行于洪武二十六年（1393），是朱元璋"以诸司职有崇卑，政有大小，无方册以著成法，恐后之莅官者，罔知职任政事施设之详，乃命吏部同翰林儒臣，仿《唐六典》之制，自五府、六部、都察院以下诸司，凡其设官分职之务，类编为书"。该书是由翟善同翰林儒臣编成的，并得到朱元璋的认可而刊行颁布天下。

《诸司职掌》以吏、户、礼、兵、刑、工六部及都察院、通政司、大理寺、五军都督府为门。

其吏部门有选部、司封部、司勋部、考功部4目，每目之下列有子目。选部下有选官（含作缺、类选、抄选）、衙门、官制、还职役官吏人材生员、给假等5个子目；司封部下有封爵（含见封、袭封）、封赠（含加赠、追封）、荫叙、诰敕、散官、吏役、勘合、皂隶、到任须知等9个子目；司勋部下有勋级（含文勋、武勋）、资格（含官、吏）、贴黄、实写、丁忧、致仕、侍亲、更名复姓、杂行（含官吏俸给）等9个子目；考功部下有考核（含官、吏）、事故（含极刑、老疾、行止、纪录、贡举、朝觐）、诸司职掌等3个子目。

户部门有民科、度支科、金科、仓科 4 目。民科下有州县（含图志、田土、农桑、灾伤）、户口（含丁口、赋役、婚姻、读法）、会计（含粮储、草料、转运、杂行）等 3 个子目；度支科下有经费（含赏赐、月粮、月盐、杂支）、廪禄（含俸给、廪给、行粮马草）2 个子目；金科下有库藏（含课程、赃罚、钞法、盐法）、权量（含斛斗秤尺、时估）2 个子目；仓科下有征收（含税粮、刍草）、仓庚（含盘拨粮斛、内外仓廒）2 个子目。

礼部门有仪部、祠部、膳部、主客部 4 目。仪部下有朝贺（含正旦冬至朝贺、中宫正旦冬至命妇朝贺仪、东宫正旦冬至朝贺、万寿圣节百官朝贺礼仪、中宫千秋节命妇朝贺礼仪、东宫千秋节百官朝贺礼仪）、朝仪（含京官常朝仪、百官朝见礼仪、常朝君父之礼、诸蕃朝贡）、庶人常见礼仪、冠服、皇帝冕服（含衮冕十二章）、东宫冠服（含衮冕九章）、亲王冠服、文武官冠服、命妇冠服、房屋器用等第、亲王冠礼、婚礼（含亲王婚礼仪式、定亲礼物）、公主婚礼（含册公主、册文、公主受醮戒、驸马受醮戒、亲迎、谒祠堂、合卺、见舅姑、赐驸马冠带衣服）、宴礼（含大宴、中宴、常宴）、传制、进春、颁诏、开读、表笺、贡举、学校、旌表、印信、杂行等 24 个子目；祠部下有祭祀（含郊祀）、时享太庙、祭社稷、祭山川、祭历代帝王、祭先师孔子、祭先农、祭旗纛、合祀神祇、牺牲、历日、艺术、僧道、祥异、丧葬等 15 个子目；膳部下有膳羞、厨役、俸给、藏饩、器皿、行移等 6 个子目；主客部下有朝贡、宾客、给赐 3 个子目。

兵部门有司马部、职方部、驾部、库部 4 目。司马部下有铨选（含官制、勋录、武官资格、除授官员、袭职替职、升用总小旗）、贴黄（含写黄续黄、缺官、更名复姓）、优给、诰敕（含给授、封赠、加赠）、军务（含开设卫所、整点军士、声息）、赏赐等6个子目；职方部下有城隍、军役（含收补军士、重役、冒名、军士缺伍、老疾军人）、关津（含设置巡检司、断发逃军囚徒）、烽堠、图本等5个子目；驾部下有卤簿、羽仪、仪仗（含皇太子仪仗、亲王仪仗）、守卫军士食钱、牌面、驿传（含马驿、水驿、递运所、开设驿所、市民马户、囚充站户、应合给驿、应付脚力、陈告消乏、符验、急递铺）、马政（含厩牧、关换、折粮、收买）、力士校尉等8个子目；库部下有军器、勘合、给聚、根捕逃军勾捕军士、杂行（含俸给、印色、纸札、考核、拘收皮张、军士盐粮、皂隶）等5个子目。

刑部门有宪科、比科、司门科、都官科4目。宪科下有律令、问拟刑名、除拨官吏、会计粮储、月支俸给等5个子目；比科下有律令、类进赃罚、收买纸札、处决重囚、详拟罪名、岁报罪囚等6个子目；司门科下有律令、编发囚军、皂隶狱卒、营造等4个子目；都官科下有律令、提调牢狱、拘役囚人（含真犯死罪、杂犯死罪）、申明诚谕、官吏过名、类填勘合、抄札（含应合抄札）、狱具等8个子目。

工部有营部、虞部、水部、屯部4目。营部下有营造（含仪仗、城垣、坛场、庙宇、公廨、仓库、营房、狱具）、工匠（含工役囚人、轮班人匠）2个子目；虞部下有采捕（含野味、皮张、翎毛）、禁令、军器军装、窑冶（含砖瓦、陶器、铸器、铜铁、铸钱、颜料、纸札、石灰）等4个子目；水部有河渠（含河渠、桥道、船只）、车辆、织造（含缎匹、诰敕、冠服、器用、斛斗秤尺）等3个子目；屯部下有屯种（含开垦、农具、牛只）、坟茔、抽分、夫役、杂行、农桑等6个子目。

都察院十二道监察御史职掌有纠劾百司、问拟刑名、出巡、刷卷、追问、审录等6个子目。

通政司有出纳帝命、通达下情、开拆实封、关防诸司公文勘合、月奏等5个子目。

大理寺有审录囚人参详罪名、合律照驳式、番异式、二次番异式、请旨发落、详拟罪名、月报囚数、处决重囚等8个子目。

五军都督府断事官有问拟刑名、起解赃罚、月报军官、处决重囚、详拟罪名、杂行（含工役囚人、官吏俸给、公用纸札、牢狱）、分问衙门（含左司、右司、中司、前司、后司）等7个子目。

当前研究都认为《诸司职掌》是行政法典，因为其"内容涵盖吏、户、礼、兵、刑、工、都察院、通政司、大理寺、五军都督府断事官十门的官职建制沿革和职权范围，成为明初最重要的行政立法，为明一代的职官制度奠定了基础"。唐代的律、令、格、式的区别在于，"令者，尊卑贵贱之等数，国家之制度也。格者，百官有司之所常行之事也。式者，其所常守之法也。凡邦国之政，必从事于此三者。其有所违及人之为恶而入于罪戾者，一断以律"。这里强调"令、格、式"涉及邦国之政，"律"用于断罪。因为明代没有"格"及"式"所以认为《诸司职掌》与《明会典》都是行政法，但在认识上是有歧义的。

两法之冲突

　　《诸司职掌》到底具有什么样的法律效力呢？从永乐开始，到正德时颁行《大明会典》，《诸司职掌》一直影响各项制度的实施，有较高的法律效力。

　　明成祖朱棣因为《诸司职掌》没有皇后册文格式，所以依据《诸司职掌》完善册立皇后及亲王仪仗礼。靖难之臣广平侯袁容继母罗氏封赠，因不符合《诸司职掌》而破例予以封赠，但下不为例。由此可见，《诸司职掌》在具体实施过程中，还是能够突破的。

　　明宣宗时，以《诸司职掌》指斥朱高煦"擅改旧制"，因此"逆煦俛首无言，愧悔不及"。宣德四年（1429）北京国子监助教王仙，请按照《诸司职掌》将从八品国子监博士、助教，考满升为从七品散官。明宣宗认为"其言皆有理"，同意所请，依《诸司职掌》行，则可见此时《诸司职掌》还能够严格贯彻执行。

　　明英宗时，吏部验封清吏司主事李贤认为："《国朝诸司职掌》，于诰敕一事，至为详备，可为万世法程也。"因此要求严格制度，"今后诰敕仍照《诸司职掌》施行"。但制度已经有所变革，所以"命礼部会官议行"。正统四年（1439），因为水灾加旱灾，敕谕公侯伯五府六部都察院等衙门官，列举合行事宜二十二条之二条，即停罢冗官，"自今悉照洪武年间《诸司职掌》官额，选其廉能者存留，其余悉送吏部改除，如无缺员，照依永乐年间事例，放回宁家，俟有缺员，挨次取用"。则可见在正统时期，《诸司职掌》已经与事例并行。正统六年（1441），有关武官子孙及母妻袭封降一品的问题，而按照《诸司职掌》改定母妻先从其夫之品，次从子孙之品，令兵部重新整理诰封。正统八年（1443），针对吏科给事中姚夔提出文武官员给予谥号问题，礼部尚书胡濙提出按照《诸司职掌》所载："公侯卒有谥，文武大臣卒而功绩显卓者，特旨赐谥。"而不能够凡是三品以上官都能够得到谥号，则可见凡是《诸司职掌》没有规定的事项，可以用皇帝的特旨来定，而特旨正是《诸司职掌》规定的原则。

景泰三年（1452），有关公侯大臣去世免朝时日问题，朝臣认为应该遵照《诸司职掌》规定，而礼部提出"俱如永乐间例"，而没有遵照《诸司职掌》的规定。景泰四年（1453），巡按山东监察御史提出"六部各官或偏执己见"的问题，应该依照"见行事例"，"须会同内阁大臣计议"。景泰帝认为"天下事祖宗立法已定，不可擅自更改"，应该遵循《诸司职掌》。景泰五年（1454），礼科都给事中张轼等提出太常寺不选择给事中、中书舍人为分献官的问题。诏"今后分献官，仍照《诸司职掌》"。景泰六年（1455），有关东宫官考核问题没有遵照《诸司职掌》规定，掌詹事府事礼部尚书章文提出应该按照《诸司职掌》实施，景泰帝"命如《诸司职掌》行"。有关尚宝司、中书舍人、都给事中、行人司正官的考核，"误依在京堂上官例"不予考核，诏仍"依《诸司职掌》，从本部考核"。针对大理寺驳回的案件，刑部、都察院往往"痛肆棰楚，迫其曲承，是致刑狱多冤"，南京大理寺右寺正向敬按照《诸司职掌》规定而"举正其罪"，得到景泰帝认可。亦可知见行事例与《诸司职掌》冲突时，采取何者，则要看具体情况而定。

天顺元年（1457），重新即位的明英宗敕令都察院，"凡遇一应政务，悉依《诸司职掌》及《宪纲》施行，言事必以直道而务存大体，治事必以正法而务循旧章"。认为以前都察院所出现的弊端，都是没有遵照《诸司职掌》与《宪纲》所致，可见行事例在具体实施过程中逐渐成为主导。

明宪宗时期，《诸司职掌》与见行事例之间的冲突逐渐增多。如成化元年（1465），国子监助教李伸上言五事之一，荫大臣之子中提出，近日以来大臣致仕而子孙得不到优礼之事，应该按照《诸司职掌》给予大臣子孙世禄，是"朝廷崇德报功之意厚矣"。成化六年（1470），尚书姚夔等会议兴利除害诸措施，提出在京卫所军职，应该"俱视《诸司职掌》定额，罢其老疾庸懦者"的问题。有关御史弹劾官员考核问题，吏部提出应该会官考察，明宪宗认为："不必复考，有不当者，待考满时奏请处置，按《诸司职掌》进行考核升贬。成化七年（1471），礼部尚书邹干奏请为其父邹济加恩赠一级，因为违反《诸司职掌》规定，特地加恩，而"不为例"，亦可见《诸司职掌》执行之严格。刑科给事中白昂等提出大理寺"审录罪囚，参详罪名"，应该"使遵《诸司职掌》事例行之"。这里的事例是《诸司职掌》内新增加的内容。成化九年（1473），巡抚浙江右副都御史刘敷等条上各项事宜中，对《诸司职掌》所载浙江税粮虽然已经减四分之一，因为"坍江倒岸，并籍没田地，概欲减征，则税粮视旧益少，而内外供给何以措置？"申请再减，没有得到批准。成化十年（1474），宁晋伯刘聚卒，其子请追封谥号，因为"《诸司职掌》未有伯追封侯例"，吏部不同意加封为侯，而明宪宗特命加赠为侯。刑部右侍郎林鹗申请按照《诸司职掌》"所载例赐母敕命"，特赐其生母敕命。成化十二年（1476），成国公朱仪等陈言十五事之四事，提出"江淮济川二卫，事少官多，宜如《诸司职掌》员数，留官管事，余俱令带俸差操"。户部会议《诸司职掌》规定"凤阳田土比旧以减十分之八，而税额如旧"，提出以常州等府折银送南京库，抵凤阳税额，对《诸司职掌》的适用性提出质疑并更改。成化十五年（1479），襄王祁镛奏请为生母加封号，因为《诸司职掌》没有规定，所以没有应允。成化十七年（1481），太子太傅英国公张懋提出散官勋级的问题，吏部以为超过《诸司职掌》规定者，可以奏请批准，明宪宗认为："公侯勋号，《诸司职掌》既有定制，不宜轻议。文职考满进阶常例，又非可施于勋臣者。懋等所请，于二义皆无所当，其已之。"在《诸司职掌》的权威性不断遭到质疑的情况下，君主还在努力维护。成化二十年（1484），礼部尚书周洪谟等提出文职三品荫子入监读书问题，应该"依《诸司职掌》考试，有能通经书大义者方许入监"。不过，因为"加以考试之严，则人皆畏惧，不敢乞恩"，希望按照近例，由礼部审查即可入监读书，得到批准，而《诸司职掌》的规定也就形同具文。

明孝宗时期，《诸司职掌》的权威逐渐减弱，见行事例为具体实施的首选。成化二十三年（1487），南京工科给事中章应玄等言五事之三事，"重爵赏以杜幸门"，提出应该"照《诸司职掌》裁革冗员，以清仕途"。明孝宗仅仅"行所司知之"而已，《诸司职掌》的约束力也逐渐丧失。弘治元年（1488），右评事鲁永清所言三事之三事，刑官委有司勘问之事，出现淹禁，以至于"无辜死于狴狱"的问题，都察院认为刑官"悉照《诸司职掌》行提紧关干证之人，亲自问理"，如果有违，监察官进行弹劾，《诸司职掌》依然为更正现行制度的标准。监察御史王嵩等提出应该修省五事之五，乃是按照《诸司职掌》所载监察御史的职责，整顿监察事宜，"乞复旧制，以作新庶政"。弘治二年（1489），太子太保、吏部尚书王恕等以灾异言七事之一，就是针对《诸司职掌》有关教官考满以后贬降问题做出修正，今后采用升降级的办法，而不先贬职，"如此则事体适均，人心惬服"。则可见《诸司职掌》实施百余年以后，与现行制度多有冲突，统治者不得不采取补阙的办法予以修订。河南左布政使徐恪责革徽王府承奉司吏，徽王朱见沛请治徐恪罪，明孝宗"以祖训条章并《诸司职掌》俱无承奉司吏典，贻书谕王及各王知之，吏典令照例裁革。谓徐恪处事率易，停其俸两月"。弘治五年（1492），鸿胪寺右少卿李镂应诏言十二事之一事"定礼制"，要求将"近年行过仪注"增补在《诸司职掌》之后，并与之并行，也只是"命所司看详以闻"。刑科给事中王钦言四事之二事"全台宪"，认为各处巡抚都御史，应该"照《诸司职掌》额数选补"。也只是"下其奏于所司"，最终不了了之。通政使司奏"建言、自陈，或认罪等奏本，宜遵《诸司职掌》俱赴本司投进，违者请治以罪。礼部复奏从之"。弘治六年（1493），太医院院判刘文泰中伤吏部尚书王恕违例"除授吏目，升用御医"，王恕认为自己"俱是遵依《诸司职掌》及见行事例"，最终将刘文泰投入锦衣卫狱。可见《诸司职掌》与见行事例并行的情况。弘治九年（1496），有关定襄伯郭嵩之子荫袭问题，是荫袭叔祖之职，因为《诸司职掌》及见行事例没有明文规定，吏部不同意，明孝宗认为："既例不应袭，其已之。"弘治十年（1497），宗室为生母请封之事，礼部认为《诸司职掌》没有规定，因此不能够破例。明孝宗认为："既例不应封，已之。"弘治十二年（1499），在查革传奉官员问题上，太医院认为《诸司职掌》有"黜陟取自上裁之旨"，应该保留太医院传旨升职者，明孝宗认为"太医院官系用药有效，传旨升职者，不必查"，所重视的乃是见行事例。弘治十六年（1503），依照《诸司职掌》所载两京及各布政司铸钱之数，"稍损益之"，而前代的钱依然可以通行。工科左给事中张文认为："《诸司职掌》虽有各处铸钱例，然久已不行，今若令天下一体开局鼓铸，未免冒滥纷扰"。孝宗认为"铸钱既尝采集众议，今但照原议行之"。弘治十七年（1504），刑部主事朱瑄提出大理寺审录罪囚使用刑讯问题，大理寺卿杨守辩争，认为大理寺是"遵《诸司职掌》问拟审录"。针对双方争论，孝宗"命今后各遵职掌旧制，毋得互相偏拗，有乖体统"。在祭祀社稷日期问题上，御史弹劾礼部所行日期不对，孝宗认为应该按照《诸司职掌》所记日期，"今后只照职掌旧制，用上戊日致祭"。弘治十八年（1505），礼部尚书张昇等言五事之一"禁侈靡"，请"今后请悉遵《诸司职掌》及《洪武礼制》制度，违者，依律重治"。孝宗认为"所言切中时弊"，但令听朝廷处置。工科给事中许天锡等条陈鼓铸弘治通宝事宜十事，认为固然应该按照《诸司职掌》规定鼓铸，但也应该有所变通。

明武宗时期，《大明会典》的颁行，《诸司职掌》内容被编入会典者则按照执行，新出现的事例则逐渐"著为令"或"著为例"，成为新的事例。如正德二年（1507），"太监李荣传旨，文武官并命妇应得祭葬赠谥恩荫"，这项制度虽然是按照《诸司职掌》制度所行，但"时刘瑾方专权，政必己出，又欲裁抑文臣，乃著为此式"。正德四年（1509），翰林院编修李时以六年请归省父母，吏部认为《诸司职掌》及历朝事例都有规定，所以著为令。有关王亲不许仕京职的问题，吏部认为"祖训及《诸司职掌》俱无明载"，但按照服制，五服之外不应该限制，得到批准。正德四年（1509），有关大臣三品以上三年考满例得荫子的问题，给事中提出应该按照《诸司职掌》执行，吏部尚书杨一清"以《诸司职掌·荫叙》列司封部下为言"，最终还是按照现行制度执行。

由上可见，《诸司职掌》在明宪宗以后多与见行事例并行，具体实施过程中，除了有关礼仪方面的问题遵照《诸司职掌》外，其余事务则多以见行事例为主，而《诸司职掌》的权威性也不复以往，全面修订也就呼之欲出了。

互补的律例

　　早在天顺二年（1458），吏部尚书兼翰林院学士李贤等就提出《诸司职掌》应该重新修订的问题，明英宗"即命各衙门查报"，将本衙门"委官数员，仍照旧式，类编为书，完备进呈，官为刻印"。成化六年（1470），翰林院侍读尹真等认为国朝典章"虽有《诸司职掌》一书，然遗漏尚多，更革不一，或事同而例异，或名有而实无，百年于兹，未有定制，欲示治平之永，则合榟典章之大成"。因此奏请设局纂修，将"《诸司职掌》而删润以为《大明通典》"。许多官僚都认为："必得删订增广成书，使一代之制，粲然明白，垂之万世，而足征可也。"成化十年（1474），兵科给事中祝澜提出《诸司职掌》没有备载的事例，应该将"见行条例刊板印行，则天下皆可遵守而无惑矣"。经礼部会议，仅能够遵从部分事例，其余还要遵从《诸司职掌》，而弘治朝编纂《会典》时，则遵从这个原则，即先《诸司职掌》，后列事例。

　　《御制明会典序》云："发中秘所藏《诸司职掌》等诸书，参以有司之籍册，凡事关礼度者，悉分馆编辑之。"最初的《大明会典》主要以《诸司职掌》及各衙门见行事例为本。《明会典·弘治间凡例》云："本朝旧籍，惟《诸司职掌》，见今各衙门遵照行事，故《会典》本《职掌》而作。"其基本原则是："官制衙门《诸司职掌》所载，具有次第，今另开衙门，以此为准。""其类注有不尽者，依《诸司职掌》例，各注于本条之下。""衙门官职品，有定于《诸司职掌》之后者，今仍书职掌旧名，而各注其下。""《诸司职掌》所开衙门，皆今之南京，后两京并置，以北京为政令所出，故事例悉载于是，而两京衙门各开于后，其见行事例有不同者，则另书之。""户口赋税等数目则例，《诸司职掌》所载，后有增减不同者，各书原数之后。""仪注依《诸司职掌》，各具于本事之下，惟先定者备书，间有损益，止书损益者于后。""郊社等项图式，《诸司职掌》所载，皆存其旧，有未备者，则补之。"这里涉及职品、官制、户口赋税、仪注、郊社等，除了《诸司职掌》所载之外，以见行事例增补损益。万历《明会典·重修凡例》云："《会典》旧列《诸司职掌》于前，历年事例于后，然《职掌》定于洪武二十六年，而洪武事例，有在二十六年之前者，不无先后失序。今皆类事编年，凡《职掌》旧文，俱称洪武二十六年定"。这样的处理，便使《诸司职掌》不能够再单独来援引，而《大明会典》的援引，则替代了《诸司职掌》。

要想说明《诸司职掌》的性质，就必须讲明《大明会典》的性质。《大明会典》在学界颇有争议。大致有三种看法：一是行政法典；二是法令汇编；三是典章制度史书，或者是会典体史书。都是从不同角度来理解，行政法典之说是以现代的眼光来看，未免有些偏见。史书说者是以史学角度而言，因为将历年事例编排起来。法令汇编说者则以当时的法律而言。

不论是行政法典，还是法令汇编，抑或是史书编纂，都是在没有弄清楚明代法规体系的基础上形成的，对于这个问题，明人已经给予关注。如"太祖高皇帝，稽古创制，分任六卿，著为《诸司职掌》提挈纲领，布列条贯，诚可为亿万年之大法也"。《礼部志稿·纂志凡例》云："其不专于礼而礼政居多者，曰《皇明祖训》，曰《大诰》，曰《大明令》，曰《教民榜文》，曰《诸司职掌》，典礼之盛，彻今古，通幽明，极天地，和上下，优优大哉，不可以加矣。"基本上都将《诸司职掌》定位为王朝的"大法"，这个"大法"是什么性质？也有一定的辨解。

明人丘濬认为：唐代是律、令、格、式，宋代则是敕、令、格、式，明代的法律则兼有律、令、格、式及编敕的功能。律与令的关系是"令以教之于先，律以齐之于后"。"律者刑之法也，令者法之意也，法具则意寓乎其中"。此外《洪武礼制》《诸司职掌》《大诰》等，"凡唐宋所谓律、令、格、式与其编敕皆在是也，但不用唐宋之旧名尔"。作为基本法律应该是律与《大诰》，所以朱元璋所做《祖训》有"子孙做皇帝时，止守律与《大诰》，而不及令，而《诸司职掌》于刑部都官科下具载死罪，止载律与《大诰》中所条者可见也。是诰与律乃朝廷所当世守，法司所当遵行者也。事有律不载，而具于令者，据其文而援以为证用，以请之于上可也"。认为除了"诰"与"律"应该遵守奉行，凡是"诰"与"律"不载者，可以援其文上请。《诸司职掌》是可以援引的条文，当然也就具有法律效力。其法律层面相当于"格"与"式"；之后《大明会典》的编纂，则确立了"则例"的地位。

《诸司职掌》所规定的细则，成为以后修订"则例"的基础，也是当时重要的法律形式。"则"是法则、准则或规则之意；"例"是指先例、成例或定例。其名起于唐、五代时期，是一些中央机构及地方官府在实施某些职权过程中而制定的规则，在本部门得以应用，对整个社会的影响及作用并不明显。明代的则例涉及王朝各项事务管理，广泛适用于行政、经济、军政管理等领域。除了各部门的则例之外，还有许多单行的则例，如赋役则例、商税则例、开中则例、捐纳则例、赎罪则例、宗藩则例、军政则例、官吏考核则例、钱法则例、钞法则例、漕运则例、救荒则例等，涉及的领域十分广泛，与各部、院、寺、监、府的则例共同成为规范行政机构活动的规则，在政务具体执行过程中起到重要而独特的作用，也成为主要的法律形式之一，并且为清代所因袭。

在法律适用方面，律例与则例存在处罚方式、处罚范围、处罚对象、主管部门的不同。在实际运用过程中，律例虽规定了刑罚，但官吏主要以则例规定的处罚为主。如《诸司职掌·刑部·都官科·提调牢狱》条规定，牢狱管理方面如果出现淹禁、克扣狱囚食粮、开放枷锁、私通信息等行为，要"提牢官审察明白，呈堂整治"。也就是说由刑部堂官（刑部尚书）决定行政处罚，即按照罚俸、降级、革职来处分。罚俸有一月、二月、三月、六月、九月、一年、二年、三年，共8等。降级则分调用、留任，降级调用从降一级到降五级，分为5等；降级留任从降一级到降三级，分为3等。革职分革职留任、革职、革职永不叙用、革职交刑部审拟。由轻及重，直至追究刑事责任。那么，按照《大明律》的规定，这些行为都要受到笞杖处罚。因此可以看出则例与律例互为表里，互为发明，体现出以律例为基点，而在律外颁而奉行者有则例，可见二者相通之处颇多，也可以看出明代法规体系所展现出整体性、系统性和周延性的特点，从中可以体会明代政治制度所蕴含的深意和魅力。

明法的遗墨

　　明代的法律除了《大明律》以外，还有洪武时期制定的《大明令》《诸司职掌》《洪武礼制》《礼仪定式》《孝慈录》《教民榜文》《皇明祖训》等，这些通行于有明一代。此后又陆续出现《问刑条例》《诏令》《则例》等，还有制度与法规汇编的《会典》。可以说明代是以令、大诰、榜文、诏令、律、例等为主，构建了彼此相连的法规体系。

教之于先为令

《大明令》是洪武元年（1368）正月十八日，与《大明律》同时颁布的，按照朱元璋的颁布时的圣旨所讲："朕惟律、令者，治天下之法也。令以教之于先，律以齐之于后。古者律、令至简，后世渐以繁多，甚至有不能通其义者，何以使人知法意而不犯哉！人既难知，是启吏之奸而陷民于法，朕其悯之。今所定《律》《令》，芟繁就简，使之归一，直言其事，庶几人人易知而难犯。《书》曰：'刑期于无刑'，天下果能遵《令》而不蹈于《律》，刑措之效，亦不难致。兹命颁行四方，惟尔臣庶，体予至意。"从中可以看出朱元璋颁布《大明令》的目的在于"教之于先"。

《大明令》共计 145 条，以六部分目，其中《吏令》20 条，《户令》24 条，《礼令》17 条，《兵令》11 条，《刑令》71 条，《工令》2 条。这是在新朝初建，法律未暇详定的情况下颁布的，实际上起了治国总章程的作用，其确认的基本法律制度，后成定制，为明代各朝所遵行。从律令体系的传统分工来看，"律以正刑定罪，令以设范立制"。令是一种规范与制度，也是官民所必须遵守的行为准则。

自洪武元年（1368）颁布《大明令》以后，统治者常常就各种事项随时增加的立法，并以"著为令"的方式在全国通行，历代统治者并没有重新编定新的《大明令》，但洪武元年《大明令》与历代统治者所"著为令"的令，在具体司法实践过程中发挥着很大的效力。

《正德大明会典·凡例》云："事例出朝廷所降，则书曰诏，曰敕。臣下所奏，则书曰奏准，曰议准，曰奏定，曰议定。或总书曰令。"也就是说"事例"便是"令"。中国社会科学院历史研究所万明研究员，从《明太祖实录》中统计洪武年间共有61事被"著为令"，其中，关于刑法的5例，关于行政典制方面的39例，军政方面的16例，认为"著为令"是将临时性的针对一时一事的诏令定为长久之令，永远遵行的制度化法规。在明代正德以后，朝廷编纂《大明会典》，将这些"著为令"的事例收入其中，也就使事例法典化了。

杨一凡、刘笃才的《明代例考》，对事例、条例、则例、榜例等进行考证，认为："在明代例的体系中，以事例制定最多，变革最繁，围绕着事例的立法和执法活动也最活跃。事例是条例编纂的基础，榜例中有关某一事项的定例或某一时弊的禁例，实际上也属于事例的范畴"。检索《明实录》，"著为令"者有502条，涉及到朝廷与社会各种事务，也就是说著为令的事例是明代例的法律形式的主干，为传统的律令体系的延续。

酷刑出于此

《明大诰》，即《御制大诰》《御制大诰续编》《御制大诰三编》《大诰武臣》，是明太祖朱元璋于洪武十八年至二十年间（1385—1387）分别颁行的。四编《大诰》共236个条目，其中《初编》74条，《续编》87条，《三编》43条，《武臣》32条。

《明大诰》的诰文，是由案例、峻令、训戒所组成。所谓的案例，是洪武十八年至二十年间（1385—1387）"官民过犯"案件，由朱元璋亲自裁定，用以"警省愚顽"，约计有156个条目，其中有姓名者多达1299人，是众多"罪犯"中的代表人物。所谓的峻令，就是《大明律》中没有规定的刑罚，其中有族诛、凌迟、极刑、枭令、弃市、挑筋、剁指、断手、刖足、阉割为奴、斩趾、终身枷号、籍没全家等酷刑，还有全家抄没、戴罪还职、戴罪充书吏、戴罪读书、罚劳作等30余种刑罚，这些重刑法令，形成严密的法网。所谓的训戒，是朱元璋对臣民们的警告，不但表明他的法律思想，而且反映出其治国主张，其中有关"明刑弼教"的言论，立足点在于"教化"，意在"使民知所劝惩"，达到预防犯罪的目的。可以说《明大诰》是洪武时期的法律之一种，而且法律效力最高，《明大诰》与行用律并行，就成为这个时期的司法特色。

《明大诰》是具有教育作用和法律效力的特种刑法，由于朱元璋曾多次发布敕令，三令五申，对臣民"违《诰》者罪之"，要求"法司照依《明大诰》治罪"，在洪武三十年《御制大明律序》中也讲"今后法司止依《大明律》与《明大诰》议罪"，并且反复地命令臣民严守《明大诰》，这就给它赋予了比当时的一般性法令更高的法律效力。

清末沈家本撰有《明大诰峻令考》，因此人们通常把《明大诰》中具有法令性质且刑罚较重的诰文称为峻令。因为《明大诰》中的律外之刑达30余种，不但有残伤人肌体的肉刑，而且有残酷的族诛，更有株连同居亲属。可以说《明大诰》置历代通行的司法原则于不顾，许多峻令具有法外加刑的性质。正因为朱元璋用刑残酷，才有人附会讲朱元璋将贪官剥皮实草，将之罗列于公案两边，使官府衙门有了"皮场庙"的称谓。

《明大诰》条目列入诸条例后，虽然一些大诰峻令罪名适用的刑罚，较《明大诰》中原来的刑罚有所减轻，已由非法定刑改为"真犯死罪""杂犯死罪"，但与洪武二十二年律相近条款比较，其大多数罪名适用的刑罚仍较律为重。如《真犯杂犯死罪》条例共78条，其中刑罚较明律加重者28条，减轻者9条；洪武《三十年条例》共100条，其中刑罚较明律加重者25条，减轻者21条；洪武三十年（1397）颁行的《钦定律诰》条例共147条，其中刑罚较明律加重者36条，减轻者9条。总体说来，《明大诰》条目列入诸条例后，使这些条例带有重刑性质。

明正典刑

洪武朝立法，以律、令、诰、榜文、例为主要法律形式。就律与刑例的关系而言，律为"常经"，刑例为"权宜"之法。朱元璋制定与颁行的刑事条例大多失传，现在可以见到的是洪武后期颁行的《充军》条例、《真犯杂犯死罪》条例、《应合抄劄》罪名和洪武三十年（1397）《大明律》所附《大明律诰》（亦称《钦定律诰》）。

洪武二十六年（1393）颁布的《诸司职掌·刑部》目下有"合编充军"22款，其罪名有贩卖私盐、诡寄田粮、私充牙行、私自下海、闲吏、应合抄札家属、积年民害官吏、诬告人充军、无籍户、揽纳户、土豪、旧日山寨头目、更名易姓家属、不务生理、游食、断指诽谤、小书生、主文、帮虎、伴当、直司、野牢子。充军刑是仅次于死刑的刑罚，高于法律规定的杖一百、流三千里，对此吴艳红女士《明代充军研究》（社会科学出版社，2003年）有较为深入的研究。

洪武三十年（1397），朱元璋将《钦定律诰》147条附于《大明律》后，名曰大明律诰。据杨一凡考证，这147条中，刑罚较律加重者36条，减轻者9条，是带有重刑性质的条例。

《大明律诰》被长期遵行，明宪宗朱见深即位（1464）以前，每位皇帝即位都明令申明，将前一个皇帝所定的条例尽行革去，断狱均依洪武三十年（1397）《大明律诰》，但在明宪宗朱见深去世以后，明武宗朱厚照的"即位诏"讲："内外问刑衙门，今后问拟因犯罪名，律有正条者，俱依律科断，律无正条者，方许引例发落，亦决不许妄加参语，滥及无辜。"进而将前朝皇帝所定的条例加以承认，即为弘治《问刑条例》。

其实在弘治之前，就有条例的编纂，现在可见者有《成化条例》《弘治条例》《皇明条法事类纂》，尤其是弘治十三年（1500）《问刑条例》曾经单独刊行，并"永为常法"，所以以后便律例并行。《弘治条例》因为《实录》讲有279条，故人们都以此为本，而实际上有281条。台湾学者黄彰健《明代律例汇编》，对有明一代条例考证尤详。

嘉靖帝的"即位诏"明白讲道："凡问因犯，今后一依《大明律》科断，不许深文妄引参语，滥及无辜。其有奉旨推问者，必须经由大理寺审录，毋得径自参奏，致有枉人。近年条例增添太繁，除弘治十三年三月初二日以前，曾经多官奉诏、会议、奏准通行条例，照旧遵行外，以后新增者，悉皆革去。"也就是说，将正德皇帝所新增加的条例全部废除，但修订条例制度却被延续下来，此后有《嘉靖问刑条例》《万历问刑条例》，尤其是万历十三年（1585）将条例附于《大明律》之后，名为《大明律附例》，开创了律例合编的新体例，以达到真正的"律例并举"，开始盛行，而且不断补充，这种体例及修例制度为清代所继承。

明法一本通

关于《明会典》的性质，学界颇有争议，大致有三种看法：一是为行政法典；二是为综合法典；三是为各种法令的汇编。这也是仁者见仁、智者见智，本人则认为《明会典》是明代官修的典章制度大全，从法律的角度上看，也有综合法典的性质。

在明代曾经多次进行过编修、续修和重修。有弘治（1488—1505）《会典》180 卷；正德六年（1511）重校刊行的为正德本，也是 180 卷；嘉靖（1522—1566）曾经续修，但未曾刊布；万历四至十五年（1576—1587），大学士申时行等奉敕重修，除校订补辑弘治、正德两朝《会典》之外，还增入嘉靖以后所行的事例，卷数则增至 228 卷，于万历十五年（1587）刊行，是为万历本，也是现今比较容易看到的本子。1936 年，商务印书馆万有文库曾经有排印本；1989 年，中华书局根据万有书库排印本缩印，并改正一些排校的错误，是现在比较容易见到的本子。

《明会典》以宗人府、六部、都察院及中央各衙门为纲，以事则为目，分门别类地记载了明代开国（1368）至万历十三年（1585）这200余年间的职官建置沿革、制度增删、职掌职事变化等，有许多为史志所不载，是研究明代政治法律制度必不可少的参考书。

弘治十五年（1502）的《御制明会典序》认为该书："提纲挈领，分条析目，如日月之丽天，而群星随布。我圣祖神宗百余年之典制，斟酌古今，足为万世者，会粹无遗矣。"正德四年（1509）的《御制明会典序》则认为该书："其大而可见者，略在此书。国是所存，治化所著，皆于此乎。"万历十五年（1587）的《御制重修明会典序》则认为："惟是内外臣工，展采错事，务壹禀于成宪；执此之政，坚如金石；行此之令，信如四时。"《明会典》以见行事例为主干，是当时行用的综合法典，也可以应用于政务实践，在实际政务运行中曾经发挥重要的作用，官员办事及问案加以引用也是得到认可的，因此学界才将之认定为"法典"，但"会粹无遗""国是所存""禀于成宪"等说，还是将当时的政治法律制度汇编起来，有大全之感。但《会典》将累朝形成的事例贯穿起来，将因时制宜的诏令整齐划一，以"永为定例"的形式确定了下来，形成了新的法典形式，由此完成了由律令体系向律、例、典为主要形式的转换。

在法律制度方面，从宗人府到中央地方各衙门都有一些相关记载，主要的则集中在刑部、都察院、大理寺等与司法关系密切的纲目下。刑部篇目下有21卷，都察院篇目下有3卷，大理寺篇目下有1卷。按照《重修凡例》所讲："大明律，乃颁降全书，而律所未备者，累朝以来，复有《问刑条例》，旧以律文分载四科，而条例俱载问拟刑名之下，割裂参差。

今以律例总载于前，例用近年议定题奉钦依者，次则总括所犯罪名，又次则事例，以类列焉"。在编纂体例上，首载《律例》，其原则是"按祖训有云，守成之君，止守《大明律》与《明大诰》，并不许用黥刺剕劓之刑，臣下敢有奏用此刑者，群臣即时劾奏，故颁令制律，永为遵守。其后以累减从轻，杂犯幸免，不足示惩，累朝间有损益，因事定例，皆推广律意，补所未备。弘治中，会官详议，定为《问刑条例》，颁布有司。嘉靖中，又以事例繁多，引拟失当，重加删正。今复将新旧条例，参订画一，题请颁行。今备载《大明律》文，而一条例各附本律之下"。也就是说，全文刊载《大明律》各条文并附上条例，这种编纂形式为清代所承袭，《大清律例》的出现即源于此。

《明会典》不但全文登载《大明律》和条例，还把律例中所不载的各种罪名汇集起来，本来"按洪武间所定，真杂犯死罪，并工役终身，及永乐间定迁发种田，与律不无异同。今问刑衙门，俱遵依弘治十年所定。其嘉靖间，奏定条例内斩绞罪名，近又酌议奏斩准，俱附入本律下。今并载旧例于此，以备参考"。也就是说，凡是实行的事例都附在各律条之后，以前的旧例在没有明令废除的情况下，可以作为参考，在某种情况下，也可以作为断案的依据。《罪名》分三部分：第一部分是洪武初定的"真犯死罪"（律令 41 种、大诰 24 种）、"杂犯死罪"（律令 9 种、大诰 4 种），见于《律令》和《大诰》的罪名；还有洪武三十年（1397）定的"决不待时"（7 种）、"秋后处决"（51 种）、"工役终身"（42 种）的罪名；永乐元年（1403）定的"迁发种田"（88 种）的罪名。第二部分是弘治十年（1497）定的"真犯死罪决不待时"的"凌迟处死"（11种）、"斩罪"（35种）、"绞罪"（13种）等罪名；"真犯死罪秋后处决"的"斩罪"（94种）、"绞罪"（74种）的罪名；"杂犯死罪"的"斩罪"（4种）、"绞罪"（7种）的罪名；还有嘉靖二十九年（1550）定的"真犯死罪"的"斩罪"（18种）、"绞罪"（11种）的罪名，以及万历十三年（1585）定的"真犯死罪"的"斩罪"（8种）、"绞罪"（4种）的罪名。第三部分是"充军"的罪名，其中有洪武二十六年（1393）定的22种，嘉靖二十九年（1550）定的209种，万历十三年（1585）定的40种。

此外，《明会典》还把律例中所不载的"五刑赎罪""拘役囚人""问拟刑名""详拟罪名""朝审""热审""决囚""恤刑""伸冤""检尸""打断""相视""提牢（附狱囚衣粮）""狱具""勘事""抄札""献俘""岁报罪囚""计赃时估""类进赃物""类填勘合""收买纸札""申明戒验""官吏过名""朝觐纠劾""漕运理刑"等具体的司法原则和程序也收录其中。

另外，在与司法关系密切的都察院、大理寺等篇目内，也有相关的律令和制度。如都察院篇目内的"风宪总例""问拟刑名""审录罪囚"等。大理寺篇目内的"审录参详""请旨发落""详拟罪名""月报囚数""处决重囚""审录在外罪囚"等。在各部院的篇目下，还有许多单行的法规，如吏部的"责任条例"，户部的"户口""钞法""钱法""盐法""婚姻""赋役""商税"等，礼部的"贡举""印信""自宫禁例"等，兵部的"巡捕""驿传""马政""军政"等，工部的"狱具""采捕禁令""营造"等，既与律例相关，又单独成例，构成完整的法律制度体系。

大明朝的告示栏

　　告示至少产生于战国，具有晓示、通知的意思，与之意义相同的告喻、布告、布露、露布等，都包含通告天下、晓谕黎民百姓、上情公开下达、政事公诸于世的意思。告示种类很多，具有法规意义的，应该是拥有官府权力所发布的。以明代告示而言，其发布的等级不同，效力也不同，以皇帝名义颁布的，则具有全国效力。由中央部院衙门颁布，请示皇帝核准的，则具有全国效力；颁布于本部门的，则在本部门有效力。由地方官府颁布的，无论是否请示皇帝核准，其效力仅在其所辖的地区。这里所讲的告示禁约，主要是指地方官府颁布的，应该具有地方法规的性质。

　　杨一凡、刘笃才编《中国古代地方法律文献》，收录了20多种明代的地方性法规，他们称之为"条约"。现代意义的"条约"是指由两个或两个以上国家签订的，确定签约国在政治、经济、军事、文化等方面所拥有的权利和义务的协议，一般都有时间性。如果用"条约"来叙述明代地方性法规，很容易混淆，因此这里用"告示禁约"来表示。刘笃才、杨一凡、王旭编《古代榜文告示汇存》（社会科学文献出版社，2006年）

收有宋、元、明、清 60 余名各级地方长官和朝廷派出巡按各地的官员发布的榜文、告示 1700 余件，这仅仅是很少的一部分，其实告示禁约多如牛毛，明人谢肇淛曾讲道："每见郡县吏禁约文告之词布满郊野，条陈利病之议连篇累牍，似自以为伯夷之清，龚、黄之才，而不知大贪大拙者伏于其中也。友人王百谷有言：庖之拙者则椒料多，匠之拙者则锤钉多，官之拙者则文告多。有味，其言之矣！"（《五杂俎·事部三》）。其效果如何，却不敢恭维。正是："上官莅任之初，必有一番禁谕，谓之通行。大率胥曹照袭旧套以欺官，而官假意振刷以欺百姓耳"（《五杂俎·事部二》）。

明代地方的告示禁约现在存留很多，涉及到吏治、礼制、安民、钱粮、税收、学政、通缉罪犯、约束兵丁、狱政、救荒、关防、羁押监禁、词讼、书吏衙役、庶务、乡约、保甲、风俗等，与当时社会生活关系密切。

明代地方告示禁约制定和颁布者，有总督、巡抚、巡按、提督学政、分守道、分巡道、知府、知州、知县等钦差、正官；也有同知、通判、推官、县丞、主簿等佐贰官；还有府学教授、县教谕、县训导等学官；闸大使、坝大使、巡检、库大使、仓大使、盐场大使、河泊所、驿丞等杂官。不同级别的官，所发布的告示禁约效力不同，针对的对象也不同。钦差、正官的告示禁约，在本辖区内通行；佐贰官的告示禁约与自己分管的事务有关，其效力也有限；学官的告示禁约，仅适用于约束府州县学生；杂官的告示禁约，除了自己管辖的事务之外，不能够约束一般民人。所有的告示禁约都具有时效性，只要该官离任，也就随之失效。

告示禁约的条款都是在朝廷规定范围内申明，其涉及律例规定者，则照律例加"严惩不贷"以使相关人等重视。如正德年间（1506—1521），御史王廷相《巡按陕西告示条约》罗列13条：（1）对有司军职大小官员违法行为，允许"被害之人，径赴本衙门首告，定行拿问参究，重治不恕"；（2）对府县正官的"故违不悛"的行为，"重者即为退黜，轻者注以不谨，决不轻贷"；（3）对各领军管事掌印官员的各种违法行为，"定行照例参究，重治不恕"；（4）对监收钱粮官员违法行为，"许各被害解户及不得食粮军士人等，指实赴院呈告，拿问参究，重治不恕"；（5）对各衙门的首领官、佐贰官的违法行为，"轻则填注不谨，重则拿问罢黜"，还要"罪归正官"；（6）对奉上司牌票而私自有坐派科敛行为的州县官，"定问以科敛罪名，参罚罢黜，决不轻恕"；（7）对缙绅、豪富、生员、罢闲吏典等有在地方为恶者，要州县官上报，"照例发遣，以警奸顽"；（8）对在各衙门办事的主文、书手、老人、皂隶、弓兵、门子、马夫等有违法行为，要各官将他们革退，如果不革退，一旦发觉，将主文等"照例问以充军，官问以罢软无力，照例罢黜不恕"；（9）地方有强盗贼匪，州县官及巡捕官要尽快查拿，如果查拿不力，"致成大患，定行参究不恕"；（10）各地方有缉捕责任的兵丁衙役，如果有扰害平民者，"许被害之人径自赴院陈告，拘问明白，照例发遣"；（11）有奸僧邪教煽惑人心，允许地方官及军卫"即便擒拿问拟，具招申详定夺"；（12）各地土豪无赖等豪恶之家，"轻则照例充军，重则奏请迁徙"；（13）以上各条，如果有不含括者，允许下属各官及军民人等明白陈说，有益者给予采择。由此可见，这些违法行为，都还是按照定例处置，当然也有非常处置。

一些地方大员拥有便宜权，这种便宜权大小不一，所以他们颁布的禁约、告示会申明自己的权限，处置也超过律例规定的处罚，还可以采取非常手段。如万历三十八年（1610），河南曾用升，发现赵王手下有丁姓承奉者"放纵不法"，当即将之擒拿而"立毙杖下"，赵王也只能够"敛容以谢"。显然督抚巡按有一定赏罚的便宜处置权力，因此在督抚巡按颁布的告示禁约中，有将"立毙杖下"写入者。既然上司有授权，下属便可以奉命行事，如万历初年，李焘任浙江金华府同知，本来是佐贰官，但发现"有谢某阴发人冢，累其族七人淹系莫白，（李）焘至廉得伐冢者，立毙杖下，七人尽释"。居然将犯罪者立毙杖下，还因此升官。万历十四年（1586）大学士申时行疏言安民之策，其第三策是"刑狱繁多之害"，认为："近来问刑及查盘官员，或滥受词讼，或多入罪名，有一词而破数家者，有一事而累数十人者，甚者立毙杖下，瘐死狱中，无辜之民，良可矜悯。"朝廷法令不严，地方权势扩张，滥刑毙命也很少受到惩处。

相比大员的告示禁约，州县官的告示禁约则缓和许多，但在有大员授权的情况下，他们的告示禁约也有超过律例规定的处罚。如万历年间任安徽桐城、江苏吴县知县的刘时俊，其《桐城到任禁约》之"简词讼以息刁风"，对刁唆之人"追出枷号，以息刁风"；《举行乡约示》对"不良之人""重责枷号，仍书'恶棍'二字，悬于门首"。律例内有枷号，但没有规定"恶棍"书于门首，因《教民榜文》有此例，也没有超过律例规定的范围。至于将轻罪人犯游街示众，是地方官经常采用的手段，亦可见地方官可以在自己的权限范围内，在不违反律例总原则的基础上略有变通。

地方告示禁约的颁布，在一般情况下，正官就有权决定，但必须报上一级正官核准，而督抚巡按等具有钦差性质的大员，依据朝廷的授权，有核准下级及自己颁布告示禁约的权力，但要接受朝廷的监督。凡是告示禁约有违反朝廷敕令及律例规定者，要明令废止，还要追究颁布者的责任。不过在不违反敕令及律例规定的情况下，略有变通也是被认可的，因此可以将之认定为地方性的法规，其时效在颁布者在任期间而已，但到了清代，地方上有了《省例》，告示禁约编入其中者，则在《省例》未修订时都有效。

告示禁约一般都"揭示通衢""贴示通衢""张挂通衢"，也就是位于城市和乡镇的四通八达的交通要冲，这些地方的来往人员多，可以广泛传播，务使人人尽知。按照礼制，告示禁约因为有等级区分，书写和印刷格式也应该有限制，但在明代中叶以降，这种等级区别已经不再被严格遵守了。明人朱国桢"曾在京中过安福衚衕，见兵马司告示大过巡城御史。后归家，见驿丞告示大于知县，乃富翁之告示金以朱笔悬之通衢。盖人之不自分如此，而风俗纪纲可概见矣"（《涌幢小品》卷15《告示》）。在明晚期身为首辅大臣的朱国桢（1558—1632）在感叹世风日下、纪纲败坏之时，也无力整顿，亦可概见告示禁约也很难行之有效，其规范作用也令人质疑，但也不可否认其具有地方法规的效用。

朱元璋的"家法"

朱元璋一生写下大量著述，尤其是御制的《资世通训》《祖训录》《皇明祖训》《孝慈录》等，不但是给子孙制定的"家法"，也被奉为"祖宗成法"，通行整个明代。此外，朱元璋还敕纂许多图书及具有法律意义的条规，也为明代以后的君主所遵守，有些还被引用断案。以下择取与法律有关及有警戒教化作用的御制、敕纂书，按照颁行时间顺序予以简单地介绍：

《公子书》《务农技艺商贾书》

朱元璋为吴王时，命令儒士熊鼎、朱梦炎等纂修，至正二十六年（1366）十一月编成。朱元璋认为："公卿、贵人子弟虽读书，多不能通晓奥义，不若集古之忠良、奸恶事实，以恒辞（常用的言语）直解之，使观者易晓，他日纵学无成，亦知古人行事，可以劝戒。其民间商、工、农、贾子弟亦多不知读书，宜以其所当务者直辞（正当的言辞）解说，作《务农技艺商贾书》，使之通知大义，可以化民成俗。"显然这两种书是寓教化与实用为一体的通俗读物。

《女诫》

朱元璋命令学士朱升，于洪武元年（1368）三月开始编篡。朱元璋认为："后妃虽母仪天下，然不可使预政事。至于嫔嫱之属，不过备执事，侍巾栉，若宠之太过，则骄恣犯分，上下失序。观历代宫闱，政由内出，鲜有不为祸乱者也。夫内嬖惑人，甚于鸩毒，惟贤明之主能察之于未然，其他未有不为所惑者。"正因为如此，朱元璋要朱升等篡述女诫及古贤妃之事可为法者，使后世子孙知所持守。这是朱元璋组织编写的第一部以古鉴今的书，在重申儒家的治天下者修身为本，正家为先，正家之道始于谨夫妇的思想的同时，也警示后妃不得干预政事。

《存心录》

洪武元年（1368）三月，朱元璋命令礼官及诸儒臣，将郊社、宗庙、山川等仪，及历代帝王祭祀、感应、祥异可为鉴者编辑成书，于洪武四年（1371）编成，朱元璋看过以后说："水可以鉴形，古可以鉴今，是编所以彰善恶，岂惟行之于今，将俾子孙永为法守。"虽然朱元璋后世子孙将之藏在内阁，天下臣民无由得见，但在制定礼制时也多加引用，如嘉靖九年（1530）六月，翰林院将《存心录》所载乐章祝文，量加润色，并撰祈谷乐章祝文，命令太常寺选补乐舞生如数教习，用于郊庙乐舞。

《皇明祖训》

洪武二年（1369）四月，朱元璋"诏中书编《祖训录》，定封建诸王国邑及官属之制"。洪武六年（1373）五月书成，名《祖训录》，有箴戒、持守、严祭祀、谨出入、慎国政、礼仪、法律、内令、内官、职制、兵卫、营缮、供用等13目。此后二十余年中，朱元璋曾多次修订《祖训录》，洪武二十八年

（1395）闰九月，重定《祖训录》，名为《皇明祖训》，其目仍旧，而更其《箴戒章》为《祖训首章》。该书被刊印以后，颁行内外诸司，要求"凡我子孙，钦承朕命，无作聪明，乱我已成之法，一字不可改易。非但不负朕垂法之意，而天地、祖宗亦将孚佑于无穷矣"。成为其子孙、宗室和后代必须严守的各种制度及其他行为规范，后世君主裁断宗室案件也多加引用。

《大明集礼》

为明朝第一部礼制全书，由徐一夔、梁寅等奉敕撰修，洪武三年（1370）九月修成。其书以吉、凶、军、宾、嘉、冠服、车辂、仪仗、卤簿、字学、乐等为纲，分为50卷，虽然曾经诏颁行之，但"藏之中秘，见之者鲜"。直到嘉靖九年（1530）前后，明世宗朱厚熜为祭礼改制的需要，把《大明集礼》正式刊刻、传布。朱厚熜序云："以彰我皇祖一代之制"，其实是为其将要进行的祭礼改革做理论准备，最终使其生父朱佑杬被追尊为"恭睿渊仁宽穆纯圣献皇帝"，牌位也得以按昭穆序列入太庙，陵墓则改为"显陵"。虽然初颁《大明集礼》见之者鲜，但勒定明代的礼制，而在1600年再度修订颁行，对明代后期朝野产生的影响是巨大的。

《宪纲四十条》

为洪武四年（1371）御史台所拟，朱元璋亲加删定，并下诏刊行颁给御史台。朱元璋说："元时任官，但贵本族，轻中国之士，南人至不得入风宪，岂是公道？朕之用人惟才是使，无间南北，风宪作朕耳目，任得其人，则自无壅蔽之患。"对此，时任殿中侍御史的唐铎，不无奉承地讲道："臣闻元时遣使军抚百姓，初出之日，四方惊动，及至略无所为而去，百姓为之语曰：'奉使宣抚，问民疾苦，来若雷霆，去若败鼓。'至今传以为笑。今陛下一视同仁，任官惟贤，尤重风宪，明立法度，所以安百姓，兴太平，天下幸甚，臣等敢不精白一心，钦承圣意。"《宪纲四十条》的主要内容，在洪武二十六年（1393），编入《诸司职掌》。明宣宗朱瞻基因为御史台已经改为都察院，曾经命都察院官员对旧有的条款进行考定增损，但没有颁行。明英宗朱祁镇，"尤以风宪为重"，饬令编纂《宪纲事类》，其中有《宪纲》34 条，《宪体》5 条，《出巡相见礼仪》4 条，《巡历事例》936 条，《刷卷条格》6 条，要"尔礼部即用刊印，颁布中外诸司遵守，尔都察院其通行各道御史及按察司官，钦遵奉行，敢有故违，必罪不恕"。《宪纲事类》也简称《宪纲》，对监察官的地位、选用、职权范围、权威保障、行使权力的方式等都有具体的规定，既是监察官行使职权、纠劾百官的法律依据，也是都察院考察监察人员是否有违法失职行为的准则，后来编入《大明会典》之中。

《申诫公侯铁榜》

为朱元璋亲制，于洪武六年（1373）颁行，除序言外，共有九条：（1）各军职私受公侯金帛衣服钱物者；（2）公侯等官私役官军者；（3）公侯之家强占官民山场、湖泊、茶园、芦荡，及金银铜锡铁冶者；（4）内外各卫官军于公侯门首侍立听候者；（5）功臣之家管庄人等倚势在乡欺殴人民者；（6）功臣之家屯田佃户、管庄干办、火者、奴仆及其亲属人等，倚势凌民夺侵田产财物者；（7）公侯之家有私托门下影蔽差徭者；（8）公侯之家倚恃权豪，欺压良善，虚钱实契，侵夺人田地房屋孳畜者；（9）功臣之家不得受诸人田土，及朦胧投献物业。如有上述9条，分为初犯、再犯、三犯、四犯，分别予以加等处罚，轻者可以免罪，重者斩，在一些条下还申明“与庶民同罪”。因为明代文官不许封公侯，所以该铁榜主要针对被封为公侯的武官。朱元璋申明：今以铁榜申明律令，朕谕卿等，除亲属别议外，但凡奴仆一犯，即用究治，于尔家无所问，敢有恃功藏匿犯人者，比同一死折罪，尔等各宜谨守其身，严训于家，以称朕始终保全之意。有此严训，即便是有免死铁券，违犯者依然难逃处置。

《昭鉴录》

由礼部尚书陶凯、主事张筹等，采摭汉唐以来藩王善恶可为劝诫者为书，后来又由秦王傅文原吉、翰林院编修王僎、国子博士李叔允、助教朱复、秦府录事蒋子杰等续修，洪武六年(1373)三月，宋濂为序，朱元璋亲赐名为“昭鉴录”，用以颁赐诸王。朱元璋认为：“朕于诸子常切谕之，一举动戒其轻，一言笑斥其妄，一饮食教之节，一服用教之俭，恐其不知民之饥寒也。尝使之少忍饥寒，恐其不知民之勤劳也。尝使之少服劳事，但人情易至于纵恣。故令卿等编辑此书，必时时进说，使知所警戒。”显然是一部以历史为经验教训，专为诸王编写的教科书，如明初衡王府纪善周是修(1354—1402)撰写的《保国直言》所言：“《昭鉴录》一书，是太祖皇帝忧及子孙，深思远虑，只怕亲王每久后不知保身保国的道理，才方用意编集古今诸王，将善的恶的分做两本，里面条陈直说，甚是易晓。意思只要子孙每一依着教训，将善的样儿学着，恶的样儿戒着，便是读书万卷，也不似这《昭鉴录》专为诸王每作说得祸福明白了。”正因为如此，以后惩治诸王，往往也抬出《昭鉴录》，讲明祖宗不是没有教诲，只是你们不小心谨守法度，所以才误国祸身。

《辨奸录》

洪武六年（1373）七月，以宋濂领衔编纂的《辨奸录》成书，搜集了历代奸臣故事，分赐太子、诸王，要他们知道"用人之道，当知奸良。人之奸良，固为难识，惟授之以职，试之以事，则情伪自见。若知其良而不能用，知其奸而不能去，则误国自此始矣"。要求他们熟读《辨奸录》，则"既识其奸，退亦何难"。朱元璋为子孙的安排，可谓用心良苦。

《皇明宝训》

洪武六年（1373）九月，以吏部尚书兼学士承旨翰林学士詹同、侍讲宋濂为总裁，开始编纂的《大明日历》100卷，于洪武七年（1374）五月完成。《大明日历》借用了唐、宋官修日历的编年纪事体裁，从朱元璋兴兵临濠，到洪武六年十二月，"凡戒饬之谆复，征伐之次第，礼乐之沿革，政刑之设施，群臣之功过，四夷之朝贡，莫不俱载"，是根据以前积累的各种公文，逐日记载各种事情，等于是一部明朝开国史，因此藏之金匮密室，随着岁月的流逝，以及清代统治者对明代典籍焚毁，现在已经不存在了。不过在编纂《大明日历》以后，吏部尚书兼学士承旨詹同等认为："《日历》秘天府，人不得见，请仿唐《贞观政要》分辑圣政，宣示天下。"这个建议被朱元璋所采纳，这就是《皇明宝训》。该书共5卷40类，第1卷有敬天、孝思、勤民、仁恻、恩泽、却贡献、励忠节、敬鬼神、斥异端、练兵、育人材11类；第2卷有教太子诸王、正家道、保全功臣、礼臣下、谦德、警戒、务实、节俭、戒奢侈、议礼、定律、守法、恤刑 13 类；第 3 卷有评古、礼前代、求贤、任官、尊儒术、定都、论治道、求谏、纳谏、谋略、祥异 11 类；第 4 卷只有谕群臣 1 类；第 5 卷有谕将士、招谕、怀远人、制蛮夷 5 类；共计 45500 余字。各类记述以时间先后为序，而此后则史官每日分类记录"圣政"，随类增入，编辑成为《宝训补》。这种编纂方法为朱元璋的子孙们所继承，各个皇帝都有《宝训》，万历年间（1573—1619），武英殿大学士吕本、南京礼部郎中陈治本等，曾经将太祖朱元璋至穆宗朱载垕的 10 朝宝训刊刻成书，亦名曰《皇明宝训》，编为 40 卷，而神宗以后各帝的《宝训》则残缺不全。

《孝慈录》

颁行于洪武七年（1374），朱元璋的宠妃孙贵妃去世，为了安慰她的在天之灵，朱元璋敕礼官定丧服之制，礼部尚书牛谅等引经据典定出礼仪程式，而朱元璋又让宋濂考察历史上为庶母丧服的情况，宋濂果然是博学，考得古人论服母丧者 42 人，愿服三年丧者 28 人，服一年丧者 14 人。于是朱元璋重新勒定丧服制度，规定儿子对母亲以及庶出之子对嫡母及生母都要服丧三年，嫡子、众子对庶母服丧一年。仅仅两个月，就编纂成书，取名为《孝慈录》，朱元璋亲自作序，命锓诸梓而颁行之，便成为有明一代关于丧服制度的法律规定。

《资世通训》

为朱元璋亲制，共 14 章，洪武八年（1375）二月成书颁行。首为《君道章》，有勤俭、仁敬之类 18 事；次为《臣道章》，有忠孝、勿欺、勿蔽之类 17 事；后依次为《民用前章》《民用后章》《士用章》《农用章》《工用章》《商用章》《僧道章》《愚痴章》《教子章》《造言章》《民祸章》《民福章》等12章，皆申诫士庶之意。此书编成，朱元璋对侍从诸臣讲："人君者，为臣民之主，任治教之责。上古帝王，道与天同，今朕统一寰宇，昼夜弗遑，思以化民成俗，复古治道，乃著是书，以示训戒耳。"也就是说，作为统领天下的君主，有治理和教化人民的责任，上古帝王能够与天同道，顺乎自然，而我现在统一天下，昼夜都心中不安地想如何教化百姓，使之形成良好的风尚，恢复上古淳厚风俗及顺天治理的道路，所以著成此书，用来训诫臣民。面对朱元璋的侃侃而谈，侍从诸臣只有竭尽阿谀奉承之能事，都说"此臣民万世之宝也"。该书之目的是让所有臣民都要去除心中的恶念，各守本分，尽职尽责，便可以达到纲纪法度始终一致，社会也会井然有序。

《臣戒录》

胡惟庸谋叛案件出现以后，朱元璋命令翰林儒臣纂录历代诸侯王、宗戚、宦官之属，悖逆不道者共计212人，按照他们的所作所为，分类编辑。按照朱元璋的理念，"朝廷用人，待之本厚，而久则恃恩，肆为奸宄，然人性本善，未尝不可教戒"。"你们编纂此书的目的在于以警告皇亲国戚、宦官及大臣人等，如果对皇帝不忠，胆敢逾越礼制，悖逆不道，将被严惩不贷。"是书于洪武十三年（1380）六月编成，朱元璋亲赐名为"臣戒录"，颁示中外之臣，俾知所警，也为以后屠戮功臣张本，别怪皇帝没有教之于前也。

《相鉴》

也是在胡惟庸谋叛案件出现以后，朱元璋命令儒臣，将汉代至宋代历史书所载的丞相，分为贤臣、奸臣两类，于洪武十三年（1380）冬月成书，并刊刻颁行。朱元璋亲自为序讲："虽是非已往于千古，才开卷，犹见之于目前。"告诫大臣们，是从恶，还是从善，从善是君子所为，从恶则既有前车之鉴，又有胡惟庸"奸党"骈首于市朝。又是别怪皇帝不教导于前也。

《精诚录》

由东阁大学士吴沉领衔编纂，于洪武十六年（1383）二月成书，朱元璋亲自赐名，吴沉为序。在该书编纂前，朱元璋曾经有指示："朕阅古圣贤书，其垂训立教，大要有三：曰敬天，曰忠君，曰孝亲。君能敬天，臣能忠君，子能孝亲，则人道立矣。然其言散在经传，未易会其要领，尔等其以圣贤所言三事，以类编辑，庶便观览。"在领会朱元璋的意图下，《精诚录》分为3卷：敬天卷，取《易》10章，《书》72章，《诗》17章，《礼记》27章，《孝经》《论语》各1章；忠君卷，取《易》《大学》《中庸》各1章，《书》46章，《诗》10章，《礼记》14章，《左传》6章，《国语》1章，《论语》14章，《孟子》12章；孝亲卷，取《易》2章，《书》3章，《诗》9章，《礼记》48章，《论语》11章，《孝经》19章，《大学》2章，《中庸》3章，《孟子》10章。

《省躬录》

洪武十九年（1386）三月，在洪武元年编纂《存心录》的基础上，由赞善刘三吾领衔，以类编辑的汉唐以来灾异之应于臣下事例的《省躬录》编成颁行。本来遇有地震、兵灾、水灾、旱灾、蝗灾、火灾、日食、星变等天灾人祸，皇帝都要下"罪己诏"以承担过错，但是书的编成，却给皇帝推卸责任以充分的理由。如永乐十九年（1421），刚刚建成不久的奉天殿发生火灾，按照传统，皇帝应该下"罪己诏"承担责任，但朱棣自己仅承认："于敬天事神之礼有所怠欤？或祖法有戾而政务有乖欤？"即便是如此，还是设问而已，并没有承认自己有错，而对于臣下，则提出刑狱冤滥、曲直不辨、谗慝交作、横征暴敛、蠹财妄费、徭役不均、征调无方、民力凋敝、奸人附势、群吏弄法、阘茸罢软、贪残恣纵等诸多问题，认为"尔文武群臣受朕委任，休戚是同"，因此你们要承担更大的责任。这种基调在明代所有"罪己诏"中都有体现。

《志戒录》

洪武十九年（1396）十月，由朱元璋敕纂的《志戒录》颁布，其书采辑汉、唐、宋为臣悖逆者凡百有余事，颁赐群臣及教官诸生讲授，使之有所鉴戒。朱元璋一而再、再而三地以历代悖逆之事告诫臣僚以及立志当官者，要他们奉公守法，也表明他对自己的统治不自信，唯恐臣下有悖逆行为，更为其重典治吏的政策寻找支撑理论。

《御制纪非录》

洪武二十年（1387）二月，由朱元璋署名的《御制纪非录》编成，书中列举藩王为恶的事纪，并将自己的儿子如秦王、周王、齐王、潭王、鲁王及靖江王等人骄奢淫逸、欺凌百姓的罪状予以公布。朱元璋《御制纪非录·序》讲："为此数子将后必至身亡国除，孝无施于我，使我垂老之年惶惶于宵昼，惊惧不已。"用此教育诸王，也可见朱元璋对子孙所倾注的心血，希望私家的统治可以千秋万世地延续下去，子孙和睦相处而不为非作歹，而殊不知其分封诸王，已经给以后子孙争权留下伏笔。

《昭示奸党录》

洪武二十三年（1390）五月，朱元璋将自己手诏数千言，再加上胡惟庸案的供词，予以颁布，名为《昭示奸党录》，一共有3录，列李善长、胡美、唐胜宗、陆仲亨、陈德、费聚、顾时、杨璟、朱亮祖、梅思祖、陆聚、金朝兴、黄彬、华忠、王志、毛骧、于显、陈方亮、于琥等20人，将株连蔓延达10年之久的案件情况布告天下，也算是对此案有个交代。《昭示奸党录》目前已经散佚，但这种榜示罪名的方法，为其子孙所继承，一旦出现大案便加以榜示，如魏忠贤迫害东林党，给事中阮大铖别出心裁作《点将录》，居然以《水浒传》108将的绰号，给他们加以罪名，如托塔天王李三才、及时雨叶向高、浪子钱谦益、神机军师顾大章、青面兽左光斗等，可谓有祖制可循。

《醒贪简要录》

洪武二十五年（1392）八月，以唤起当官食禄者良心的，要他们知道所以恤民的《醒贪简要录》编纂完成，并颁布中外。其编纂的原则在于朱元璋的指示："四民之中，士最为贵，农最为劳。士之最贵者何？读圣贤之书，明圣贤之道，出为君用，坐享天禄。农之最劳者何？当春之时，鸡鸣而起，驱牛秉耒而耕，及苗既种，又须耘耨。炎天赤日，形体憔悴。及至秋成，输官之外，所余能几？一或水旱虫蝗，则举家遑遑无所望矣。今居官者不念吾民之艰，至有刻剥而虐害之，无仁心甚矣。"该书备录文武大小官品岁给俸米之数，以米计其用谷之数，又计其田亩出谷之数，与其用力多寡，告诫官吏们俸米来之不易。按照《醒贪简要录》的算法，正一品官员的俸禄是每月支米 87 石，一年 1044 石，而加工成米则需要 2620 石稻谷，是 873 亩的产量，这是从产量上算。要从耕种上算，一头牛耕地 50 亩，873 亩需用牛 17 头，而以一人种田 15 亩计算，又需要 57 人耕种。要从运输上算，从田里把稻禾挑到打谷场为 1 里路，再回去挑家还要 1 里路，来回就是 2 里，1044 石米需要 6550 挑，农夫仅挑担就要往返行走 13100 里，这还不算运送到官府及京师的路程，可谓是来之不易。顾炎武曾经感叹："自古百官俸禄之薄，未有如此者。"这是明朝末年的物价指数，在明初物价低廉的情况下，实际上是高薪，即以现在物价来算，明代 1 石米约为 155 市斤，以 1 市斤 4 元计算，1044 石米约合 65 万元，现在也算高薪，更何况明代中叶以降，官员的陋规收入，都能够达到"不贪不滥，一年三万"，明代一斤约 590 克，分为 16 两，每两约合 37.5 克，按照现在白银牌价，每克 4 元，就多达 450 多万元，可谓巨富。

《稽制录》

洪武二十六年（1393）二月，蓝玉以谋反罪被杀，在查抄蓝玉家的时候，发现见其服舍器用僭侈踰制，于是朱元璋命令翰林院，稽考汉、唐、宋功臣封爵食邑之多寡及名号虚实之等第，编辑是书，详细规定了功臣们的住宅大小、轿子装饰、使用器物、随从仪仗等。朱元璋认为"朕观前代受封，皆为虚号，其于禄食，止给缯布。我朝赐以膏腴土田，所以待有功者，不为不至，尚有不知分限，以速罪戾者"，所以才颁发此书与功臣，要他们"朝夕省览，以遏其奢僭"。《稽制录》颁下，有些功臣便坐不住了，如魏国公徐辉祖、崇山侯李新，便奏请按照《稽制录》所载，将公侯家人及仪从户，按照规定存留，多余者请交给官府，朱元璋采纳，将这些多余的人户都发往凤阳，隶籍为民，也增加了朝廷的赋税。

《逆臣录》

在清查蓝玉奸党时，朱元璋于洪武二十六年（1393）五月公布了《逆臣录》，全名为《御制逆臣录》，收录蓝玉党人的供词。蓝玉是开平王常遇春的妻弟，在常遇春麾下勇敢杀敌，所向披靡，堪称常胜将军，战功显赫，被封为大将军、凉国公，年轻得志，未免骄横跋扈，被锦衣卫指挥蒋献诬告"谋反"，结果家被查抄，人被族诛，还株连到许多功臣名宿，在颁布《御制逆臣录》时，案发才一个多月，"蓝党"人数已经近千。该书记载了蓝玉党人的供词，并在每份供词前有招供人的姓名、年龄、籍贯、身份及与蓝玉关系等，有一公、十三侯、二伯。这只是查抄"蓝党"的先声，到同年九月初十日，朱元璋发布《赦蓝党胡党诏》时，连坐族诛已经达 1.5 万人。该书北京大学图书馆藏有明抄本，我的好友北京大学历史系王天有教授将之点校，由北京大学出版社出版，给我们提供了阅读的便利。

《永鉴录》《世臣总录》

两书均于洪武二十六年（1393）纂成，《永鉴录》是辑历代宗室诸王为恶悖逆者，以类为编直叙其事，颁赐诸王，为 2 卷 6 目：一曰笃亲亲之义，二曰失亲亲之义，训朝廷也；三曰善可为法，四曰恶可为戒，五曰立功国家，六曰被奸陷害，训诸王也。每条各举古事，而以俗语演之，取其易通晓也。《世臣总录》2 卷，是辑历代为臣善恶，可为劝惩者，用以颁示中外群臣。

《礼制集要》

洪武二十八年（1395）十一月，由翰林学士刘三吾奉敕编成，其编纂原则是朱元璋钦定的，他认为："朕自即位以来，累命儒臣历考旧章，上自朝廷，下至臣庶，冠婚丧祭之仪，服舍器用之制，各有等差，著为条格，俾知上下之分，而奸臣胡惟庸等，擅作威福，谋为不轨，僭用黄罗帐幔，饰以金龙凤文。迩者逆贼蓝玉，越礼犯分，床帐护膝，皆饰金龙，又铸金爵以为饮器，家奴至于数百马，坊廊房悉用九五间数，而苏州府民顾常，亦用金造酒器，饰以珠玉宝石，僭乱如此，杀身亡家。尔等宜重加考定，以官民服舍器用等第，编类成书，申明禁制，使各遵守，敢有仍前僭用者，必真之法，成造之人如之。"为了贯彻朱元璋的精神，刘三吾等将该书编为13目：冠服、房屋、器皿、伞盖、床帐、弓矢、鞍辔、仪从、奴婢、俸禄、奏启本式、署押体式、服制。该书经朱元璋批准，颁布中外，成为臣民不得奢僭违制的标准，为"祖宗成宪，不可改更"的律条。

《稽古定制》

洪武二十九年（1396）十一月，专门针对功臣之家的《稽古定制》颁布。其编纂原则是朱元璋所定的基调，他认为："诸功臣之家不循礼法，往往奢侈自纵，以致覆亡，虽屡加诚，终莫之省，廼命翰林儒臣，取唐宋制度，及国初以来所定礼制，参酌损益，编类成书，凡勋旧之家，坟茔碑碣丈尺，房屋间架，及食禄之家货殖禁例，皆有定制。"并且亲自作序云："朕自定天下以来，立纲陈纪，颁布天下，有年岁矣。至若官民房室，坟茔碑碣，亦尝斟酌前代，著画一制。"这是朱元璋制定的礼制，被其子孙"永为仪式"，违犯者要以"违制罪"处置。

《为政要录》

洪武三十年（1397）正月，由朱元璋敕纂的《为政要录》颁布，该书刊载文武官属体统，及金书案牍次第，军士月给廪饩，与宿卫之禁屯田之政等13条。也是世为遵守。在弘治年间（1488—1505），还被重新刊印，明令文武官员遵守勿替。

《洪武礼制》

《洪武礼制》颁行年代不详，在浙江天一阁藏有题名"洪武礼制"的书籍，经过中国社会科学院历史研究所万明研究员的考证，认为是《礼仪定式》的残本。中国社会科学院法学研究所研究员杨一凡则根据中日各图书馆所藏各版本，标点校对出版有《洪武礼制》，载在《中国珍稀法律典籍续编》第3册（黑龙江人民出版社，2002年）。从内容上看是关于文武百官逢天寿圣节、正旦、冬至进贺礼仪，朝臣奉诏出使礼仪、祭祠礼仪，百官的服色、勋阶和吏员资格，奏启本格式、行移体式、署押体式以及官吏俸禄方面的规定。

《礼仪定式》

颁行于洪武二十年（1387）十一月，系礼部尚书李原名等奉敕详定，内容是关于百官朝参、筵宴礼仪、出使礼仪、官员拜礼、官员公坐、司属见上司官、公聚序座、官员相遇回避等第、在京官员常行仪从以及官员伞盖、冠带、服色、房舍等的规定。正德二年（1507）二月，明武宗朱厚照敕礼部将包括《礼仪定式》在内的累朝榜例申明晓谕，令臣民一体遵守。

朱元璋御制与敕纂的图书，除如前所述诸书外，还有《御注道德经》《御注金刚经》《御注洪范》《元史》《大明志书》《洪武志书》《云南志》《大明清类天文分野书》《寰宇通衢书》《洪武正韵》《华夷译语》等经书、历史、地理、语言方面的书籍，包括法规、禁例、榜文、条令等在内，多达六七十种。除去经书、历史、地理、语言方面的书籍不谈外，其与政治法律关系密切的可以分为三大类。

第一类，礼仪制度。朱元璋效法前代各朝，以儒家礼教为治国之本，特别重视礼制、礼仪方面的立法，其在位期间，御制及敕纂的礼书有《孝慈录》《洪武礼制》《礼仪定式》《诸司职掌》《稽古定制》《国朝制作》《大礼要义》《皇明礼制》《大明礼制》《洪武礼法》《礼制集要》《礼制节文》《太常集礼》《礼书》等，均系礼制、礼仪类的立法，既有制度的效用，又有法律方面的规范，在判决案件时也可以援引。

第二类，劝勉戒饬。这类图书较多，既涉及到宫闱、宦官、宗室诸王，又针对宰相、功臣、官吏，还面对士农工商，如《女诫》《昭鉴录》《申诫公侯铁榜》《相鉴》《臣戒录》《资世通训》《志戒录》《务农技艺商贾书》等，都寓教化于其中而明法制于其内，"寓刑于教"，传统刑法理论表现得淋漓尽致。此外，在办理大案时公布的罪状、供词，如《御制纪非录》《昭示奸党录》《逆臣录》等不但是公布罪状，还有告诫的作用，而朱元璋发表的言论也具有祖训的效用，其后世子孙可以在此基础上发挥，因此也具有法律效用。

第三类，法律规范。除了《大明律》《大诰》《榜文》等法规之外，朱元璋的祖训、宝训，也具有法律规范效用，尤其是《宝训》，其子孙因循不替，分别编纂各自的《宝训》，在君主专制的时代，君主的语言凌驾于法律之上，不能说君主就是法律，但在君主的意志下，臣僚在奉行的同时，将其意志制定为法律，当然也就具有法律的效用。

弘治五年（1492），内阁大学士丘濬，在内阁看到朱元璋时期的《皇明祖训》《大诰三编》《大诰武臣》《资世通训》《御制诗文》《御注洪范》《御注尚书》《御注道德经》《文华宝监》《昭监鉴》《外戚事鉴》《存心录》《精诚录》《省躬录》《志戒录》《永鉴录》《忠义录》《为政要录》《彰善瘅恶录》《武臣鉴戒》《醒贪简要录》《务农技艺简要录》《女诫》《务本之训》《大明帝纪》《皇明宝训》《大明宝训》《洪武圣政记》《大明日历》等书，认为是足以范百王，垂之足以鉴万代的规制，至正德二年（1507），大部分被重新刊刻，颁发给各级官府衙门，成为遵循的规范。万历七年（1579）大名府刊刻的《皇明制书》，收有《大明令》《大诰》《诸司职掌》《洪武礼制》《礼仪定式》《教民榜文》《资世通训》《学校格式》《孝慈录》《大明律》《宪纲》《稽古定制》《大明官制》《节行事例》等，其中多是朱元璋时所御制或敕纂的，亦可见这些规制曾在明代被奉为定法长期实行。

朱元璋由贫贱难以为生到为皇帝而君临天下，不像一些君主显贵，一旦富贵总要择古代名人为宗，不肯承认自己原本微贱。翻阅史书，不难发现，许多君主是被有意识地渲染上一些神秘色彩，什么生而红光满室，梦龙而生，梦日入怀，梦神授子之类；什么仙女食朱果而生，食鸟卵而生，梦神而交之类；什么斩蛇起义，遇难呈祥，神明护体；什么怀胎一年、十四月，眉方口直，双手过膝，两耳垂肩；等等，最终都为了说明这些君主非同凡人，建立某一王朝或嗣位继统，是顺乎天，应乎人，天命所归。朱元璋从来不忌讳自己出身微贱，也不听从臣下为其朱姓攀附古代君主圣人，而对自己打下的江山非常自豪，因此开规模、立章法、垂后世，成为他的追求，要学习一切，熟悉一切，规划一切，为子孙安排一切。虽然为此，他不分昼夜地操劳，以至于心力交瘁，但他也在学习中得到充实，在熟悉中老练，在规划中渐渐理解传统制度的真谛，在为子孙安排立法垂宪上，成为中国历史上为数不多的君主。

紫禁城的规矩

　　黄彰健先生认为："明代法律实施分为三个时期，一是洪武、永乐两朝的以榜文为主，律为辅；二是仁、宣、英、景四朝的律为主，现任皇帝所定例为辅；三是宪宗（成化）以后的例辅律而行。"随后则是"因律起例，因例生例，例愈繁而弊愈无穷矣"。可以说明代的律、令、条例、大诰、榜文、诏令、禁例等构成的法规体系，在具体实践过程中，都曾经发挥作用。

处处是规章

有明一代，以律、令、例、诰为基本法律形式，以榜文、诏令、禁例等为辅助法律形式。其中涉及宫廷内容的法规主要包括《大明律》《问刑条例》《宗藩要例》《皇明祖训》等，还有以诏令、禁约等形式颁布的禁例。

洪武三十年（1397）律是《大明律》最后定本，全律 460 条，以名例律为总纲，列五刑、十恶、八议、自首、合并论罪等名目。以下依次是吏律，是有关官吏政纪公务的规定；户律，是有关土地、户役、钱粮、市场管理和婚姻方面的规定；礼律，是关于违反祭祀、仪制的规定；兵律，是宫卫、军政、厩牧、邮驿、关津等有关军政事务的规定；刑律，是有关盗贼、人命、诉讼、捕亡、断狱等刑事犯罪方面的规定；工律，是关于营造、河防等有关修建方面的规定。

《大明律·名例》有 47 条，其中涉及宫廷犯罪的有"十恶""八议""应议者犯罪""应议者之父祖有犯""称乘舆车马"等。因为名例律是总则，一般只是讲该罪的处置原则，不涉及具体的刑罚，而有关的刑罚在此后的分律之中。因为是总则，严格意义上讲，只要是涉及宫廷的犯罪，都有可能被援引。

《吏律》分"职制""公式"2门，共计33条，其涉及宫廷犯罪的罪名，有职制中的"奸党罪"，公式中的"制书有违""弃毁制书印信""上书奏事犯讳""出使不复命"等。在涉及宫廷的重大案件处置过程中，"奸党罪"往往是率先考虑的问题，与宫廷政治有密切关系。

《户律》分"户役""田宅""婚姻""仓库""课程""钱债""市廛"等7门，共计95条，其涉及宫廷犯罪的罪名，除了律文规定之外，还有田宅中的"欺隐田粮"例的"宗室置买田产"条、"盗卖田宅"例的"王府人役假借威势"条；婚姻中有"强占良家妻女"例的"投献王府"条；仓库中有"多收税粮斛面"例的"王府禄米"条、"揽纳税粮"例的"王府用强兜揽钱粮"条、"冒支官粮"例的"将军仪宾有犯"条等。

《礼律》分"祭祀""仪制"2门，共计26条，其涉及宫廷犯罪的罪名，在祭祀有"祭享""毁大祀丘坛"，在仪制有"合和御药""乘舆服御物""御赐衣物""失误朝贺""失仪""朝见留难""上书陈言"等，以及一些附例。

《兵律》分"宫卫""军政""关津""厩牧""邮驿"5门，共计75条，其涉及宫廷犯罪的罪名主要是宫卫19条，如"太庙门擅入""宫殿门擅入""宿卫守卫人私自代替""从驾稽迟""直行御道""内府工作人匠替役""宫殿造作罢不出""辄出入宫殿门""关防内使出入""向宫殿射箭""宿卫人兵仗""禁经断人充宿卫""冲突仪仗""行宫营门""越城""门禁锁匙""悬带关防牌面"等及附例。

《刑律》分"盗贼""人命""斗殴""骂詈""诉讼""受赃""诈伪""犯奸""杂犯""捕亡""断狱"11门，共计176条，其涉及宫廷犯罪的罪名，有"盗大祀神御物""盗内府财物""盗城门锁""盗园陵树木""宫内忿争""皇家袒免以上亲被殴""诈称内使等官""内侍诈称私行""夫匠军士病给医药""阉割火者""失火"等及附例。

《工律》分"营造""河防"2门，共计13条，其涉及宫廷犯罪的罪名，有"造作不如法""带造缎匹""侵占街道"等及附例。

当然，《大明律》其他的条文，在适合的情况下也可以应用于宫廷司法。比如，刑律中的"人命""骂詈""犯奸"等门，无论是内官、守卫军士，还是宗藩贵戚犯罪，都有可能援引此律量刑。

天子裁断

　　按照《大明律·刑律·断狱·断罪引律令》规定："凡断罪皆须具引律令。""律"即《大明律》，"令"即洪武元年颁布的《大明令》。明代"中央决狱，一准三十年所颁。其洪武元年之令，有律不载而具于令者，法司得援引为证，请于上而后行焉。凡违令者罪笞，特旨临时决罪，不著为律令者，不在此例"。这里的"违令者罪笞"，乃是各种禁令所规定的制度，而"特旨临时决罪"，则出于上谕及诏令，更是所有法律难以涵盖的。诏令如果"著为令"，或者"著为例"，则成为法规。就宫廷犯罪而言，由皇帝亲自裁决的案件较多，而案件审理多由司礼监、东厂、镇抚司办理，很少交给法司，因此事涉宫廷案件的法律适用，如果交到法司，就要按照律例来量刑定罪，若是司礼监、东厂、镇抚司办理，基本上是以皇帝旨意来量刑定罪，这是宫廷司法的特殊性。

　　为了应对各种特殊的情况，统治者不断地推行条例，希望可以达到"以例辅律"的效果。有些条例是"以例辅律"，也有些"以例破律"。明代正德以前每个皇帝都出台有条例，但在每个新皇帝即位的时候，即位诏里都明令宣布废除前朝的条例。弘治年间制定的条例，在正德帝即位时得以承认，此后，除正德帝在位期间的条例被明令废除之外，历年颁行的条例则被汇编起来，称为《问刑条例》，最终以附律的形式，附加在《大明律》相关律文之后，称为附律条例。

条例规定的处罚，有高于律者，也有低于律者。以宫廷而言，如《大明律·名例·职官有犯》条规定："凡京官及在外五品以上官有犯，奏闻请旨，不许擅问；六品以下，听分巡御史、按察司并分司，取问明白。议拟闻奏区处。"《问刑条例》规定："内官、内使、小火者、阍者等犯罪，请旨提问。"这些宫内的宦官，都不是五品以上，但必须请旨提问。再如《大明律·刑律·贼盗·盗内府财物》条规定："盗内府财物者，皆斩。"而《问刑条例》则规定："凡盗内府财物，系乘舆服御物者，仍作真犯死罪。其余监守盗银三十两，钱帛等物值银三十两以上，常人盗银六十两，钱帛等物值银六十两以上，俱问发边卫永远充军。内犯奏请发充净军。"这里将内府财物区分出"乘舆服御物""监守盗""常人盗"，并不完全处以死刑。

朱元璋颁布的《大诰》四编，共计236条，其中有具体案例的156条。从案件性质及所涉及的罪名来看，既有《大明律》所涉及的30类460条的罪名，也有打击贪官污吏，惩治"豪强奸顽"等《大明律》所不见的罪名，凡是"不从朕教"，都是朱元璋打击的对象。以宫廷而言，如《大明律·工律·营造·冒破物料》条规定："凡造作局院头目、工匠，多破物料入己者，计赃，以监守自盗论，追物还官。"《大诰三编·造作买办第七十七》则讲："朝廷凡有诸色造作，文书明下有司，止许官钞买办，毋得指名要物，实不与价。果有违吾令者，许被科之民，或千、或百、或十，赍大诰拿该吏赴京，物照时估给钞，将该吏斩首，以快吾良民之心。"按照监守自盗，至少要达四十两以上才斩首，而《大诰》则不论多少，全部斩首。

榜文分为榜谕与榜示两种形式，榜示的强制力比榜谕要强，榜示在宣布治罪方针时，具有雷厉风行的效用，有先兵后礼的寓意，法律的效力比较强。榜谕则主要在于劝诫，有先礼后兵的意味，如果不听劝诫，其法律效力也高于一般律例的规定。如成化六年（1470），有206名自宫者请求宫廷收用，按照《大明律·刑律·杂犯·阉割火者》条规定，这些人应该杖一百、流三千里。宪宗"命姑宥其罪，俱发回原籍当差"。然后出榜禁约，今后自宫者处死，而"隐匿之家发边远充军"。由于榜文的时效性，其禁止的效果并不明显，在弘治年间自宫求进者日益增多，弘治五年（1492），礼部查出千余名自宫者，将他们"编充海户，常令筑墙种菜当差"，实际上还是收用了。弘治帝命礼部榜谕："今后敢有私自净身者，本身并下手人处斩，全家发边远充军。两邻及歇家不举首者，同罪。有司里老人等，时加访察，有即执送于官，如有容隐，亦治罪不贷。"这种榜例往往比律例处罚更重，经过推行，也有可能编入条例，成为常行法律。

以皇帝名义颁布的诏令，具有最高法律效力，特别是即位诏、遗诏、册立诏、灾异宽恤诏等，都列有赦款，涉及军国大政各个方面，其中也有一些事涉宫廷方面的内容。如正德帝即位诏的赦款有"近日行取私自净身人役，五岁至十五岁赴礼部拣选者，诏书到日，即便停止"。而嘉靖帝即位诏赦款则云："私自净身人，多有在京潜住，希图收用。著锦衣卫、缉事衙门、巡城御史，严加访拿究问。今后各处军民，敢有私自净身者，本身并下手之人处斩，全家发烟瘴地面充军。两邻及歇家不举首者，俱治以罪"。前者对私自净身不收用，并没有治罪，而后者则予以治罪，也可见诏令对现行律例的破坏。

禁例是禁止某种行为的条例，多以皇帝诏敕谕旨，或者相关部门颁布官府文书的形式予以公布，对一些事情及群体进行规范，违犯者则按照禁例规定进行惩处。与宫廷法规相关的则是《自宫禁例》与《宗藩禁例》。

《自宫禁例》最初颁布于永乐二十二年（1424），"令凡自宫者，以不孝论。军犯，罪及本管头目总小旗。民犯，罪及有司里老"。这个禁例比较严格，以不孝论，就是属于"十恶"之罪，是要处死的，但宣德二年（1427），"令凡自净身者，军还原伍，民还原籍，不许投入王府及官员势要之家隐藏，躲避差役。若再犯者，本犯及隐藏之家俱处死。该管总小旗、里老、邻人，知而不举，一体治罪"。自宫者只有在投入王府及官员势要之家的情况下，才会受到严惩，若投身于皇家，则不予治罪。正统十二年（1447），"令凡自首在官阉者，送南海子种菜。其隐瞒不首及再擅净身，并私收使用者，事发，全家发辽东充军"。这样的禁例，实际上还是允许私自净身的。天顺二年（1458），"令净身者拿问，边远充军"，这是全面禁止私自净身，但没有禁止净身者被收用的渠道，所以成化九年（1473），"令私自净身希求进用者，本身处死，全家发烟瘴地面充军"。这种看似严厉的禁例，实际上并没有得到落实，以至于成化十五年（1479），"令净身人，巡城御史、锦衣卫官，督同五城兵马，逐回原籍。若该城内外容留潜住者，并火甲邻佑人等，一体究治。本身枷号一个月，满日决打一百押回。如再来京，并家下父兄人等，俱治罪"。从这个禁例来看，私自净身希求进用者依然很多，此前的处死，在逐回原籍的规定下，也就成为具文。成化二十二年（1486），"令各王府非奉朝廷明文，擅收净身人，俱发回原籍收管，不许投托容隐"。则可见被逐回原籍的私自净身者，投身王府的情况非常普遍。弘治元年（1488），"令锦衣卫拘审净身人，送顺天府递回原籍，官司五日一点闸，不在者即杖，并户头追回见官，不许容纵"。严格管束已经净身者，实际上是禁止王府收用，却不能够阻止达官贵人收用，于是弘治五年（1492），"令私自净身者，本身并下手之人处斩，全家发边远充军。两邻及歇家不举者同罪。有司里老容隐者，一体治罪"。皇室需要大量的宦官，严刑禁止，也会导致净身者供不应求，所以弘治十三年（1500）奏准："先年净身人，曾经发遣，若不候朝廷收取，官司明文起送，私自来京图谋进用者，问发边卫充军。"既然有朝廷收用，说明净身人还有出路，也就不能够制止私自净身。正德元年（1506），"令直隶、顺天等府，山东、河南等布政司地方，再有私自净身者，照例本身并下手之人处死，全家发边远充军。其先已净身者，立籍点闸，不使私自逃至京师，扰害官府"。由此可见，私自净身现象还很普遍，不得不重申严厉的禁例。正德二年（1507），"令违例私自净身人，著锦衣卫、五城兵马，著落各该地方，尽数逐去。如有潜躲在京者，拿住杀了"。本来私自净身是要处死的，这里则驱逐出京，只有潜住京师者才处以极刑。正德九年（1514）"令今后再有私自净身者，除小幼无知者，本身免死充军，其余俱照见行事例，本身并主使下手之人处斩，全家发边远充军。里老邻佑及本管官，不行举察者，各从重治罪"。禁例排除"小幼无知"，实际上还是默许净身，所以也不能制止以净身谋求朝廷收用的现象。正德十六年（1521），"诏私自净身人，在京潜住，希图收用，著缉事衙门、巡城御史，访拿究问。今后敢有私自净身者，本身并下手之人处斩，全家发烟瘴地面充军，两邻及歇家不举首者治罪"。一而再，再而三地重申严惩禁例，也说明禁例并没有严格实行。嘉靖八年（1529）奏准："凡海子食粮净身男子，分别老壮造册。礼部备查各处王府并将军、中尉数目，将年壮者，斟酌多寡，派去各府供役。不堪选用者，给与印信文票，发回原籍官司收恤，免其本身差役。"新的禁例不但给予净身者以出路，实际上也默许净身的行为。万历十一年（1583）奏准："自今五年以后，民间有四五子以上，愿以一子报官阉割者，有司造册送部，候收补之日选用。如有私割者，照例重治。邻佑不举者，一并治罪不宥。"从严刑禁止，到官府倡导民间送官府阉割，说明只要有宦官制度的存在，就不可能制止自宫净身的现象。

对于明代自宫问题，20 世纪 30 年代，中国台湾王崇武先生与日本清水泰次先生就已经论及。台湾邱仲麟在 20 世纪 90 年代也进行了论述，中国大陆论述明代宦官的著作也涉及自宫问题。赵克生论述明代私阉之禁，帅艳华、黄阿明谈到明代社会自宫风气，赵玉田论明代私阉之风。他们从朝廷颁布的《自宫禁例》，谈到自宫屡禁不止的原因，不但在《明实录》《明史》中寻找证据，还从文集奏疏中查找相关论述。宦官的政治特权与机构庞大，朝廷大规模地收用而有法不依，自宫非但没有得到法律制裁，都能够有出路，以至于自宫成为当时的社会风气。

应该注意，禁例只有在官府发觉以后，才能够按例予以惩处，私自净身禁例虽然严厉，但没有报官惩处的途径，所以私自净身依然如故。有明一代一直没有能够禁止自宫，一方面是民贫役苦，难以为生又无节制地生育，再加上宦官的权势及富有，对贫民有很大的诱惑力，即便是"自宫禁例至以不孝论死"，也不能够阻止贫民逐富之心，因为"宣德、正统以来，宦臣收入渐多，及武宗之世，日益昌炽，锦衣玉食之荣，上拟王者为之，弟侄者往往坐获封拜，而苍头厮养亦复纡金衣紫，是以闾阎小民，朵颐富贵，往往自残形体，以希进用"。另一方面朝廷需要宦官，常常是旋禁旋收，"人见令之不信，无所畏惮，则觊觎富贵之念未免复萌，而残毁形体之事自不容已"。更何况"皇城之内，通名籍者，不止万有余人，而仓厂场库，牟利无算，蟒衣玉带，滥赏不惜。又不三五年辄有一选，选辄数千，以故无知小民，贪图富贵，入骨熏心，奈何欲以死刑禁之乎"。统治者制定的禁例，统治者率先破坏之。"勋臣藩府违禁阉割，不究其罪，且收其人，是主上先置三尺于高阁矣。欲厘敝习，不亦难乎"。所以"祖宗以来，凡阉割火者，皆罪极之人，或俘获之虏。景泰以来，近畿民畏避差徭，希图富贵者，往往自宫赴礼部求进。自是以后，千百为群。禁之不能止，为国之蠹甚矣"。禁例的出台与当时社会状况密不可分，针对时弊，而弊已深，再加上朝令夕改，也难免实行者观望不前，难以切实执行。

诸王与宗藩

由于宫廷的特殊性，朱元璋订立的《皇明祖训》是经常被援引的，普遍适用于宗藩与宫廷的犯罪。

按照《皇明祖训·祖训首章》云："皇亲国戚有犯，在嗣君自决。除谋逆不赦外，其余所犯，轻者与在京诸亲会议，重者与在外诸王及在京诸亲会议，皆取自上裁。其所犯之家，止许法司举奏，并不许擅自拿问。"《祖训》所讲的原则，在《大明律》中已经体现，这里则明确了皇亲国戚犯罪处置的具体程序。

《皇明祖训·法律》涉及皇太子及诸王的法律共计有15条，涉及皇太子及诸王不能够拿问，只能够唤回；亲王宣召必须有御宝文书及金符；诸王可以对治下文武官按律定罪；有侮谩诸王的军民人等拿赴京城问罪；亲王有过失由皇帝面谕，大罪不加刑；风宪官奏闻诸王过失不实，予以处斩；侵占诸王在京师住房者斩，家属徙边；诸王辖下臣民有罪，必明正其罪，并不许以药鸩之；诸王遣使至朝廷，不经过有关衙门而直到御前，按奸党罪处置；诸王不许延揽交结奔竞佞巧知谋之人；庶民讦诸王细故者，按奸顽斩首，家属徙边；朝廷使臣到诸王国，有触犯诸王者，必须交朝廷，由天子处置；新天子即位，诸王只能够遣使奉表称贺，但要三年一朝；朝廷无皇子，一定要兄终弟及或立嫡母所生，不许越分；王国不许隐匿逃军。在亲亲之谊的原则下，对亲王不能够处死，这只是朱元璋一厢情愿，其子孙是很难遵守的，宁王朱宸濠还不是在通州被处死，并且被焚尸扬灰。

有关宗藩犯罪，自《祖训》以后，陆续颁布一些禁例，嘉靖末年汇编为《宗藩条例》，万历十年（1582）重新修订为《宗藩要例》，有封爵、之国、庆贺、朝见、庆祝、迎诏、奏事、祭祀、筵宴、乐、婚姻、宗学、府第、内官内使、奖谕、过犯等16目。宗藩禁例实际上是在《祖训》基础上发展的，但明确了处置标准。如《皇明祖训》规定："凡王遣使至朝廷，不须经由各衙门，直诣御前。敢有阻挡，即是奸臣。其王使至午门，直门军官火者，火速奏闻。若不奏闻，即系奸臣同党。"《宗藩要例》从永乐元年（1403）规定诸王奏事必须钦准，到弘治年间宗室奏启汇总于王府，再到正德年间限制王府差来人员在京居住，最终在嘉靖年间勒定"越关奏扰"条例："郡王、将军、中尉、郡县乡君、夫人等，但有越关陈奏，情轻者，革去爵秩。情重者，送发高墙。"《宗藩要例》中还有关于其他一些禁例。比如，禁止各藩府派遣人员长期滞留京城；禁止各王府违例缔结婚姻；禁止宗室成员收养外人子女；禁止收容民间智能之士等，不但附有"过犯禁例"，也有处置的标准。

除宗藩之外，《祖训》中还有关于宫女与宦官的规定。如《皇明祖训·内令》规定："凡自后妃以下，一应大小妇女，及各位下使数人等，凡衣食金银钱帛，并诸项物件，尚宫先行奏知，然后发遣内官监官。监官复奏，方许赴库关支。尚宫若不奏知，朦胧发遣，内官亦不复奏，辄擅关支，皆处以死。"按照《大明律·户律·仓库·虚出通关朱砂》条规定，这类行为要计赃，以监守自盗论罪，也就是说，在银四十两以上才能够定为死罪，而内令规定，只要宫内有此行为，不论财物多寡，皆处以死。再如《皇明祖训·内令》规定："凡私写文帖于外，写者、接者皆斩。知情者同罪，不知者不坐。"按照《大明律·刑律·诉讼·投匿名文书告人罪》条规定："凡投隐匿姓名文书，告言人罪者绞。"显然，宫廷隐秘不容泄露，其处罚也要比律例规定重。

值得注意的是，还有一些由皇帝亲自裁决的案件，申明"不为例"，或"不为令"，但在实际处理过程中，已经是超出律例的规定，这既是君主可以从权的表现，也是君主特殊的权力。以宪宗时而言，如驸马都尉马诚请将其弟录取为国子监生，"有旨许之，不为例"。给肃王"税课钞岁一万五千贯，不为例"。加赵王"禄米五千石，不为例"。诸如此类甚多，即便是群臣反对，也无可如何，乃是"虽特恩亦私恩也，虽不为例亦一例也"。面对君主不断出台的"不为例"，臣下在无可奈何的情况下，只有感叹"虽有后不为例之条，不足以禁，成何体统，成何世界"。这种"不为例""不为令"，既是君主的私恩，也破坏现行的律例，属于最不稳定的法律，却在现实中发挥重要作用，特别是在宫廷司法方面，君主的"不为例""不为令"，在网开一面的同时，已经使朝廷的法规荡然无存了。

由皇帝裁决的案件，常常以"宥之""姑宥之""特宥之"等形式将人犯免于治罪，一是显示恩自上出，二是体现原情定罪，乃是古代强调慎重人命的重要措置，属于宽恤恩典，但这种宽恤往往是破坏既定的法律。如嘉靖五年（1526），南京守备太监卜春与靖远伯王瑾"贪暴不法"，因为"上特宥之"，而没有追究责任；再如嘉靖十年（1531），科道官查出御用监钱粮，发现"内府所藏象牙、画绢诸珍奇之物，为典守者所侵匿无算"。太监黄锦、滕祥在交结事务的时候账目不清，请将他们交法司治罪，嘉靖帝则以"更代不常，姑宥之"。这种在国法已经是不可以原宥，皇帝"乃从而宥之，则国法何以伸，奸雄何所惩"。不但破坏既定的法律，而皇恩的滥用更使法律失去应有的权威。

皇帝说了算

洪武三十年（1397），历经 30 多年编纂的《大明律诰》编成了，朱元璋登上午门，向天下宣布："凡榜文禁例悉除之，除谋逆并律诰该载外，其杂犯大小之罪，悉依赎罪之例论断。"自此以后《大明律》的地位得以完全确立，但这个诏书还承认《大诰》及例的效用，也就决定《大明律》不可能是单独的法律。以律为主、以例辅律，以榜文、诏令、禁例、成案等为辅助法律形式，不但成为明代的特色，而且成为清代律、条例、事例、则例、成案、章程、禁约、告示等法规体系的源头。

明代宫廷法规的形式多样化，也就决定事涉宫廷的犯罪在法规援引上会出现分歧。由于宫廷犯罪必须要请旨定夺，如果皇帝完全无视法律法规与正常程序，也就决定各种法规难以实施。兹以内府盗窃案为例。

按《大明律·刑律·贼盗·盗内府财物》条规定："盗内府财物者，皆斩。"《问刑条例》将内府财物区分出"乘舆服御物""监守盗""常人盗"，其处置也轻重不同。盗内府财物，本来应该交法司审讯与量刑定罪，但在实际上，法司很难办理这类案件，法律的援引也就成了问题。如成化五年（1469），内使杜衡"盗内府金二两，银二百两有奇"，而匠人缪谅为其携带出宫。事发以后，送都察院拟罪，这是由法司办理的案件，就应该援引律文规定，所以内使杜衡当斩，都察院却援引杂犯死罪"例得赎"的规定，想放内使杜衡一条生路，而成化帝则按照律文规定，"命皆斩之"。法司顾忌宫廷，即便是律有明文，也会从轻考虑，将裁断权交给皇帝，而实际上宦官盗内府财物，往往不交法司审理。如"管广盈库监丞张栾，以盗内府布匹发南京"，显然没有交法司审理，也不会援引律例。

盗内府财物，只要是事涉宦官，法司通常是不能够进行审拟的，不是交由锦衣卫镇抚司，便是交由司礼监审理，最终报请皇帝裁决。如嘉靖三十一年（1552），内官监太监杜泰提督光禄寺，"干没内库银以巨万计"，光禄寺少卿马从谦将此事上奏，按照规定，应该交法司审理，但杜泰却控告马从谦"盗用大官食物，及诽谤不忠状"。嘉靖帝将他们逮赴镇抚司审讯。镇抚司明显袒护太监杜泰，认为他仅是"因公侵冒"，而马从谦是"挟私奏讦"。这种拟罪，违背嘉靖帝的意志，以诽谤罪名将马从谦"下法司"。法司没有按照诽谤罪拟罪，"当坐盗内府物者律，杂犯死罪，应赎徒为民"，将诽谤改为"狂悖不恭"。嘉靖帝钦定马从谦"杖八十，发烟瘴充军"，结果"遂死杖下"。太监杜泰虽然干没内库银，却没有交法司处置，而是"送司礼监奏处"，最终革任而已。

对于宦官盗内府财物而不交法司审拟，朝臣曾经予以反对。如嘉靖时，少监王玘等与军匠陈俊等偷盗内府财物，嘉靖帝将陈俊等送法司审拟，而将王玘等送司礼监奏请发落。刑部尚书林俊认为王玘等宦官"串同陈俊等，恣意侵盗银共二千七十九两，纻丝绢布共一千余匹，纻丝绢衣服共二百领，又有金纽玉束等物"，应该交法司审拟。"夫以近日内臣有犯，不付有司，犹非大盗，尚为失刑。今王玘等大盗，容不付有司邪"。身为法司的主官之一，强调朝廷法规，要求按照正常的司法程序审理，这原本是正当的要求，而嘉靖帝下旨云："王玘等已各打五十，降小火者，发南京打更了。"皇帝已经处置了，法司也只能够遵旨而行。"锦衣镇抚司，上所亲信，故凡廷臣将有重谴者，民之妖言者、盗者，皆命治之。狱具，虽法司大臣，无敢出入。故朝之大狱，镇抚治之，朝之裔狱，法司治之。夫人主之势霆也，刑法之威焰也，霆之所击，无坚不枯，焰之所煽，靡濡不焦。夫臣之有诤也而激，则可罪矣；守典也而泥，则可罪矣"。再加上东厂拥有司法权，事涉宫廷的犯罪，法司以律法进行抗争，也就显得苍白无力了。

内臣犯罪不交法司，交由司礼监审理，在明中叶以后已经成为惯例，而司礼监经过审讯，直接奏请皇帝裁决，法司是不能够染指其中。如万历三十三年（1605），"御前偶失珍珠袍一件"。万历帝命司礼监调查与审理，司礼监掌印太监陈矩找到三个有嫌疑的内官，他们却"互讦陷之"。陈矩"再四拶鞫，了无盗袍证据"，却也因拷讯而致死一人。在没有证据的情况下，陈矩请旨，结果将另外二人"奉旨降净军"。过了几年，有人发现"此袍是一贵显宫女偷出，付其答应内官拆碎变卖"，但死者不能够复生，降者难以复职。

在宫廷内发生的犯罪，既不会交法司审理，也不会交锦衣卫镇抚司审理，都由司礼监审理，请旨定罪，也是按照宫中惯例来处置。内官重大犯罪处以死刑，有些可以经过法司裁决，但最终处置要交司礼监办理，采取赐死或秘密执行的办法，而不是押赴市曹。当然，特殊的情况除外，如刘瑾被押赴西市凌迟，就是由法司执行的。内官被判死刑，大多是要抄没财产，而降职发外闲住、充军、种菜等，往往也要抄没财产。如司礼监太监冯保有罪当诛，万历帝"念系皇考付托，效劳日久，姑从宽降奉御，发南京闲住。伊弟侄冯佑等，都革职，发原籍为民。张大受等降小火者，发孝陵司香，仍将各犯财产抄没入官"。

事涉宫廷的案件需要君主裁决，而不同君主的态度，直接影响事涉宫廷犯罪的惩处。如朱元璋时，有两个内使穿干靴子在雨中行走，便："召责之曰：'靴虽微，皆出民力，民之为此，非旦夕可成，汝何不爱惜，乃暴殄如此？'命左右杖之。"正德年间，"镇守太监进贡，有古铜器、窑变盆、黄鹰、锦鸡、猎犬、羔羊皮之类，皆假名科敛，自为取财之计。此外又有拜见银、须知银、图本银、税课司银、出办桩草银、扣除驿传银、马价银、甲首夫银、快手月钱银、河夫歇役银，动以数十万计。而左右用事之人，私于下属卖马、卖布、卖纸、卖纱、卖铺陈，又于沿河抽索客货。"此事奏闻，正德帝也不过是禁止下人科取，还是让镇守太监"进贡如旧"，并不追究相关当事人的责任。

再如，永乐年间，内使向皇太子朱高炽言"城门郎擅离所守，纵酒废事"，经核实，乃是"内使故挟私诬构"，皇太子朱高炽将内使交锦衣卫治罪之后，"仍命司礼监榜示，今后内官内使有言事不实，及挟私枉人者，悉寘重典"。不允许宦官涉及朝政，但有的君主却鼓励宦官干预朝政。如正德帝信任太监刘瑾，使他得以"揣知上意，巧为迎合，乃变置大臣，日求官僚细过，深文以督责之。言官小有触犯，辄中以危祸，散遣官校，远近侦察，使人皆自救不给，莫敢进言"。不但使刘瑾成为"立皇帝"，也通过刘瑾驾驭群臣。

还如，永乐帝曾经派内使李进往山西采天花，当得知"李进诈传诏旨，伪作勘合，于彼召集军民，复以采天花为名，假公营私，大为军民之害"时，当即"差御史二员，径诣山西，将李进一干为非之人，鞫问明白，械送京师，必真重法"。正德年间，大臣指出："钦差针工、巾帽二局内官六员，取占驿所夫二百五十余名，亲下乡追取佣钱，并提督织造太监吴经成造乐器袍服，左监丞林秀等行取驿递船只人夫，每月责官吏追纳佣钱，及南京尚膳监管取鲥鱼内官，取占船只人夫共一百二十名，占用所夫二百九十七名。前任该所大使李臻、李俊俱为追逼缢死，妻子流离，怨声载道"的时候，正德帝充耳不闻，以"不听"的方式不了了之。

在君主专制的情况下，"君权是不能超越的，君主是神威不可测的，而人为的因素又使来自各方面的政治势力都可以染指其间。即使是庸才懦夫，只要借制度之便而能利用君权、控制君权、掌握君权，也能够一呼百应，为所欲为，左右当时的政治"。君主对于各种政治势力的判断基本上停留在是否忠诚的层次上，其判断也难免出现误差，感情因素往往起决定作用。皇帝在宫廷之中，最为亲近的是左右之人，用近人是古代政治的特色，宦官受到重用也是在所难免。"夫洪武开国，宦官止供守门、传命、洒扫、使令之役而已，而其名无闻也。永乐中，马云、孟骥诸人闻其名矣，然犹未甚用事。

至宣庙，王瑾、刘永成诸人承宠用事矣，然犹未专政柄制国命也。迨正统初，英庙幼冲，王振掌司礼监，擅作威福，始而体统大变。自此天子深居大内，不与群臣相接议政矣"。王振以后，有名宦官如汪直、刘瑾、魏忠贤等的专权，此起彼伏，而君主才智不一，以至于在处理事涉宫廷案件的过程中，各种常规往往不具有规范效用，既定的法规不是被束之高阁，就是成为当权者手中的工具。

明代事涉宫廷的法规，属于宫、官、国、野、军法律体系中"宫"的范畴，在事关宫廷的情况下，"宫"的法律仅仅限于宫廷，事涉宫廷的犯罪则不局限于"宫"的法律，不但可以延伸到其他的法规，而且必须请旨裁定，既显示出宫廷犯罪的特殊性，也显示出普遍性，更有其局限性。在宫廷法规适用方面，既有应用的广泛性，也有应用的特殊性，更有取自上裁的任意性。在具体案例分析过程中，既不能够忽略法规，也不能够忽略人为的因素，更不能够脱离当时的政治情况，需要细致地梳理。

朝鲜学到了什么

朱元璋在位 31 年期间，亲自过问并且直接参与了《大明律》的编纂，前后颁行至少 5 次，最终在洪武三十年（1397）完成《大明律》定本，至今能够见到的是洪武十八九年（1386、1387）行用律及以后的版本，而洪武九年（1376）以前的版本现在却找不到。从 1380 年朝鲜典法司中有"应参照《大明律》来改正本朝之律"的记载来看，应该是根据洪武九年（1376）律来改正的，此律对"《朝鲜经国典》产生了巨大的影响"。因此研究《高丽史·刑法志》及《朝鲜经国典》所载的内容，既可以了解《大明律》传入朝鲜的情况，也可以了解《大明律》编纂的版本情况。

最初的影响

关于《大明律》的编纂经过，目前学界多依据《明史·刑法志一》："盖太祖之于律令也，草创于吴元年，更定于洪武六年，整齐于二十二年，至三十年始颁示天下"的记载，因此认为《大明律》编纂有四个阶段，而对1373—1389年间修订律的情况少有论及。对此台湾学者吴彰健，大陆学者杨一凡、徐晓庄等，都曾经提到过洪武十八九年（1386、1387）行用律。洪武九年（1376）胡惟庸修律非常重要，因为其所修之律，是否按照洪武六年（1373）律仿照《唐律》而成的12门606条，则关系到《大明律》体例确定的问题。

洪武九年（1376）律具体内容也难以得知，其中详加考订厘正者有13条，总共还有446条，与洪武六年（1373）律606条相差甚多。从洪武十一年（1378）始制牙牌，"私相借者论如律"；洪武十五年（1382）颁军法定律29条"皆参酌律意，颁行遵守"；洪武十六年（1383）三月，"命刑部尚书开济议定诈伪律条"。九月"磨勘司奏增朝参牙牌律"等情况来看，洪武九年（1376）律，应该是按照名例、吏、户、礼、兵、刑、工分部的。从编纂时间与过程来看，高丽王朝在1380年引进

《大明律》时，应该以此为本。

根据《高丽史·刑法志》记载："高丽一代之制，大抵皆仿乎唐。至于刑法亦采《唐律》斟酌时宜而用之。曰狱官令二条，名例十二条，卫禁四条，职制十四条，户婚四条，厩库三条，擅兴三条，盗贼六条，斗讼七条，诈伪二条，杂律二条，捕亡八条，断狱四条，总七十一条，删繁取简，行之一时，亦不可谓无据。"按照《唐律疏议》所载，有《名例》《卫禁》《职制》《户婚》《厩库》《擅兴》《盗贼》《斗讼》《诈伪》《杂律》《捕亡》《断狱》等12门30卷501条，高丽王朝则在12门中选用69条，其狱官令乃是出自于唐令，则可见高丽王朝最初是依据《唐律》而定刑法。

简单的刑法难以持久，势必在具体实施上出现问题，所以说"然其弊也，禁网不张，缓刑数赦，奸凶之徒脱漏自恣，莫之禁制，及其季世，其弊极矣"，"于是有建议杂用元朝《议刑易览》《大明律》以行者，又有兼采《至正条格》言行事宜，成书以进者"。这里所讲的季世，应该是第32、33代高丽君主王禑及王昌，《高丽史》则以"辛禑""辛昌"称之。辛禑是1375—1389年在位，在此期间修订高丽刑法，杂采了元《议刑易览》《至正条格》《大明律》等规定，所采《大明律》涉及到洪武六年（1373）律、洪武九年（1376）律、洪武十八九年（1386、1387）行用律。

辛禑三年（1378）二月，"令中外决狱一遵《至正条格》"。则可见这个时候并没有关注《大明律》，到了辛禑十四年（1388）九月，典法司提出现在用前元的《议刑易览》，因为"本朝俚语与中国不通，则尤难晓之"，故此生出许多弊端，认为以《大明律》参酌《议刑易览》，"命通中国与本朝文俚者，斟酌更定训导。京外官吏一笞一杖，依律而施行之，若不按律而妄意轻重者，以其罪罪之"。辛禑十四年（1388），有人认为是禑王六年（1380），一个时间的差异，则会导致所采《大明律》版本不同。禑王六年（1380）则应该采用洪武九年（1376）律，辛禑十四年（1388）则采用洪武十八九年（1386、1387）行用律。

高丽王朝恭让王四年（1392），守侍中郑梦周以"《大明律》、《至正条格》、本朝法令，参酌删定，撰新律以进"。所参照的应该是洪武二十二年（1389）律。因为"《大明律直解》在恭让王二年（1390）以前就出版问世了"。当时郑道传与郑梦周同知经筵事，编纂新律之事，郑道传应该参与了，这应该是其编纂《朝鲜经国典》最初时间。

洪武二十二年（1389）律，以"名例"冠于篇首，然后按六部官制，分为吏、户、礼、兵、刑、工六律，有30卷460条，法典体制结构的变化，也引起高丽王朝的重视，所以听知中事李詹进讲新律的时候，"屡叹其美"，认为"此律须要熟究删定，然后可行于世也。苟不熟审，一切判付恐有可删之条也，法律一定不可变更"。在进讲过程中讲到"乐人倡妓为室者，杖八十，离异，政曹外调用"。恭让王认为"世实多有此等人"。按照定本《大明律·户律·婚姻·娶乐人为妻妾》条规定："凡官吏娶乐人为妻妾者，杖六十，并离异。若官员子孙娶者，罪亦如之。附过，候荫袭之日降一等，于边远叙用。其在洪武元年已前娶者，勿论。"则可见此罪最初刑罚是杖八十，后减轻处罚，亦可见洪武二十二年（1389）律有许多"畸重"条款。

李成桂尊明

朝鲜创业君主李成桂《即位诏》开列各款，有关法律之款讲："前朝之季，律无定制，刑曹、巡军、街衢各执所见，刑不得中。自今刑曹，掌刑法、听讼、鞫诘，巡军掌巡绰、捕盗、禁乱。其刑曹所决，虽犯笞罪，必取谢帖罢职，累及子孙，非先王立法之意。自今京外刑决官，凡公私罪犯，必该《大明律》，追夺宣敕者，乃收谢帖；该资产没官者，乃没家产。其附过还职、收赎解任等事，一依律文科断，毋蹈前弊；街衢革去。"这里明确讲法律依照《大明律》，革去街衢，将案件审理权收归官府。

《即位诏》撰写者应该是开国功臣郑道传，因为他是朝鲜王朝的首任宰相。郑道传（1342—1398），字宗之，号三峰，奉化县（今韩国忠清北道）人，恭愍王壬寅年（1362）进士及第，次年为官，历任忠州司录、典校注簿、礼门祗候、成均博士、太常博士、礼仪正郎，曾经"掌铨选凡五年"。辛禑乙卯年（1375），因反对权臣李仁任等人的亲元反明政策，被"徙于乡"，在此期间"结庐于三角山下讲学，学者多从之"。癸亥年（1383）为将军李成桂的幕僚，甲子年（1384）夏随同圣节使郑梦周去南京入朝大明，"晨夜倍道，达于金陵，及节日（朱元璋生日）进表。帝（朱元璋）嘉之，始许朝聘，行人获释"。实际上"高丽权国事王禑遣其评理郑梦周上二表，一请袭王爵，一请王颛谥号。上不许"。此时明王朝对高丽国内更换国主表示不满，直到次年，"高丽权国事王禑复遣门下评理尹虎、密直副使赵胖上表，献马，请袭爵，并请其故王王颛封谥。从其请"。这次的表文乃是郑道传所为，得到朱元璋的赞许，"特遣谥册使张溥、周倬等，册禑赐谥"。戊辰年（1388），郑道传参与废王禑而立其子王昌之事，因此升密直副使，力主革私田，在李成桂的支持下，获得成功，但也得罪许多势豪。己巳年（1389），帮助李成桂废王昌而迎立恭让王，成为佐命功臣。庚午年（1390）与郑梦周同知经筵事，郑道传讲"古之用人之法"。因为李成桂废其主王昌而立定昌国院君王瑶，引起朱元璋的不满，"高丽遣门下评理郑道传等奉表，贡方物，赐道传等钞人二十锭、文绮各二疋"，实际上"且辩诬也"。面对高丽的既成事实，明王朝也没有采取强硬措施。因郑梦周等人欲压制李成桂，再加上郑道传力主革私田，所以屡遭弹劾，以"滥受大爵，混淆朝廷"的罪名，再次被废为庶人。壬申年（1392），郑道传与南訚等人拥立李成桂，向明王朝申请改国号，朱元璋钦定为"朝鲜"，郑道传也就成为朝鲜王朝的定国功臣，且主持政务。甲戌年（1394）六月，进呈《经国典》，太祖李成桂"览而嘉之"。

在《朝鲜经国典》除了开篇"正宝位""国号""定国本""世系""教书"为总论之外，分为治、赋、礼、政、宪、工等六典，其体例法本《周礼》天地春夏秋冬"六官"。郑道传多次到南京朝贡，"盖所见益广，所造益深，而所发益以高远"。出于对中华文化的了解，所论多本儒家经典，而制度多与明王朝有关。如"国号"中讲："不受中国之命，自立名号，互相侵夺，虽有所称，何足取哉。"对明王朝所赐之国号推崇有加，认为"今既袭朝鲜之美号，则箕子之善政亦在所当讲焉"。最初李成桂权知国事的时候，欲更改国名，以"和宁"和"朝鲜"为请，朱元璋认为"东夷之号，惟朝鲜之称最美，且其来远矣，宜更其国号曰朝鲜"。郑道传将朱元璋比作周武王，李成桂比作箕子，认为尊崇明王朝可以长治久安，朝鲜李朝也一直遵守这个原则。

其"治典"乃是《周礼》天官冢宰之职，共 8 目，认为"正己格君，乃治典之本。而知人处事，治典之所由也"。"赋典"是《周礼》地官司徒之职，共 18 目，乃"军国所需之总名也"。"礼典"是《周礼》春官宗伯之职，共 27 目，"礼之为说虽多，其实不过曰序而已"，就是等级秩序。"政典"是《周礼》夏官司马之职，共 15 目，"独于兵典言政者，所以正人之不正也"，乃是国家赖以存在的根本。"宪典"是《周礼》秋官司寇之职，共 23 目，因为"虑愚民无知触禁，爰命攸司将《大明律》译以方言，使众易晓，凡所断决，皆用此律，所以上奉帝范，下重民命也"，故此所述与《大明律》各门相同。"工典"是《周礼》冬官司空之职，共 11 目，其原则是"夫不节国用，则妄费而至于财殚。不重民力，则劳役而至于力屈。财力竭而国家不危者，未之有也"。

《朝鲜经国典》虽然法本《周礼》，所述制度多与明王朝有关，如惠民典药局，明洪武三年（1370），"置惠民药局，府设提领，州县曰官医，凡军民之贫病者，给之医药"。对惠民药局运作模式却很少有文献谈及，《经国典》讲："官给药价五升、布六千匹，修备药物。凡有疾病者，持斗米匹布至，则随所求而得之。又营子利，十取其一，期至无穷，俾贫民免疾痛之苦，而济夭札之厄。"这里所讲，应该是明初惠民药局运行方式，可补中国记载之不足。

大明律的翻版

　　《朝鲜经国典·宪典》除了总序之外有22门，看上去比《大明律》30门少了8门，实际上含括了30门的内容。其中《大明律·户律》7门，《经国典》总归于"户役"之中，此外人命、斗殴，骂詈、诉讼，受赃、诈伪，捕亡、断狱，都合而为一。

　　《大明律·名例》有47条，《经国典》重点论述了五刑、十恶、八议，认为"他名例虽多，皆以恩义情法，斟酌轻重而取其中焉，盖用法之权衡也"。其中所讲"五服"，《大明律》没有专条，而以服图表明。

　　《大明律·吏律》有职制15条，公式18条。《经国典》并没有论述其中的内容，仅讲职制是为了防范"瘝官病民"，所以"制官刑，徼有位"。公式是"一众心防奸伪"。

　　《大明律·户律》有户役15条，田宅11条，婚姻18条，仓库24条，课程19条，钱债3条，市廛5条。《经国典》统以"户役"论之，认为"其大节有七：曰户役，民力之所出，不明则有隐漏之患。曰田宅，民业之所本，不严则有兼并之事。曰婚姻，人道之所重，不谨则有淫僻之行。曰仓库，民食之所在，不备则有虚耗之弊。曰课程，曰钱债，曰市廛，皆民财之所关，不可以不察也"。这里虽然没有涉及具体条目，却提纲挈领地讲出各门的重点所在。

《大明律·礼律》有祭祀 6 条，仪制 20 条。《经国典》分二目论之，认为祭祀之律令就是"严其防禁以察非违，所以惩不恪也"。"仪制所以明等威辨上下，礼之大节也"。并且认为"逮夫皇明有天下，诏曰仪从本俗，法守旧章，故其弊习亦未遽除"，并以为朝鲜王国"无愧中华"。

《大明律·兵律》有宫卫 19 条，军政 20 条，关津 7 条，厩牧 11 条，邮驿 18 条。《经国典》按照各律分为 5 目。认为宫卫"但违误失度者，事干不敬，当从重典，举常宪，惩不恪"。军政之律设，"故明号令，戢暴乱"。关津之律设，"敢有私渡及留行者，各以律论，本仁政，诘奸细"。厩牧之律设，"使典守知戒焉"。"邮驿之职，掌在政典者，所以定其制也。苟不体圣意，非理作弊者，刑兹无赦"。从所讲事宜来看，含括兵律所有条目。

《大明律·刑律》有贼盗 28 条，人命 20 条，斗殴 22 条，骂詈 8 条，诉讼 12 条，受赃 11 条，诈伪 12 条，犯奸 10 条，杂犯 11 条，捕亡 8 条，断狱 29 条《经国典》按照各律分为 7 目，其贼盗写为盗贼，在肯定人性皆善的基础上，认为"民欲无厌，利心易炽，苟不明刑以制之，亦难禁也"。人命斗殴是"古今制律者，莫不以杀伤为重，斗殴次之，盖辟以止辟，欲并生也"。骂詈诉讼是"人情乖离，必以恶言相加，腾于口舌曰骂詈，争于官府曰诉讼，虽皆偷薄之至，而非无得失之可议"。受赃诈伪"吏之受赃贪以败官，人之为诈奸以生乱，凡为治者不可忽也"。犯奸是"帷幕不修，男女无别，人道乱而王化泯矣"。所以"婚姻之制，谨之于礼典；犯奸之令，严之于宪典"。杂犯乃"刑之细者"。捕亡断狱是"捕亡必严，断狱必恕。严则犯者不得以脱漏，恕则刑者不至于妄屈，此皆法之良者也"。由此可见《经国典》将 11 门合为 7 目，以其间关系密切而论。

《大明律·刑律》有营造 9 条，河防 4 条。《经国典》设目相同，认为营造之事乃是君主不得已的行为，但"其期限程督，亦不可稽也"。"河防之设，有益于人者大矣"。"然则其所以时其役而程其力者，皆有法存焉"。

郑道传在论述刑律与国家各项制度之间的关系方面，也有独到的见解，认为："宪典者，六典之一，而五者莫不资是以有成。故吏典之黜陟，非宪典则无以公其选。户典之征敛，非宪典则无以均其法。礼典之节度，非宪典无以肃其仪。政典之号令，非宪典则无以威其众。工典之兴作，非宪典无以省其力而合其度矣。"强调宪典的作用，因为其无乎不在，有重要的辅治功能，而宪典的核心就是刑律，这个刑律就是"一以《大明律》为据"。

《经国典·宪典》完全按照《大明律》门类顺序叙述，简明扼要指出各门的要旨，是非常有意义的。因为明代律学家在解律注律时，只关注各条的内容，而很少论及律设各门的宗旨，《经国典》各目的述略，正好弥补这方面的不足。

虚伪的政治

　　《经国典》是朝鲜太祖三年（1394）六月进呈的，七年（1398），朝鲜太宗李芳远发动兵变，将郑道传杀掉，并且定为"奸党"，在即位教旨中还是承认"《六典》为治之具，宜令六曹，讲求命官之意，各尽其职，毋敢或怠"。撰写《经国典》的人成为"奸党"，却没有影响到《经国典》成为治国的总纲，这也是中朝文化的不同之处。如朱元璋在胡惟庸党案之后，大赦天下讲道："洪武十三年以前替间释放官员，有司遣赴京师，复叙之民间有才高志广之士愿出仕者，即礼遣赴京，告谕天下，使明知朕意。"将胡惟庸所排挤之人重新录用，而否定其所创立的制度。永乐帝靖难功成，即位诏即申明"建文年间上书陈言，有干犯之词者，悉皆勿论所出，一应榜文条例，普皆除毁"。这都是全盘否定，重新构建。朝鲜王朝则不同，郑道传成为反叛逆臣，其所构建的制度却得以原封不动地保存下来。即位教旨申明："除大逆强盗、蛊毒魔魅、谋故杀人及道传、南訚党与外，已发觉未发觉，咸宥除之"。郑道传之党已经是不赦之罪，但郑道传所构建的制度却得以肯定，使制度保持相对的稳定。

《经国典》得以肯定，《大明律》成为朝鲜刑律也不会受到质疑。《大明律》的翻译工作在高丽王朝就已经进行了，朝鲜太祖四年（1395）二月，翻译的《大明律直解》出版，所据版本是洪武二十二年（1389）律。洪武三十年（1397）定本《大明律》颁布以后，朝鲜曾经请颁赐一份，因为建文帝以"已先太祖皇帝诏谕：本国仪从本俗，法守旧章，听其自为声教。今后彼国事务，亦听自为"，所以没有给赐。朝鲜使臣曾经"请皇明礼制于礼部"，也被明廷以"中国礼制不可行于藩国"，加以拒绝。即便是如此，定本《大明律》还是传入朝鲜，因为在1431年，朝鲜世宗"命舍人赵端康、少尹权克和，译解《大明律》于详定所"。不过，现存的《大明律直解》，还是以洪武二十二年（1389）律为本，现在还很难找到此后的译本。

有关《大明律》在朝鲜实施情况，韩国学者多有考证，中国学者也有所论述。这不是本文论述的核心问题，且就郑道传与李成桂制定《朝鲜经国典》及翻译《大明律》而言，其目的是尊明保国。

李成桂（朱元璋赐名李旦）在郑道传等人拥立下，首创朝鲜国，一直与明王朝关系紧张。在李成桂申请更名时，朱元璋就威胁道："区区朝鲜，不足以具朝食。"并且"绝朝鲜国贡使，又命左军都督府遣人往辽东金、复、海、盖四州增置关隘，缮修城隍，发骑兵巡逻，至鸭绿江而还"。在有大兵压境的情况下，李成桂即位，安抚国内固然是首策，稳住明王朝则是确保朝鲜安全的必要之举。李成桂得到朱元璋斥责的敕书，便"遣使奉表，陈情谢罪，贡白黑布、人参及金装鞍马"。即便是如此，明王朝还是以各种理由进行威胁，并且扣留朝鲜使臣,索要郑道传赴明治罪。朝鲜以郑道传有病为托词,将撰表人郑总、卢仁度、金若恒等三人送往南京。朱元璋释放朝鲜使臣柳珣等,将郑总等"留之京师,别授微职"。朱元璋要礼部晓谕朝鲜,"如郑道传等,乃小人之尤者,在王左右,岂能助其为善?苟使郑总、卢仁度、金若恒仍在,朝鲜又郑道传之羽翼。今总等既不免,王不精审,又将假手于人矣"。朱元璋的挑拨离间之计获得成功,也给李芳远诛杀郑道传提供了道义上的支持。

朝鲜王国初建之时,内有原高丽王朝的反对力量,外有明王朝强兵屯聚,选择明王朝制度乃是安内攘外的国策,最初也没有完全照搬明王朝制度,而是在安抚国内的情况下,扩充实力,欲与明王朝一争高下。李成桂曾经认为"今大明皇帝,亦以匹夫得天下"。表面尊崇明王朝,内心并没有完全服气。郑道传在朱元璋索要他的情况下,也积极谋划兴兵,"时郑道传、南闇、沈孝生等,谋兴兵出境,献议于上"。李成桂任命郑道传为东北面都宣抚巡察使,进行积极筹备,左政丞赵浚力劝郑道传说:"万一予与阁下,率诸道之民以征,其疾视也久矣,岂肯用命乎?吾恐身亡国败,不及辽而至矣。"最终在赵浚的力谏下,李成桂才放弃攻明计划。

郑道传所撰《经国典》及倡行《大明律》,是在安内攘外的前提下所形成的,因此仅仅是立国原则,并没有具体实施。朝鲜《经国大典》不断修订,并且于成宗二年(1471)颁行。"此《经典大国》,远据《周官》,近本《大明会典》,为李朝四百余年之根本法规"。朝鲜建国之初,并没有上升到根本法规,而是逐渐确定的,则可见当时编撰《经国典》及倡行《大明律》,

仅仅是一种策略，因此也不能够说朝鲜王朝建立伊始便仿照了明王朝的政治法律制度。

析明案

朱元璋立法气势是前无古人的，声称："凡我子孙，钦承朕命，无作聪明，乱我已成之法，一字不可改易"。群臣**敢议**改法律者，夷三族。《大明律》经过几次编纂，最终勒定为定本460条，有明一代无人敢进行更改。

明代律例法规体系，实行了近300年，府州县官都要办理狱讼，一个府州县官年平均办理2000多件诉讼，当时全国有2000左右个府州县，一年下来就是400多万件。虽然大多数诉讼案件已经见不到了，但现存的史料中比比皆是，而所有案件都要有个判决，亦可见律例应用的频繁。

朱元璋与空印案

朱元璋（1328—1398），濠州钟离（今安徽凤阳）人，作为明王朝的开国皇帝，他积极推行垦荒积谷，提出"田野辟、户口增"发展生产六字方针，为建立一个理想的小农社会而竭尽全力。在位31年，虽然没有达到历史最繁荣的高峰，但"山市晴，山鸟鸣，商旅行，农夫耕，老瓦盆中冽酒盈，呼嚣嚣突不闻声"（朱彝尊《明诗综》卷100《南丰歌》），自给自足的太平气象，也颇令时人在生活上得到满足。他力图使社会成为理想的上古淳朴社会，恢复儒家所想的夏、商、周三代礼仪制度；法本唐宋，重新勒定各种政治制度，构建足以传子孙的法律体系，不但勒定有明一代的基本制度，也为清代所因袭，并影响到日本、朝鲜和越南等东南亚国家。但朱元璋屡兴大案，一方面欲杀尽贪官污吏，一方面屠戮功臣，令后人评论不一。比如说"空印案"的处置，就存在许多疑点，以至于发生时间，所杀人数，是惩治贪官污吏还是乱杀无辜，在对朱元璋评价上存在分歧。

那么朱元璋为什么兴起空印案？什么是空印？在空印案中惩处了哪些人？到底是不是一案杀了数万人？空印案究竟

是在哪年发生的？空印案在当时又产生了什么影响？这些不但是学界所关注的问题，也是值得深思的问题。

首先，空印案惩治贪官污吏说。根据史料的记载，元朝末年，吏治大坏。元末明初的叶子奇撰写《草木子·杂俎篇》讲："元朝末年，官贪吏污，始因蒙古、色目人罔然不知廉耻之为何物。其问人讨钱，各有各目。所属始参曰拜见钱，无事白要曰撒花钱，逢节曰追节钱，生辰曰生日钱，管事而索曰常例钱，送迎曰人情钱，句追曰赍发钱，论诉曰公事钱，觅得钱多曰得手，除得州美曰好地分，补得职近曰好窠窟，漫不知忠君爱民之为何事也。"尽管朱元璋缔建了明王朝，但已经根深蒂固的政弊，还弥漫在官场上。"掌钱谷者盗钱谷，掌刑名者出入刑名"（《御制大诰·谕官毋作为非》），致使洪武年间出现所谓的"盗贼"反抗官府就有180多次，抓获的"盗贼"们，"咸言有司贪墨，守御官军扰害，以故逃窜山林，群聚为盗"，乃是官逼民反。因为贪官污吏，人民反抗才此起彼伏，因此朱元璋惩治贪官污吏有了足够的理由。

朱元璋对贪官污吏的痛恨是由来已久的，他在回忆往事时讲道："昔在民间时，见州县官吏多不恤民，往往贪财好色，饮酒废事，凡民疾苦，视之漠然，心实怒之。"说明他在没有当皇帝以前，就想到过重典治吏，所以即位以后就申严法禁，"但遇官吏贪污蠹害吾民者，罪之不恕"。多次警告群臣，"苟贪贿罹法，犹行荆棘中，寸步不可移，纵使得出，体无完肤矣"。朱元璋的警告并不是仅停留在口头上，对群臣进行威慑，在具体案件处理过程中，显示出刑威并重的手段，不但使贪官污吏闻风丧胆，而且是不达目的决不罢休。以空印案来说，还不是大张旗鼓地惩治贪官污吏，仅算是锋芒小试。

其次，什么是空印案？所谓空印，就是在空白文书簿册上加盖官印，犹如现在的空白介绍信，到需要使用的时候再填写内容。朱元璋认为官吏可以利用空白文书簿册作弊，所以要严惩使用盖有官印空白文书簿册者，因为牵连人数众多，便成为大案，并且成为著名案件，所以谈明代历史，讲朱元璋，没有不提及此案的。

再次，空印案发生的时间及所杀人数。空印案的案发时间，以及涉案被杀人数，至今还存在争议。在案发时间上，有洪武八年（1375）说，洪武九年（1376）说，洪武十五年（1382）说。在涉案被杀人数上，有杀数万之说，也有与郭桓案共计杀七八万人说，更有被杀数百人之说。

洪武八年（1375）说，中央民族大学陈梧桐教授曾经有《明初空印案发生时间考》（《历史研究》，1982年第5期）一文，进行了细致的考证。洪武九年（1376）说，则是根据明人方孝孺《逊志斋集》卷21《叶伯巨郑士利传》，与《明史·郑士利传》对比而得出的。洪武十五年（1382）说，是因为《明史·刑法志》持此说，也是为大多数明史论著所公认的。本人则倾向于洪武九年（1376）说，因为那是大规模惩治空印案之始。

空印案与郭桓案相联系，共计杀七八万人说，及杀数万之说，是当前最通行的说法，大多数与朱元璋有关的论著都采取此说，但此案非彼案，空印案是空印案，郭桓案是郭桓案，不能够将两个案件相提并论。被杀数百人之说，则依据明人方孝孺《逊志斋集》卷21《叶伯巨郑士利传》载："洪武九年，天下考校钱谷策书，空印事起，凡主印吏及署字有名者，皆逮系御史狱，狱凡数百人。"方孝孺（1357—1402），浙江宁海人，所讲叶伯巨（？—1376）、郑士利，均为宁海人，如果是洪武九年（1376）发生空印案，方孝孺已经20多岁，所记应该与事实最为贴切，更何况其父方克勤（1326—1376），也是因为该案被杀，方孝孺应该不会忘记。因此，空印案应该事发在洪武九年（1376），而方克勤是于当年十月二十四日被杀，因为当年有闰九月，那么从案发到方克勤被杀，案件已经持续三个月，方孝孺讲"狱凡数百人"，也就是被关押起来的人数，至于被杀人数，应该不会多于数百人。不过，方孝孺当时所讲，应该是空印案还没有结束，其为郑士利所做的《墓碣铭》讲："洪武九年，大臣擅事者，以过用印章，系郡国守相以下数十百人狱，劾以死罪，中外冤之，而不敢言"。明尹守衡《皇明史窃》，明末清初的查继佐《罪惟录》，都采用此说，"数百人"与"数十百人"是有区别的。数百人是不会超过千人，数十百人则以百为计算单位，也就是几千人，因此空印案牵连的人数应该超过千人。按照当时的官制，官员总数约2万人，惩处千人，就已经占官员总数的5%，若是数千人则比例更高，在当时足以产生轰动效应。

空印案发生以后，在官员群体中反映还是很大的，但都不敢向朱元璋提出劝谏，却出现一名生员郑士利，居然上书向朱元璋建言。什么是建言呢？就是皇帝下诏求直言，全国人不论何人都可以通过上书的方式提出自己的看法。洪武九年（1376），朱元璋因为"五星紊度，日月相刑"，便下诏求直言，于是有不少人上书，其中有一些人因言事中听，授官晋级，当然也有因此得罪的。由于当时并没有规定建言格式，一些人建言之文冗长且滥词，使人看后不知所云，其中刑部主事茹太素的"论时务五事，累五万余言"，导致朱元璋颁布建言格式。自此以后，建言作为一种制度而成为明代的典章。建言含括内容很多，"凡有利国利民之事"，"若官吏人等贪赃坏法，颠倒是非，酷虐良民，及婚姻、田土、军役等事，一体职掌榜文内事理"，均可用建言的形式，"具状自下而上陈告"，所陈告的内容必须要呈告皇帝。

郑士利响应号召，便以当时发生的空印案为由上书建言。郑士利，生卒不详，生员出身，是因为他哥哥郑士原而牵入本案的。郑士原（1334—1380），洪武四年（1371）进士，历任河南怀庆府同知、湖广按察司金事，因空印案被投入狱中，因为并非主印长官，所以罪不致死，被充役江浦而死于劳役。郑士利认为空印案处理过重，就写了数千字的劝谏书，准备找机会呈递给朱元璋。正好当时因为"星变"，朱元璋下诏求直言，但诏书上有"假公言私者罪之"之语，而其兄郑士原正好在狱中，于是他等到郑士原被判决以后，便持书来到丞相府。郑士利身材短小，貌不惊人，但怀着必死之心而来，见到丞相胡惟庸，也颇为倨傲。胡惟庸问他所递书是什么内容，郑士利讲："给天子上的书，是为天子言事，丞相何必问什么内容。"在天子求直言的诏令下，胡惟庸也不敢多问，便让御史大夫将书上奏。

郑士利数千言书中的内容节要，在《明史·郑士利传》有载，主要是说朱元璋不明白空印的用途。第一，现行的制度，所考核校对的空印文册，都是用骑缝印，并不是一纸一印，即便是得到空印的文书，也没有什么用处，何况并不容易得到。第二，钱粮的数字，都是由府送到省核对，再由省送到部核对，数字很难出现差错，最后由部定数上报，很少能够出现误差。如今各省府在外，其远则六七千里，近也有三四千里，等到部定数字以后再去加盖印章，往返总要一年，所以先盖上印章而后写数字，乃是权宜之计，也是为了政务方便，何况空印实行已经久远，又何必要深究他们的罪责呢？第三，国家是有立法的，必须法律明确规定罪名，然后再依法定罪，说明其犯法的原因。然而，自大明建国到今天，并没有关于空印方面的法律，既然律无明文，各级官府衙门又是因循惯例，也不知道空印有罪，现在将使用空印者都杀掉，怎么能够使获罪者心服口服呢？第四，朝廷招揽贤才，设定官制，能够得到官缺是很难的，要想升到知府这样的位置，总要数十年的循资立功，因此他们大多数都是通达廉明之士，并不是如草茅一样轻贱，可以割去以后再生长出来，陛下又何必以"不足罪之"，而失去了许多"足可用之材"呢？因此我为陛下可惜呀！

郑士利所讲，可以说是有理、有力、有节。没有制定法律，就将人定罪，与滥杀无罪之人，又有什么区别呢？但直接指斥皇帝不依法办事，毕竟伤害朱元璋的面子。所以朱元璋在看完建言书之后，登时大怒，以为一个小小的生员，哪里有这样的胆量？一定是有后台指使，便将郑士利拘捕入狱，特派丞相、御史大夫等组成审判法庭，进行"杂问"，一定要追出主谋。在公堂上，郑士利笑着回答："顾吾书可用与否如何耳？且吾业既为国家言事，自分受祸，人谁为我谋乎？"也就是说，我所写的建言书，只是在于能否为皇帝采用，谈论事情原委，我已经为国家建言说事了，也自料到会身受其祸，还能有谁为我这个即将受祸得罪的人出谋划策呢？无论如何逼问，终不屈服，最终也与他兄长郑士原一样，充军江浦，而不知所终。按照一般写史原则，如郑士利这样的生员，是没有资格被写入史传的，但其精神感动了《明史》的编纂者们，不但为他立传，还将其上言书的内容节选，能够看到空印案的大概。

郑士利的上书，并没有让朱元璋认识到自己的错误。你说没有法律，那么好了，现在就立法，"凡主印者论死，佐贰以下榜一百，免死为军远方"。你说通达廉明之士不能如草茅一样割去再生，我就让中外大小臣工推举贤才，每年也可以多者达 3700 余人，少者也有 1900 余人，再加上每府有生员40 名，180 多个府，就有府学生七八千名；各州有生员 30 名，190 多个州，也有州学生五六千名；各县有生员 20 名，1100多个县，也有县学生 2 万多名；中央设有国子监，多时监生也有 8000 多名；再加上科举选拔人才，朱元璋可以选用的人才经常有数万名之多，而按照当时的官制，官员的名额也就不到 2 万人。他们可以出为君用，进而坐享天禄，还怕没有人来当官吗？你为我可惜，这也是你这样一个小人物所讲的！错了我可以下"罪己诏"，岂能容臣下论短长？为了我子孙后代，恶事我自为之，至于后人再论短长，则不是死去的皇帝所能够左右了。

什么是"罪己诏"呢？就是统治者遭遇灾厄下诏罪己，始于上古时期，直至现代，这种做法在世界文明古国中是鲜见的。罪己诏是在传统礼制的基础上，于朝政治理上显示出支配权力，既显示出统治者对礼制的感念，又显示出统治者的至高无上权力。一种可以让君主专制制度下至高无上的君主低头认罪，颁布诏书，向自己臣民公开道歉的制度，实是中华传统文化之优良之处。罪己诏很多，举凡君心、官箴、地震、兵灾、水灾、旱灾、蝗灾、火灾、日食、星变等天灾人祸，都可以下诏罪己。台湾赖福顺教授，曾经将罪己诏划分为4类：公开忏悔、求治心切、寻求直言、重审贤否。其实，在许多遗诏中也有罪己的内容，虽然遗诏多是臣下所为，但既有对先君的评价，又有万象更新的寓意，因此在研究过程中还要考虑前因后果，做出正确评价。无论如何，号称"君权神授"的帝王，能够公开认错，反省自己，其勇气可嘉，既可以获得臣民的感动和支持，又可以泯灭人民的不满与仇恨，还可以垂范于后世，可谓一举多得。

朱元璋对空印案涉案人员的惩处，虽然也有些人被冤枉，但对当时社会的贪污腐败行为还是有震慑作用，贪墨者已经为之黄脸咋舌，提心吊胆地等待朱元璋再出整顿吏治的高招。用严刑竣法来大规模地惩治贪官污吏的高潮，终于在洪武十八年（1385）的郭桓案发以后来临了。这正是：

> 凉风自西来，飔飔吹我襟。
>
> 荣华能几时，摇落方自今。
>
> ——〔明〕刘基《晚同方舟上人登狮子岩作》

刘基，字伯温（1311—1375），浙江青田人，元统元年

（1333）进士，是朱元璋的重要谋臣，后世人们把他看作是汉代张良（张子房）、三国孔明（诸葛亮）、唐代魏徵式的人物，认为他能够决策于帷幄之中，决胜于千里之外，精天文，明地理，知兵法，聪明过人，有许多传说都与他有关。刘基以能谋善断著名，其能够在功成名就以后急流勇退，又能够被朱元璋封为诚意伯，没有被卷入屠戮功臣的旋涡，这使他被民间传说成为近似神明，犹如妖道的人物，说他能够未卜先知。且不说刘伯温如神似妖的传说，仅从上述诗内，就可以看出他神奇，"凉风自西来"，朱元璋对功臣们的不放心，已经使他感到凉风习习；荣华富贵难持久，摇落跌坠已经从现在开始了，而凉风也意味着秋天的过去，严冬即将来临，更大的暴风雪也不会太遥远了。

人头落地莫惊心

　　清代史学家赵翼认为：朱元璋"藉诸功臣以取天下，及天下既定，即尽取天下之人而杀之，其残忍实千古所未有。盖雄猜好杀，本其天性"。这种评价仅从性格角度，而未切实质。因为权势本身就蕴含着罪恶，这些功臣拥有权势，也难免上欺朝廷，下压百姓，更时刻威胁到大明王朝的统治，因此消灭他们，既可以固权位，又可以利子孙，至于用什么借口，朱元璋也不会过多地考虑。以惩治贪污为名的郭桓案，便是朱元璋的借口，虽然是事出有因，但藉端杀戮，兴起大狱，则是朱元璋为子孙奠定牢固江山基础的既定方针。那么发动人民在全国范围内大举擒拿贪官污吏，更是前无古人。郭桓是何许人呢？郭桓案又是怎样发生的呢？发生以后又是如何清查的呢？涉案人数究竟有多少人呢？为什么中产以上的百姓都破产了呢？此案在当时有什么影响？后人又是如何评价的呢？凡此，都需要有所说明。

　　说也奇怪，一个非常有名案件的主要当事人，而且还以其名来命名的大案要犯——郭桓，居然不知其生于何年？卒于何时？何等出身？都曾经当过什么官？是如何起家的？现在仅仅知道他犯案时为户部侍郎，也就是副部级，不过他曾经试为户部尚书七个月，也当过正部级，被降职为侍郎以后，才三个月就犯案了。那么将他诛杀，是在案发的洪武十八年（1385）呢？还是在铁案如山以后才被诛杀的呢？史料并没有记载，所以卒年存疑。

郭桓案的案发经过是比较清楚的，那就是洪武十八年（1385），御史余敏、丁廷举，告发北平布政司、按察使司的官吏李彧、赵全德等，与户部侍郎郭桓、胡益、王道亨等通同舞弊，侵盗官粮。朱元璋下令将涉案人严加审讯，结果牵连出礼部尚书赵瑁、刑部尚书王惠迪、兵部侍郎王志、工部侍郎麦至德（署理尚书）等，发现他们除侵吞宝钞金银外，仅贪污税粮及鱼盐等物，即折米2400余万石。以明代一石折合现在155斤计算，2400余万石，就是37亿2千多万斤，以现在1斤米4元折算，就相当于一百四十多亿元人民币，数额应该说是巨大的，当然引起朱元璋的盛怒。于是下令，将礼部尚书赵瑁等人弃市，六部左右侍郎以下全部处死。案件牵涉各布政使司大小官吏（相当于今省、市、县各级官吏），因此系狱拟罪者数万人，株连之人遍天下，中产以上民家被抄杀者不计其数。

为什么会株连那么多人呢？朱元璋在《大诰·问赃缘由第二十七》有所交代：首先是六部犯赃，要追其赃来自何处；如果是各布政司行贿，就将布政使查拿前来，再追其赃从何来；如果是各府送到布政司，则将各知府抓来追赃；如果知府交代从各州送到，便将各知州拘捕追赃；如果知州指称各县送来，便将知县拘捕追赃；如果知县交代是属民所给，便将属民抓来追赃。一路追赃，从中央到地方，再到行贿民人。朱元璋认为"诸法司必如朕命，奸臣何逃之有哉"。于是无论行贿者，还是受贿者，统统都要拘捕审讯，牵连数万人，当然也就不在话下，但也难免因此扩大打击面。

在追赃过程中，法司右审刑吴庸等人严刑拷打逼供，造成许多冤案、假案、错案，更有人乘机报复，使人人自危。当时许多人都怪罪御史余敏、丁廷举等揭发而生出事端，更怨恨吴庸残酷无情，便纷纷指斥、攻击告发处理此案的御史和法官。为防止事态扩大，朱元璋乃手诏公布郭桓等人罪状，而将原审法官右审刑吴庸等处磔刑，以平众怨。并感慨道："朕诏有司除奸，顾反生奸扰吾民，今后有如此者，遇赦不宥。"一场严厉惩贪的高潮，也因此渐渐地又回到低谷。

那么郭桓案是如何进行处置的呢？又是如何进行追赃的呢？朱元璋又是如何计算赃额的呢？在朱元璋颁布的《大诰》中有所记载。

首先，朱元璋计赃的算法与众不同。如《大诰·卖放浙西秋粮第二十三》讲郭桓等收受浙西秋粮，按照进仓的定额应该是450万石，他们仅有200多万石进仓，减去准备进仓者，还有缺额190万石；又查出郭桓等受贿钞50万贯，而府县官黄文等则与之通同作弊。这里需要指出的是钞贯。洪武八年（1375）发行的大明宝钞，面额有1贯、500文、400文、300文、200文、100文等6种，与铜钱并用，1贯钞折合钱1000文、银1两、金0.25两。那么钞50万贯，就是50万两银，明代一两约37.5克，按照现在银的牌价，每克约4元，大约相当7500万元人民币，如果按照黄金牌价，每克300元左右，

5万两金，大约相当五亿六千万人民币，如果以当时的房地产价格来计算，购买力至少要相当于数百亿人民币，可以说是数额巨大。

还有，就是进仓数额与进仓缺额的问题。明代农业税分夏税和秋粮，有实物的部分，也有交纳钱钞的部分，因为是两季征收，前后入仓拖延时日也是难免，因此账面上的税额与实际进仓的税额往往有差额。朱元璋将账面上与实际进仓者进行比对之后，便认定不足者就是该管官入己贪赃，也未免有些武断。如户部尚书滕德懋，以盗用军粮10万石的罪名被处死，朱元璋派人到其家查看，见滕德懋的妻子纺麻为生，而生活凄苦，便将滕德懋尸体解剖，发现其肚内全是粗粮草菜。虽然后来将滕德懋以礼葬之，但也没有给他家什么赔偿。在《大诰》中，朱元璋只是计算应该进仓的差额，而将缺额都按照入己贪赃来计算，这样便带来如何追赃的问题。

事实证明，朱元璋查抄贪官污吏的家，并没有查抄出他所计算的数额，所以要追赃。既然是要追赃，那么如何计算数额呢？朱元璋便算了一笔账。在《大诰·郭桓造罪第四十九》讲他之前计算时，恐怕民众不相信有如此众多的赃，所以仅大概其计算为700万石，现在从浙西秋粮卖放情况来看，其宝钞金银可以不算，仅粮米就200万石，这样当时12个布政司，总加起来就2400万石，相当于现在的七八十亿人民币，这个数额实在是巨大。一个布政司出现问题，所有的布政司都会有问题，这是朱元璋的逻辑。按照这个逻辑，如果要追赃，各个布政司都不能够排除在外，那么自上而下地去追，所牵连的人多达数万余众，看来也是平常的事。

至于郭桓案都牵连了什么人？如何又使中产之家破产呢？朱元璋的诰文透露出一些。《大诰·五府州免粮第十二》讲，应天、宣城、太平、广德、镇江等五府州县，"数十万没官田地夏秋税粮，官吏张钦等通同作弊，并无一粒上仓，与同户部官郭桓等尽行分受"。一府税粮是120余万石，官田约占一半，无一粒上仓，就是60万石，五府合计则约300万石，数额巨大，五府官吏都不能够免罪。似此严追，全国官吏都不免要被审查。

《大诰·开州追赃第二十五》讲，大名府开州州判刘汝霖，在追郭桓等人的赃罚时，下帖乡村，遍处科民，以赔补赃项，因为手段残忍，民众怨恨极大，朱元璋将其斩首，并将头颅在本州属地传示，以平民愤，则可见在追赃过程中，不但贪赃者被严惩了，追赃的人也因为各种因素被严惩了。从追赃到官吏所在本籍贯来看，牵扯范围很广。本籍贯官吏如果完不成追赃任务，必然会受到处罚，而严厉追赃又会成为科敛，最终也难免一死，全国地方官也都卷入追赃的风波之中。

《大诰·重科马草第四十二》讲，因户部侍郎郭桓等官，得到应天等五府纳草人徐添庆等户的赃，便不征收他们的马草，却在安庆府人户内征收，将负担转给其他地区。富民行贿免征赋税，致使其他地区增加负担，朱元璋认为他们非常可恶，便针对富民进行惩治了。按照朱元璋的逻辑，凡是向官吏行贿者，都属于"奸顽"，而"奸顽"则是纳入重惩不贷的行列。《大诰·纳豆入水第五十三》，则因为"奸顽人户"在马料豆中拌水，朱元璋认为"每仓一间不下万余石，因一户奸顽搅水交纳，湿热一蒸，盈廒皆坏，如此者多矣"。朱元璋并不以缴纳掺水马料豆数额度计算，而是以掺水马料豆入仓以后造成的损失来计算。这样一户缴纳掺水马料豆，就要按损失万石来计算，于是便数额巨大了，那么将"奸顽人户"治以极刑，便是"罪有应得"了。"奸顽人户"缴纳拌水马料豆和粮米，收进仓库的官攒人等也有责任，所以不但"奸顽"难免一死，监收人员更不能苟活于世。《大诰·扬州鱼课第五十》讲，则因扬州所欠鱼课，由郭桓通同扬州府知府战慎，在向富户追赔以后，又到河泊所官原籍追赃，以致一赃两追，当事人不免加罪重处，所牵连之人也难逃处罚。这样的追赃方式，官吏当然难逃惩处，而富户"奸顽"也牵连其中。官吏们为了自身的利益，以追赃多作为政绩，必然是竭泽而渔，只要有钱就逼迫他们出资，于是便出现中产之家以上，大抵皆破产的情况。

郭桓案的追赃打击面越来越大，问题查出也越来越多。《大诰·刑余攒典盗粮第六十九》讲到，龙江卫仓官攒人等，通同户部官郭桓等盗卖仓粮，已经被墨面文身，挑筋去膝盖，仍留在仓，又偷出官筹，盗支仓粮，这属于再犯，当然不能够免死。《大诰续编·钞库作弊第三十二》讲到，查出宝钞提举司官吏冯良、孙安等20名，通同户部官栗恕、郭桓，户科给事中屈伸等，并钞匠580名，隐匿宝钞1437540锭，并将之与商税钞折抵，虚出实收，内外人等均分。这个数额大约相当于现在两亿七千万人民币，受牵连者上千人。朱元璋感叹道："呜呼！当计此之谋，为利所迷，自将以为终身不犯，岂知不终年而遭刑。"他警告法网恢恢，疏而不漏，为人不要自作聪明，要知道法网难逃。

《大诰续编·追赃科敛第三十六》讲到，在郭桓案追赃过程中，官吏科敛人民，"奸顽"交结官吏，藏匿官赃者，都被罚修街盖房。朱元璋认为"盖房砌街之役险哉"，是属于"几死而免"的劳役，是折磨差事。正因为饱受折磨，许多人犯才千方百计地脱逃。所以《大诰三编·逃囚第十六》讲，郭桓案办理半年间，"杀身亡家者，人不计其数"，而充军发遣者更多，往往有中途在逃者，因此对逃者实行枭令，田产入官，人口发往化外。朱元璋针对犯人逃跑制定法律，凡是官吏、里甲、邻佑、亲戚等能够检举揭发者免罪，明知故纵者与逃囚同罪，逃囚捕获加重治罪，公然拒捕者格杀勿论。

如何才能稳准狠地打击所有的贪官污吏，这是中国历史很难解决的问题，因为君主专制制度始终包含着两个截然不同的要点和三个不可解决的矛盾。两个要点：一是官必须拥有权力，主要表现在设官分职上；二是官不能拥有不受限制的权力，主要表现在自上而下的层层监督和由中央直控的监察制度上。三个不可解决的矛盾：一是行政权力支配一切与人治的矛盾，二是官僚分职任事与皇权专制的矛盾，三是统治阶层的权力和财产分配的矛盾，这些矛盾直接影响官场的风气。如果都能够达到朱元璋所期待的"君子见而其政尤勤，小人见而非心必省"，在赏罚分明的情况下，无论是行贿者，还是受贿者，抑或侵吞公共财产者，凡是非法所得，都会被从严处理，使所有的人都要考虑，如果有非法所得，就会有丢掉性命，或者有数代人赔补的风险，贪官污吏自然会少一些，社会风气也会有所改变。然而残暴并不能改变社会风气，不分臧否全都治以重罪，恐怖统治使人人自危，避祸犹恐不及，也会破坏统治基础。

朱元璋这样刨根问底地追赃，并且在刑讯逼供之下，受到牵连的人也就会越来越多，以致人们认为朱元璋不是为了惩治贪官污吏，而是为了敛财。千秋功罪任人评说，因为朱元璋在郭桓案中确实存在扩大打击的行为，其中冤案、假案、错案也是不少。平心而论，朱元璋这样做不能说完全没有效果。他主持编印的《大诰》，发放给全国人民人手一册，公布贪官污吏的罪状，通过案例对人民进行教育，以血淋淋的事实来告诫人民，虽然有些矫枉过正，但还是收到惩治贪腐，改变社会习俗的功效。正如明人姚舜牧所言："高皇帝当元之季，纲常教化，扫地尽矣，而吏习为虐，民习为奸者，又比屋而皆然。于斯时而不用重典，其何以止辟而安良善。"认为："《大诰》立而泽被天下者，历万世而常新"，是旷古的巨制鸿篇，但并没有持久，在明代中叶以降，"乃今家不知藏，士民不知读，若前官吏民人之顽诈者，新相习也"。贪污腐败在当时已经引起一些有识之士的重视，在痛心疾首的情况下，他们希望再出现一个朱元璋，来惩治无限制蔓延的贪污腐败，但已经是不可能的了。历史容易被人淡忘，想当初朱元璋发给全国人民人手一册的《大诰》，到现在已经找不到当时刊印的版本了。这正是：

> 故国飘零事已非，旧时王谢应见稀。
> 月明汉水初无影，雪满梁园尚未归。
> ——〔明〕袁凯《白燕》

袁凯，生卒年不详，字景文，号海叟，松江华亭（今上海市松江县）人，元末曾为府吏，洪武三年（1370）任监察御史，后因朱元璋恶其"老猾持两端"，便伪装疯癫，以病免职，被发往淮西营建中都、参与屯垦，他在淮西作有《淮西独坐》诗云："萧萧风雨满关河，酒尽西楼听雁过。莫怪行人头尽白，异乡秋色不胜多。"其思念家乡之情溢于言表。如何才能够回到家乡呢？袁凯便"使家人以炒面搅砂糖，从竹筒出之，状类猪犬下，潜布于篱根水涯"。也就是说将炒面做成猪狗粪的形状，偷偷地放在墙脚水边，然后"匍匐往取食之"，使人以为他疯癫，连猪狗粪都吃，终于逃过朱元璋耳目的监视，允许他回归故里，因此逃过一劫。

伸冤的西瓜

案件发生在明代成化年间的徽州府。这一年，进士出身的乐宗禹，历尽宦海风波，荣升徽州府知府。俗话说升官心情好，有子万事足。乐知府自从中了进士以后，宦途可以说相当顺利，不断升迁，因此心情很好。心情好，自然家事也好，为官十年来，居然添了三子，可谓是官场得意，家庭美满。古语有云：祸兮福所倚，福兮祸所伏。谁想到刚刚升到徽州府任，年方10岁的大公子，就得了痨病，遍请名医，就是治不好，乐知府不由得心急。这一天，孩子忽然觉得口渴，但各种汤水都索然无味，希望能够吃西瓜。时值阴历六月，正是西瓜上市季节，要找西瓜也不是什么难事。

大公子乃是长子，乐知府十分疼爱，恨不得要星星给星星，要月亮有月亮，如今得了痨病，已经是心焦得不得了，孩子要西瓜，焉能不满足？所以派遣本府公差黄德到市场去采买。黄德领命，便到市场上去买，当然要买好的。走遍各个瓜摊，所见的瓜，不是生，便是小，总不能够满意，忽然发现一个瓜摊上的瓜特别大，而且是青如玉，真乃是"世间异物，瓜中之王"。黄德不由动心，便上去讨价还价。摊主开价便要七分银子，黄德说："这么贵的西瓜，岂不是宰人吗？能否便宜一些？"

摊主说："物以稀为贵，你如果能够在徽州府找到这样大的西瓜，我就倒找你七分银子！这可是找遍徽州府都不能够找到的，我贩瓜几十年，也从未见此大瓜，能够不贵吗？您要买就买，不买也休得还价。"

黄德说："你也不看看是谁要买，这可是知府大人特命我来买的，说实在的，这样贵的瓜，只有知府大人买得起，一般人还不被你吓死？你也不要与我贫嘴，给你五分银子，给我送到府衙，不然知府大人怪罪下来，你我都没有好果子吃！"

摊主见知府大人要买，也不敢不答应，最终以六分银子成交，将西瓜抬到府衙。乐知府见到此瓜，不由吃了一惊，心想："我历官南北，从未见如此大的西瓜。但见这瓜长近三尺，粗大如桶，估摸有百十来斤。如何才能够长成这样大呢？莫非种瓜者有何秘诀？如果得知秘诀，将此瓜推广种植，只怕徽州府民会因此富有，而徽州瓜从此也可以名扬天下。"想到此，乐知府便让黄德把卖瓜人带到花厅问询。

乐知府问摊主："你姓甚名谁？这瓜是你自种？还是贩自何方？"

摊主回答："小的名叫周继生，自幼与父亲种瓜为生，所贩之瓜，乃是自家瓜园所产，向来是自产自销，并非贩自他人。"

乐知府说："你的瓜是一直都长得这样大？还是偶尔长这样大？若是长这样大，你是如何浇灌施肥的？若是能够告诉本官，定会有赏，且会任命你为瓜头，负责向本府所有瓜户推广，若是全府都种成这样的瓜，你的功劳，连朝廷都会予以表彰的。"

周继生说："老大人您过奖了，小的并没有什么本事。若说这大瓜，的确在今年可以成为状元。要知道我们徽州每年到西瓜上市的季节，都要选一个状元瓜，然后交到寺院供奉。这个瓜状元不知道出自谁的瓜园，而今年小的瓜园西瓜长得极好，老大人买的不算最大，小的瓜园还有更大的，准备竞选瓜状元。"

乐知府听完，觉得奇怪，便说："如此甚好！不知道能否带本官到你的瓜园去看看？"

周继生说："老大人想看，小的怎么敢不从？但小的西瓜还没有卖完，这些瓜如何安置？"

乐知府说："西瓜你不用管，本官全部买下，赏赐给各属下，银子由本官付，你只管带本官看你的瓜园即可。"

周继生只好带着乐知府一行人来到自己的瓜园。乐知府举目望去，但见瓜园的西瓜都长得一般，没有什么奇怪的，只有一处西瓜长得很大，其中一个大瓜，比黄德买的还要大，长约四尺，径约二尺，约莫有二百多斤。为什么三亩地瓜园，只有此处长这样大的瓜呢？乐知府觉得奇怪，就围着大瓜转了几圈，感觉这个瓜实在异常，想必此地有什么怪异？便让黄德率几名衙役把大瓜抬走，就让他们在大瓜所在之处往下挖。

黄德等人也不敢违命，只好找来铁锹镐头，往下挖去，才挖下去二尺有余，就发现一具死尸。乐知府命令将死尸取出，放在木板上，然后亲自上前验看。但见尸体已经有些腐烂，面目尚可依稀辨认，乃是一具男尸，头上有明显刀痕，心窝之处也有一处刺伤痕迹，显然是被人杀害。但这是谁杀害的呢？乐知府第一怀疑的嫌疑人，当然就是周继生了，所以命衙役将周继生锁拿到府衙，开堂审讯。

乐知府喝道："你这没天理的畜生，竟敢谋杀人，埋在自己的瓜园之下，该当何罪？还不从实招来？免得皮肉受苦！"

周继生高呼冤枉，申辩道："小的世代种瓜，十里八乡的人都认识小的，是有名的老实人，如何敢谋杀人？大老爷冤枉小的了，小的真的不知道死者是何人，为什么埋在小的瓜园之内，还请大老爷明辨。"

乐知府道："大胆刁民，还敢诡辩，不打如何肯招？"于是传令衙役用刑。几十板子打下去，周继生就是喊冤枉，誓死不肯招。既然不肯招认，也没有什么线索，就无法判决。乐知府见周继生不肯认罪，知道再用刑也不会得到什么线索，眉头一皱计上心来，对所有在堂之人说："这厮既然不肯招认，再打下去也不会有什么结果。要知道本府为阳界之官，城隍为阴界之长。我太祖高皇帝曾经认为城隍：'以鉴察民之善恶而祸福之，俾幽明举不得幸免。'也就是说，城隍能够知道本府活着的人之善恶，最终要惩恶扬善，即便是死者，也不能够幸免。如今死者是谁？城隍定然知道，而死者是何人所杀？城隍也应该知道，所以此案就拿城隍是问。左右听了，本府明日到城隍庙去审问城隍，尔等准备刑具，如若城隍不招认，就给城隍用刑，定然会审出真情。"

知府要审问城隍，这可是天大的新闻，在堂之人莫不瞠目结舌，只有周继生暗自庆幸自己终于可以免于受苦，哪里会想到乐知府另有打算呢？乐知府想："周继生不肯招认，或许真的不是他杀人，要不然也不敢带本府去瓜田查看。再说了，如果是他杀人，也应该深埋地下，为什么所埋仅二尺呢？看来必有原因。"想到此，就把亲信头目传来，如此这般地交代一番。等亲信头目领命而去，乐知府又命人广贴告示，声言审城隍之事。

知府要审问城隍的事情，不胫而走，一夜之间，整个徽州府的人都知道了。城隍庙本来就是本府百姓经常礼拜祈祷的场所，也是四方商贾做买卖的地方，更有戏台，由各地的戏班子轮流演戏，是个非常热闹的地方，如今知府要审问城隍，早已经是万人空巷，涌向城隍庙，那城隍庙岂不是人山人海。

巳时许，也就是上午9—11时，人们听到9声锣响，知道乐知府就要到来了。为什么人们听到9声锣响，便知道是知府即将到来呢？原来明清官员出来，要摆开仪仗，前面有人鸣锣开道。知县出巡敲击7声，寓意是："闲杂人等，快闪开！"知府出巡敲击9声，寓意是："官吏闲杂人等，快闪开！"督抚出巡敲击11声，寓意是："文武官吏闲杂人等，快闪开！"皇帝出巡敲击15声，寓意是："王公贵族文武官吏闲杂人等，快闪开！"因此，人们听到9声锣，就知道是知府要来了。乐知府的大轿来到城隍庙，衙役驱赶人们，让开一条道。乐知府从轿子上下来，由两个亲信带路，进入庙中。

乐知府来到城隍塑像前，先焚上三炷香，插在案上的香炉里，然后也不知道默默祈祷些什么，随即从案上拿起签筒，摇了摇，从中蹦出来一支签子。乐知府拿起来一看，上面写道："重阴在上，鬼氛浮游，中庭水深，台下行舟。"然后让人把周继生带上来说："这个签是大凶，显然那个人是为盗贼所害，现在鬼气阴森，犹如庭院中积水很深，你要举步也艰难，幸好台下可以行舟，你还有一线之生机。现在如实招来，还来得及！"

周继生说："老大人，我不懂什么签语，也不知道是何人杀害那个人，肯定是有人栽赃陷害，还求老大人为小的做主。"

乐知府说："你认为是栽赃陷害，那么你与何人有仇？"

周继生说："小的一直与人为善，并无仇人。"

乐知府说："若无仇人，焉能说人栽赃陷害？定是你谋财害命！若不实说，你将抵命。"

周继生说："我没有仇人，却不免与人发生口角。就是我那邻居杨八，见我瓜园的西瓜长得好，时常来偷窃，被小的抓到，曾经将他殴打，不知道这算不算是仇人。"

乐知府说："既然如此，你可将杨八指认出来，本府询问他。"

周继生环顾四周观看的人们，发现杨八正在观看，便指认出来。乐知府要衙役将杨八带到面前说："大胆杨八，谋财害命，栽赃陷害，还不从实讲来，免得本府大刑伺候！"

杨八说："老大人可不要冤枉好人！周继生那厮陷害我，老大人怎么能够听信他的话呢？再说了，杀人应该是有凭有据。老大人无凭无据，为什么就说是我图财害命，栽赃陷害呢？"

乐知府说："本府刚才在城隍前祈祷，城隍告诉我，是杨八谋财，杀死路过客商，将尸体埋在周继生的瓜园。要知道阴界由城隍掌管，你是欺瞒不得的！"

杨八听罢，先是一惊，接着便平静下来说："城隍灵验，世人皆知，但也须有凭有据，如今城隍的证据何在？"

乐知府说："好利口！你以为城隍会冤枉你吗？不但城隍不会冤枉你，本府也不会冤枉你。来人啊！把证据呈上来！"

乐知府说罢，早就有几个亲信将一个皮箱呈了上来。原来乐知府向亲信头目所交代的事情就是查找赃物。当众打开皮箱，发现箱内乃是一把尖刀，还有两锭约 10 两的白银，一串玛瑙佛珠。杨八见状，大惊失色，不等乐知府开口，便说："小的情愿从实招来，还望老大人饶命！"说罢便一五一十地交代罪行。

原来，在去年八月十五日，有湖广贩枣的客人张伸兴，因为着急赶路，错过了宿头，便来到杨八家，请求借宿一晚，答应给借宿费用。杨八见有钱赚，也欣然答应，准备饭食，还拿出深藏三年的老酒。席间，杨八提了一下张伸兴的皮箱，觉得沉重，知道里面定有银两，便死命地劝张伸兴喝酒，直到他醉倒，然后用刀直劈其头，顺手又一刀刺入心窝。可怜那张伸兴连喊一声的机会都没有，便一命呜呼了。杀了人以后，杨八便把尸体抬到周继生瓜园，匆忙挖了个坑掩埋了，自以为神不知鬼不觉。打开皮箱，发现有 30 余两白银，一串玛瑙佛珠，还有几件换洗的衣服，也没敢花用，便深深地藏起来，半年以后才敢花用一些，而大部分都在。谁知道乐知府在城隍祈祷，居然拿出这些赃物，如今只好请求知府开恩了。

说到这里，大家会产生疑问。乐知府祈祷城隍，真的得到神明的提示了吗？赃物又是从何处而来？

原来，乐知府对周继生用刑，见其死不肯招，便猜测他应该不知道杀人之事，要不然他不会爽快地答应乐知府到瓜园去查看。那么是谁杀人呢？乐知府也很难了解。要是大张旗鼓地调查，想必是人心惶惶，最终也不会有什么结果。因此，乐知府决定用到城隍庙审城隍的办法，把人们的注意力吸引到城隍庙，而派出自己的亲信到周继生住所进行暗访，通过街坊四邻之口，得知杨八所种的西瓜并不好，却有闲钱买地，似乎发了横财。

亲信们将调查结果报告，乐知府便让亲信趁自己到城隍庙审城隍之时，突击搜查杨八的家，获取赃物，所以当周继生指证杨八时，乐知府能够将赃物当众展开。其实，杨八杀了湖广客商，也没有人知觉。不过，有了横财，终究不能够死守，半年以后，便用这些钱买地，也就露了财，才被乐知府的亲信访得，最终搜查到赃物，被乐知府审出实情，自然也就免不了受到法律的制裁。

按照《大明律·刑律·人命·谋杀人》条规定：凡谋杀人，若因而得财者，同强盗，不分首从论，皆斩。显然杨八不能够免于一死，更何况"天之生物，惟人为贵"，杨八为了30两银子，竟然杀害无辜，可谓是"草木为之凄惨"，真乃是"谋财害命，死有余辜"。因此乐知府将杨八拟为斩刑，逐级申报之后，得到核准，最终将杨八押赴市曹斩首。按照《大明律·名例·给没赃物》条规定：正赃见在者，要还官、给主。湖广客商因为不知道具体籍贯，赃物无法给主，而周继生却因案件牵连，受到刑讯。为此，乐知府将赃银一半入官，一半给周继生，算是补偿。这正是：

蝎毒蛇恶谋人产，神鬼英灵心不甘。

此案乐知府从西瓜长得奇异，便想到培育良种，打造名牌以发展徽州经济，可见其关心民生，但来到瓜园，发现奇异。为什么同是一个瓜园，别的西瓜都长得一般，唯独这处的西瓜长得异常大，便认为此处土壤有些怪异，所以让人开挖，也没有想到挖出尸体。当尸体挖出之后，瓜园主人当然免不得嫌疑，所以进行刑讯。杀人偿命，这是当时百姓都明白的道理，抵死不承认，也在情理之中。乐知府从瓜园主人抵死不承认，能够确认他不知情，反而用审城隍的办法，转移人们的注意力，人不知鬼不觉地展开调查，搜出赃物，最终破获杀人案件，可谓是善为谋者。因此好事者认为乐知府断明此案以后，其长子的痨病也就痊愈了，而且是"不药而愈"。

毁掉的不止婚约

　　此案发生在明代万历年间的淮安府清河县，县里有个名叫龙光的人，家境小康，夫妻和睦，妻子锦上添花又为其生了一对双胞胎女儿，姐姐名叫美玉，妹妹名叫美珍。两姐妹也是好事多多，一起长大，又一起出嫁，姐姐嫁给本县人钱佩，妹妹嫁给邻县人胥庆，姐俩嫁的这两户人家条件也差不多，都属于小康人家。孪生姐妹同日出嫁，即为佳话，一年之后，姐妹俩再传神奇佳话，同年同月同日，姐姐生了个儿子，取名钱明；妹妹生了个女儿，取名赛英。一连串的巧合让两家人更加亲密，虽不在同县居住，但两家人来往频繁，钱明与赛英自然从小玩在一起，乐在一块儿，看上去是天然的一对。姐妹都特别喜欢对方的孩子，于是两家决定联姻，还请来舅舅龙祥做媒，这一年两个孩子刚满 5 岁，定在 16 岁完婚。

　　按照《大明律·户律·婚姻·尊卑为婚》条规定：两姨姊妹子女不得为婚姻，违者，各杖一百。明明是违法行为，为什么还敢联姻呢？就是因为当时是民不告、官不究，只要不告到官府，也不会有人追究此事，因此这门亲事也就这么定了下来。

两个孩子定亲之后，两家一如既往地做好亲戚，两小无猜的两个孩子也渐渐长大。但是，天有不测风云，姐姐家的生活突遭变故，姐夫生了一场大病，不但用光了家里的积蓄，还经常举债度日。看到姐姐家的生活举步维艰，妹妹很着急，有时还背着丈夫资助姐姐家一些，结果被婆婆发现，不但将她痛打一顿，还要把她交到官府法办。因为《大明律·户律·户役·卑幼私擅用财》条规定：卑幼没有经过家长同意而私自用家财，要被判笞杖之刑，如果按照《亲属相盗》，则要按盗窃罪处置。在这种情况下，妹妹再也不敢资助姐姐家了，两家的来往也就少了。钱明与赛英因无缘再在一起玩耍，加之年幼，彼此也就逐渐淡忘了。虽然彼此之间的感情淡了，可是他们之间的婚约还在，迟早是要结婚的，却不想中间发生了变故。

原来，妹夫胥庆知道钱家度日如年，穷困潦倒，就不想把女儿嫁给钱明了，因此心里早就盘算好，要把女儿重新许配。胥庆替女儿选的人家是本县财主李贤，不仅立了婚约，收了聘礼，还定下婚期，根本就不管钱家如何打算。

其实钱家早就盼着把赛英迎娶进门，一是这是很早就定下的亲事；二是赛英家生活宽裕，肯定会带过来许多陪嫁；三是亲上加亲，胥家不忍女儿受苦，说不定还会分一些财产给女婿。如果有了陪嫁和财产，钱家就有可能重整旗鼓，恢复旧日的荣光，所以钱明刚到 16 岁，钱家就催促舅舅龙祥到胥家去，要赛英早点过门。胥庆先是推诿，后见龙祥锲而不舍地要求定下迎娶的日子，只好把女儿已另许他人的事情和盘托出，此外，他还特别强调两姨所生子女结婚是法律禁止的，声明违法的事情自己不能做，还委托龙祥将从前的婚书要回。

面对胥庆悔婚，钱家不可能答应，这等于是让女方家给休了。这来自亲戚家的奇耻大辱，决不能就这么算了，所以钱明的父亲钱佩便写了状纸，将胥庆告到县衙，说自己家遭退婚之后，"举家惊惨，痛不欲生"。恳请县太爷做主，让其子钱明与赛英完婚。

按理说，钱家知道两姨所生子女为婚是违法行为，是不敢告到官府的。因为那时妇女不得到公堂，是否是两姐妹，官府很难知道，更何况婚书上是"钱""胥"两姓，又有谁知道是两姨子女呢？再说了，胥家也知道是违法行为，却立有婚书，是知法犯法，按例应该罪加一等，谅胥家也不敢说出是两姨子女，所以才敢告到官府。

此时的清河知县为赵士登，字应庸，陕西泾县人，进士出身。赵知县见是悔婚案件，属于受理范围，便受理了，准备提被告胥庆前来对质，孰料拘牌还没有发出，胥庆的状纸也送到了。原来，胥庆知道钱佩把自己告到县衙，急忙写状反控钱家"兄娶弟妇，伦理变常"。

赵知县将原被告、人证、物证传集汇齐。先问胥庆为什么将女儿先许钱明，又改配李贤？胥庆当时抵赖，说自己的女儿没有许配给钱明，而是许配给钱明的堂兄，如今堂兄已经去世，女儿另嫁也是常理。为什么要这么说呢？胥家可是经过深思熟虑的。以胥庆的思虑而言，说成是钱明的堂兄，既可以规避两姨姊妹子女为婚的法律，又可达到死无对证，进而可以逃脱悔婚之罪，因为按照《大明律》的规定，女方悔婚，主婚人要受到笞 50 的处罚。但是，胥庆的故事没编好，他忽略了婚书上有媒人佐证的名字——龙祥。

赵知县传媒人龙祥到堂，龙祥称：两姐妹之子女 10 年前即已定婚，有银镯金环为聘礼，是自己亲自过定，婚书是自己请人所写，上有双方父母及媒证画押。赵知县检验婚书，证据确凿，显然是胥庆抵赖。那么面对不合法的两姐妹子女为婚，以及抵赖悔婚的事实，赵知县又是如何裁判的呢？判词写道：

> 审得胥庆之妻与钱佩之妻，兄弟也。礼严姻配，律例森然。胥庆既受钱佩镯环之聘，不合改图二姓。

这段判词首先申明美玉与美珍是亲姐妹，犹如兄弟，那么兄弟子女之间不能够为婚，这不但是古礼的规定，也是法律所禁止的。至于两家已经联姻，胥庆接受了聘礼，立有婚书，也不应该将女儿另配他人。如此说来，无论是胥家，还是钱家都有责任，尤其是胥家，不但违背近亲结婚的法律，还有悔婚另嫁的行为，可以说是二罪并发。面对这种情况，赵知县如何裁断呢？判词继续写道：

> 但赛英与钱明，实两姨之姐妹，安可违禁成婚？各捏虚词，并应拟杖。聘财入官，男女离异。

这段判词讲明赛英与钱明是亲姐妹的子女，因此不能够违反法律的规定而成婚，而对于胥、钱两家的相互诉讼中有虚枉之词，采取各打50板的原则，都进行惩处。按照《大明律·刑律·诉讼·诬告》条规定："凡诬告人笞罪者，加所诬罪二等"。如果是告二事以上，轻事告实，重事招虚，或者是诬轻为重，都要反坐。本案钱家控告胥家悔婚是实，但双方都隐瞒了两姨姐妹为婚的重罪，算是轻事告实，重事招虚；因为悔婚只不过是笞50，而两姨姐妹为婚则要杖80，轻重相抵，除去应得之罪，还应该笞30，因此裁定两家主婚人各笞30。按照《大明律·户律·婚姻·尊卑为婚》条规定：这种婚姻除了判杖之外，还要"妇女归宗，财礼入官"。赵知县是严格按照法律规定裁决的，判定钱、胥两家婚姻无效。

可以说诉讼双方都是失败者，钱佩、胥庆各被笞30板。胥庆虽然挨了打，毕竟也达到女儿嫁给财主的目的，可以算是如愿以偿。龙祥因为是媒人，减一等，被笞20板，一片好心，没有好报，现如今受到连累，也只好自认倒霉。钱佩则心里委屈，挨打可以说不算什么，但失去了儿媳妇，还将财礼罚没入官，他怎么也想不通。既然按照法律规定，不允许两姐妹的子女为婚，断离也就罢了，为什么还把我家的财礼给没收呢？本来家里就穷困，如今没有了财礼，儿子如何娶亲呢？无论如何也应该归还我们的财礼呀！官府裁断，一个平民百姓，如何与官府抗衡呢？思来想去，钱佩把怨恨都放在李贤的身上。这个土财主，自认为有几个破钱，竟然把我的儿媳妇夺去，还幸灾乐祸。如今官府把我的财礼没收了，他就应该赔偿我家的损失。钱佩认定要找李贤赔自己的财礼，有了财礼，才能够为自己的儿子娶亲。于是钱佩找到李贤，要他赔偿自己的损失，总不能把别人的儿媳妇抢走，还不给赔偿吧！

打定主意，钱佩便到李贤家索要赔偿。李贤认为：我所要娶的是胥庆的女儿，并不知道胥庆女儿与钱佩之子定有婚约，现在县太爷裁定你们两家的婚约无效，处罚了你们，与我又有何干呢？因此拒绝赔偿，叫家人把钱佩赶出门去。没有想到钱佩赖着不走，家人便动了粗，将钱佩殴打一顿，推出门外。

钱佩没有讨到赔偿，又被人打了一顿，忿怒、委屈，使他难以自持，便放声大骂。李贤把家门紧闭，任他辱骂，就是不理。钱佩越骂越生气，看李家不出头，自己也难以就此铩羽而归，便一气之下，用头撞门。胥庆看一担挑闹得太不像话了，便上前劝阻。兄弟反目，六亲不认，更何况是没有血缘关系的一担挑？本来钱佩就恨胥庆悔婚另许，如今还有脸劝自己？这气就不打一处来，扭住胥庆就打。胥庆见好言相劝不成，又被钱佩殴打，也非常生气，便还起手来。围观的人们都上来劝架，将他们拉开，没有想到钱佩转过身来，向李贤家的门墩一头撞去，顿时脑浆迸裂，一命呜呼。

李贤见钱佩死在家门口，连呼"晦气"，但也怕人命关天，自己受到牵连，便拉着胥庆不放，要他做证。胥庆也觉得对不起李贤，所以没有推辞，便喊来保甲长报官。

赵知县审问人证，得知缘由，心里也有些不忍，心想："我按法律裁断他们两姐妹子女为婚是不合法的，没有想到这个钱佩居然有如此过激的行为。如果我当时耐心开导他，也就不会出现这样的事了。如今出了人命，是他自己撞死在别人的门前，也不能够因此牵连别人，但总要给钱家个交代吧！"

正准备安慰苦主钱明，却不想他来到县衙告状，说李贤殴死父亲，这是不共戴天之仇，要县太爷秉公处置。

钱明当时没有在现场，如果现场看到父亲被李贤殴打致死，他完全可以将李贤登时杀死，因为按照《大明律·刑律·斗殴·父祖被殴》条规定：父亲被人杀死，儿子将凶手登时杀死，勿论，是不承担责任的。没有在现场，为什么说别人殴打致死呢？更何况众证明白，都亲眼见钱佩是自己撞死，所以赵知县驳回钱明的诉状。

毕竟是死了父亲，赵知县驳回诉状，并没有加以斥责，反而好言安慰，并劝说李贤与胥庆出些钱财，将钱佩安葬，以便息事宁人。钱明不服，一定要李贤与胥庆为父亲偿命。赵知县见软的不成，便来硬的，叫衙役责打钱明 20 板，也不管他服气不服气，便判决如下：

> 人非木石，何致冥顽不灵？钱氏父子呈控胥氏悔婚，李贤夺妻各情，已经剀切晓谕在案。苟稍有知识，无论受亏如何，纵应甘心忍让，释忿平争。

这段判词强调钱氏父子应该服从判决，为什么他们这样愚昧顽固呢？就是没有知识。如果有知识的话，应该知道近亲不能够为婚的道理，即便是吃了些亏，也应该忍让，不再去招惹是非。你们愚昧顽固的后果如何呢？判词写道：

> 乃今钱佩，诟詈李贤之门，逞凶闾里；愚民性暴，一时奋不顾身，遂尔轻生。今尸伤迭经检验，系头触门当

而死。明明自尽，讳言推跌所致。伤真证确，诬陷何辞？

这段判词讲明钱佩到李贤家无理取闹，不但骂人，还行凶，是性格暴烈，所以才能够自杀。尸体经过检验，是撞在门墩（即门当）之上而死，而钱明说是李贤、胥庆推搡所致，显然就是诬陷。既然是诬陷，按照法律应该予以反坐。即便是自杀而死，毕竟是与李贤、胥庆有些关联，所以赵知县判决如下：

> 李贤、胥庆，视死不救，奚能辞咎？薄杖示惩，各罚银十两营丧。钱明哀号之声动天地，不畏死以必报父仇，痴子愚父，姑从宽免究，准予结卷存案。

赵知县以李、胥二人见死不救为名，认为他们也应该承担一些责任，就按照"不应为"律，给予他们笞40的刑罚，并让他们各出银10两，安葬死者。无论钱明是否诬告，毕竟他的父亲已经死了，所以赵知县从宽处置，没有追究钱明的责任。不过赵知县也太疏忽了，既然知道钱明是"痴子"，也就是毫无理智的人，说出"不畏死以必报父仇"的毒誓，怎么能够掉以轻心呢？果然，钱明不服，后来寻个机会，就在闹市把李贤刺死。这等于是无缘无故地故意杀人，按照《大明律》的规定，至少要被判斩刑，钱明也因此失去生命。

赵知县办理一件寻常小案，却接连酿成人命大案，也就不能够在自己的权限范围内私了，只好上报，经省部查实，奏报皇帝。这时的万历皇帝，多年不见朝臣，接到奏报，也只不过批个"该部议处"。这个所谓的"该部"，就是刑部。刑部遵旨，会同都察院、大理寺等有关部门的官员一起会议，讨论此案。认为赵知县判决两姨姐妹之子女不能为婚是正确的，但不能够原情论理，使当事人心服口服，才接连出现命案，也应该有责任，因此议定将赵知县免官。因为此事起因是两姨姐妹子女为婚，而这种习俗自古以来就有，如汉代以至于魏晋南北朝，世家大族互为婚姻，这种情况是屡见不鲜的。虽然自唐代开始限制两姨姐妹子女为婚，但民间似乎是约定成俗，这种为婚屡见不鲜，只不过是民不告官不究。既然是民间有这种习俗，朝廷何必强求呢？于是提出"其间情犯，稍有可疑，揆于法制，似为太重，或于名分不甚有碍者，听各该原问衙门临时斟酌议奏"的建议，得到皇帝的批准，成为条例。也就是说，以后遇到这种情况，司法官可以临时提出，经过酌情商议，可以上报皇帝恩准。到了清代，这个条例明确增加"其姑舅两姨姊妹为婚者，听从民便"。这就明确规定两姨姐妹子女为婚是合法的，律文虽然没有改变，但条例已经是顺民情了。这正是：

漫说青天断案奇，还谈百姓重情理。

钱、胥两家因为两姨姐妹子女为婚，违反法律规定，虽然司法官依法裁决，但没有平心静气地向当事人解释原因，讲明道理，结果是一件婚姻案件，导致钱佩自杀，李贤被杀，钱明杀人抵命，3条人命就死于赵知县不耐心说理，为当事人剖明利害，使当事人心悦诚服，也可见办理民事案件之难。

文能杀人

野史以朱元璋的出身经历为切入点，说他忌讳"则""生""光""式"等字，以为这些字内寓意"盗贼""和尚""弑君主"，还说朱元璋挑剔这些字，是从表笺中的四六骈体文中寻找来的。那么，朱元璋真的这样挑剔文字吗？什么是表笺？表笺是用来做什么的？什么是四六骈体文？凡此，都应该略作说明。

首先，表笺的内容及用途。明代臣僚奏事有题、奏、表、讲章、书状、文册、揭帖、制对、露布、译等10类。"题"是内外衙门的例行公事；"奏"是内外官员的申奏文书；"表"是内外官员陈情、建言文书；"讲章"是上奏御览的经义解诂；"书状"是官员的行状履历；"文册"是有关部门呈送祭祀册文等文稿；"揭帖"是由内阁直达皇帝的机密文书；"制对"是应对皇帝的诗文和所提出问题的对答文书；"露布"是军情捷报；"译"是各种非汉文的翻译文书。臣僚上奏除了反映本地区、本部门的各种情况之外，在有皇恩万寿、各种节令、受赐谢恩、典礼庆贺时，都要分别进上表笺。如每岁正旦（即新年），万寿圣节（皇帝生日），上太皇太后、皇太后、皇后尊号，册立东宫太子，等等，属于国之典礼的时候，各级文武官员都应该呈送表笺致贺。

所谓的表，始于汉代，是呈递给皇帝的文书，向皇帝、皇太后致贺时使用。所谓的笺，也始于汉代，称为"笺奏"或"笺记"，后来则成为向皇后、皇太子致贺时使用的文书。明初对于致贺表笺的程式、文书体裁，以及一些字的避讳，抬头格式（即逢与皇帝有关的"上""御""皇"等字，必须另起一行，抬三至一格书写），都有明确规定。

其次，地方官为什么要奉上表笺？洪武九年（1376），在尚未废中央中书省的情况下，朱元璋便率先废去地方行中书省，改制为承宣布政使司，意即承皇帝的旨意，推行宣布皇帝颁发的政令，其明显的目的是为了有力地集中权力，加强对地方的控制。废除行省制度以后，省一级由承宣布政使司、提刑按察使司、都指挥使司等三司（别称藩司、臬司、都司），分管行政、司法监察、军事行政，把一省的事权一分为三，以消除省级官员独揽全省的局面。三司各有分工，但在本身分管的政务中遇有问题，必须会同其他两司共议，不允许独断，而所议定的政务必须上报朝廷核准，使三司的权力受到限制和牵制。

明初制定的疆土管理体制是分为两大系统：一是属于行政系统的六部——布政使司（直隶府州）——府（直隶布政司的州）——县（府属州）。二是属于军事系统的五军都督府——都指挥使司（行都指挥使司、直隶都督府的卫）——卫（直隶都司的守御千户所）——千户所；两京都督府分统 16 个都指挥使司、5 个行都指挥使司、2 个留守司、所属 493 个卫、2593 个千户所、315 个守御千户所。明王朝直辖的地区同时采用行政和军政管理制度，即布政使司和行都指挥使司，它们为第一级行政区，直接接受王朝的控制。当时朱元璋规定，各布政司、府、州、县，各行都指挥使司、卫、所，都可以直接上奏，而不必通过自己的上司。从表笺所奏的事情来看，无非是例行的歌功颂德，各地方军政大员往往认为这不过是官样文章，也不用心去构思，大多命令本地的教职人员，诸如教授、教谕、学正、训导等学官代为制作。谁也没有想到，朱元璋居然对这些应景文章会如此关注。

再次，什么是四六骈体文？该文体与表笺有什么关系？骈体文也称"骈俪文""骈偶文"，主要使用四字、六字句，四字为"骈"，六字为"俪"，讲究对仗的工整和声律，并且多引典故。正因为典故繁多，要合辙押韵，非一般人能够理解其内涵，所以野史认为，朱元璋怀疑这些文人在卖弄其学问的时候，用典故及文字，假颂扬以行讽刺挖苦，所以特别留心，总是以挑剔找碴儿的眼光来阅读表笺，居然还让他发现许多"应合回避凶恶字样"，指出许多所谓的"逆谋"和"不恭"，还查出一大批使用这类文字的"恶逆"之犯，将他们一一处决。赵翼列举了数例：

> 浙江府学教授林元亮，为海门卫代撰《谢增禄表》，内有"作则垂宪"，被杀。
>
> 北平府学训导赵伯宁，为都指挥使司作《长寿表》，内有"垂子孙而作则"，被杀。
>
> 福州府学训导林伯璟，为按察使作《贺冬表》，内有"仪则天下"，被杀。

桂林府学训导蒋质，为布政使和按察使作《正旦贺表》，内有"建中作则"被杀。

常州府学训导蒋镇，为本府作《正旦贺表》，内有"睿性生知"，被杀。

澧州学正孟清，为本府作《贺冬表》，内有"圣德作则"，被杀。

陈州府学训导周冕，为本州作《万寿表》，内有"寿域千秋"，被杀。

怀庆府学训导吕睿，为本府作《谢赐马表》，内有"遥瞻帝扉"，被杀。

祥符县学教谕贾翥，为本县作《正旦贺表》，内有"取法象魏"，被杀。

亳州府学训导林云，为本府作《谢东宫赐宴笺》，内有"以式君父，以班爵禄"，被杀。

尉氏县学教谕许元，为本府作《万寿贺表》，内有"体乾法坤，藻饰太平"，被杀。

德安府学训导吴宪，为本府作《贺立太孙表》，内有"永绍亿年，天下有道，望拜青门"，被杀。

似此被坐以"表笺误"而"下狱死"者，应该不在少数。赵翼引《闲中今古录》讲杭州府学教授徐一夔的表文中有"光天之下，天生圣人，为世作则"的语句，朱元璋览表大怒："生者，僧也，以我尝为僧也；光则剃发也；则字因近贼也。"便将徐一夔斩首。又说僧来复《谢恩诗》有"有殊域及自惭，无德颂陶唐"之句，朱元璋便认为"殊"乃是"歹朱"，说无德颂陶唐，是说自己不如尧那样有德，所以将僧来复也杀死了。

赵翼所引事例，都来自于野史，《明实录》等正史中没有任何记载。中国社会科学院历史研究所研究员王春瑜、香港中文大学教授陈学霖等，都曾经进行过考证，如徐一夔、僧来复等在朱元璋死后还有活动记载，因此不应该是死于"表笺罪"。经考察，盛传朱元璋忌讳"生""光""则""殊"等字的野史传闻，最早的也在正统年间（1436—1449），离朱元璋去世，至少50年了。当然，这些传闻也不可能没有一点根据。

从上述被挑剔出的字来看，其实都是历代文人恭维皇帝的常用文字，也可以说是陈词滥调，但要是与朱元璋的出身经历联系在一起，便会出现意有所指之嫌了。传闻多是以淮西口音为基本，更是有让人不信都难以忘怀之感。如"则"字，在淮西口音中，与"贼"音相同，因此"以身作则"便与"以身作贼"可以联系起来；"生知"，在淮西口音中，与"僧智"相同，便与和尚的伎俩联系起来。至于"体乾法坤"之"法坤"与"发髡"的古代剃发之刑结合起来，再与当过和尚相联系，似乎也很有凭据；"藻饰太平"与"早失太平"为谐音；"式君父"与"弑君父"，即杀君父，也是谐音；"寿域千秋"与天子不能够万年相联系；"天下有道"与"天下有盗"，"帝扉"与"帝非"等，均在谐音上牵强附会。

那么为什么野史能够讲出如此众多的事例来证明朱元璋大兴文字狱呢？他们的所本又是什么呢？

原来，在洪武十四年（1381），重定进贺表笺礼仪时，有"御名庙讳依古礼，二名不偏讳，嫌名不讳，凡凶恶字样俱用回避，仍以朱笔圈点句读"的规定。也就是说，如果皇帝名字为两个字，可以单独使用其中的一个字，如果是与皇帝名字同音，也不用避讳，但不能够使用凶恶字样，也就是说如"杀""死""毙"等字。问题就在于"仍以朱笔圈点句读"了。按照那时的制度，朱笔只有皇帝才能够使用，那么朱笔圈点，当非皇帝莫属了。朱元璋在句读时，挑剔文字也就有凭有据了。

其实，要是知道"进贺表笺礼仪"的仪式，便可以知道"朱笔圈点"不是朱元璋所为了。按照该礼节：在进表笺的前一天，要在公廨及街衢张灯结彩，文武官员要设置龙亭，将表笺隆重地放在龙亭前的表笺案上，然后鼓乐齐鸣，文武官员依次三跪九叩，山呼万岁，还要将表笺恭送出郊外，待进表笺官离去，才能够回城。礼节相当隆重，在当时也必然为各地民众所观看，因此民众对表笺也非常熟悉。所以用表笺为例来讲朱元璋挑剔文字，按现在的说法，是有群众基础的。其实进表笺礼仪讲得很明白，"朱笔圈点句读"是礼部办理的事务，所有的避讳、凶恶字样，都是在礼部圈点句读以后进呈的，那么要出现前所讲朱元璋挑剔的字眼，怪罪于当事人虽然是理所当然，但按照当时的制度，礼部的责任会更大，野史中却没有讲到礼部官员因此受牵连的记载，显然是不实。那么野史记载是否完全是编造的呢？也不能下此定论。

再有，朱元璋早在洪武六年（1373），就禁止四六文辞，不允许中外臣民，于表笺奏疏中使用四六对偶。因此野史所提出的四六句，显然也站不住脚。但是洪武二十九年（1396），朱元璋颁布表笺文式，其原因是"天下诸司所进表笺，多务奇巧，词体骈俪"，引起朱元璋厌恶而起的，野史似乎又找到凭据，骈俪还在用，朱元璋又"甚厌之"，足以给他们编造故事予以支撑了。

从正史中，可以看到朱元璋对藩属国朝鲜国王李成桂的斥责。在洪武二十九年（1396），朝鲜所上的《贺正旦表笺》中，被朱元璋查出"犯上字样"，于是朱元璋责问朝鲜使者，将所贡物品发回，并追查起草表笺者的姓名。朝鲜国王李成桂不敢怠慢，便将起草表笺的郑集、金若恒等押送南京，承认不明白表笺的体例，"措词鄙陋"。结果，朱元璋将起草表笺朝鲜人都发往云南金齿（今保山市）安置，还禁止与朝鲜的贸易。对藩属国有"犯上字样"还如此严厉处置，对自己的臣属杀戮也就不是没有凭据了。因此，对朱元璋挑剔字眼，是可以采取宁可信其有，不可信其无的态度，去冷静地分析野史为什么会编造出这些互相抵牾、漏洞百出的故事，解析朱元璋本人变态的心理，分析其矛盾的性格。

朱元璋残暴滥杀，在他所兴的大案中已经是表现无遗，其猜忌诛夷也为史家所承认，因此也就为野史编造故事提供了理由。从心理学的角度来看，自卑与自尊是一种现象的两个方面，越是自卑感强的人，越要极力维护自尊，常把自己遭受到的微不足道的事情，看成是莫大耻辱。那么自尊与自卑相结合，往往会产生一种变态心理，有时会做出一些不近常情的事。朱元璋身经百战，叱咤风云，在治国施政方面大体能够切合机宜，卓有成效，可以说他是当之无愧的历史上功名卓著皇帝之一，其头脑应该是比较健全的。但是朱元璋登上皇帝宝座，手中掌握生杀予夺的大权，屠戮功臣，正如赵翼所评价："即尽举取天下之人而尽杀之，其残忍实千古所未有。"在当时君主专制的政治体制下，天皇圣明，臣罪当诛，杀掉一些喜欢咬文嚼字的儒生，只不过是为朱元璋的残忍增加一些注脚而已。这正是：

> 妇孺知名且放歌，一瓢安事此经过。
> 勋名建竖曾谁在，儿女英雄奈若何。
> 文字狱兴公论泯，党人碑勒相材多。
> 东涂西抹年时事，请向田间认阿婆。
> ——（李明嶅《乐志堂诗集》卷9《春梦婆》）

李明嶅，浙江嘉兴人，约1644前后在世，顺治元年（1644）举人，曾经为福建古田县教谕，有《乐志堂诗集》行于世。从该诗集于清康熙三十七年（1698）刊刻来看，其《春梦婆》应讲的是明朝事，所讲"文字狱兴公论泯"，则可见在明末清初对文字狱的看法，也可见文字狱的事情广为传播，因为"妇孺知名且放歌"，通过妇孺之口，在民间广为流传。"党人碑勒相材多"的"党人碑"，应该指宋代的元祐党人，史载：崇宁元年（1102），蔡京拜相后，为打击政敌，将司马光以下共309人之所谓罪行刻碑为记，立于端礼门。明末清初，因为有《党人碑》剧目的传播，在民间影响甚广。其实这两句应该是影射明代魏忠贤大兴文字狱，颁布《东林点将录》，公布东林党罪名的事，而这些东林党，在崇祯时候多进入内阁。崇祯皇帝在位17年，为相者多达50人，也就无怪乎相材多了。从诗中可见，当时民间阿婆议论当朝事情，虽然是"东涂西抹"，但也不是凭空编造，至少是有名有姓，至于有无此事，则不是妇孺所考虑的事。

千古难断婆媳案

　　有婚姻必有夫妻，有媳妇必有婆婆，婆媳纠纷也最普遍。就是这种婆媳纠纷，居然引起宣德皇帝的关注，不但亲自改定刑部的判决，还颁发圣旨，晓谕全国。身为皇帝而关注婆媳关系，这看来是不可思议的事情，但宣德帝认为这乃是治国之大道，不得不予以高度重视，也是值得关注的。

　　俗话说："婆媳亲，全家和。"在古代社会，婆媳关系是一种不平等的人际关系，媳妇必须俯首听命于婆母，没有独立、平等的人格尊严，这也是有法律为支撑的。比如说《大明律·刑律·骂詈·骂祖父母父母》条规定，媳妇骂公婆要判处绞刑；《大明律·刑律·斗殴·殴祖父母父母》条规定，媳妇殴打公婆要判处斩刑。婆婆则不同了，她是家长，按照法律，家长打骂孩子是理所应该的，即便是打死，所承担的罪名也轻。如《大明律·刑律·斗殴·殴祖父母父母》条规定，公婆不讲道理殴打媳妇致残废者，也只不过杖八十，如果将媳妇打死，也就是杖一百，故意杀死媳妇不过是杖六十、徒一年，还允许赎免，更何况打伤之后，并没有留下残疾，还是不论罪的，因此婆婆在婆媳关系中具有独特的优势，媳妇只有逆来顺受的份儿了。多年的媳妇熬成婆，当了婆婆以后，身份变了，忘记自己也曾经是媳妇，反过来欺负媳妇，在那个时代也是常态。

宣德四年（1429），北平遵化卫的总旗王彪家庭出现了变故。总旗也就相当于现在的排长，手下有50名旗军和5名小旗。王彪是个小军官，家中上有老母，下有妻子蒋氏及两个儿子，中有妹妹待字闺中，一家大小6口，因为收入有限，生活不算富裕。不知不觉，妹妹要出嫁了，母亲特别喜欢这个女儿，一直是娇生惯养，俗话说"穷养儿子富养女"。穷养就是要磨练培养儿子的意志，将来即便是有大风大浪，也会处之泰然；富养就是细心呵护女儿，养成大家闺秀的气质，将来可以找到好婆家。一个小家小户人家，要将女儿培养成为大家闺秀，这是无可指责的事情，如果是娇生惯养，有求必应，非但成不了大家闺秀，弄不好还会成为好吃懒做的婆娘。

王母疼爱女儿的方式很不好，家里的大小活计都不让她干，反正有媳妇可以使用；有什么好吃的，连自己的亲生儿子都不肯给，非要背地里给女儿吃；儿子得了些赏金，给老妈买几尺素花布，让老人家做件衣服，她非要换成艳丽的花布，给女儿做新衣服。除此之外，还时常教导女儿，大家闺秀就应该衣来伸手，饭来张口，说什么女子就应该是：身如莲藕白还嫩，十指尖尖若春笋。眼横秋水眉若黛，脸似梨花更含春。因此让女儿刻意打扮，学习什么娇声媚态，说是将来能够拢住夫君之心，以后就有依靠了。结果养的女儿好吃懒做，整日摆出妩媚妖冶之态，却不知道给谁看。不论是古代，还是现代，婆媳关系都不好处理啊！婆婆将自己的女儿视为珍宝，却歧视别人当珍宝一样养大而嫁过来的女儿，这就是矛盾的根源之一。在家庭生活中，缺乏基本的平等与尊重，情况好的是纠纷不断，情况不好的会演变成为家庭惨剧。王母这样疼爱女儿，能够平等对待媳妇吗？

女儿要出嫁了，所找的婆家乃是千户，乃是正五品官，对于王彪家来说，算是高攀了。婆家虽好，但嫁女总不能够输给婆家，其陪嫁总要门当户对，不能够让婆家小看了。王彪是一个小小旗总，家境一般，要是拿出像样的嫁妆，也不是一件容易的事情。王彪不顾媳妇蒋氏的反对，偷偷地借了些印子钱，给妹妹买了金钗、银花、银手镯，以及几件红绉纱袄、锦绣花衫、八幅红裙。王彪以为花去几十两银钱给妹妹买嫁妆，妹妹及母亲应该感激才是，却没有想到妹妹嫌花样不新，衣饰太少，老大不愿意，而母亲却埋怨王彪只知道疼媳妇，一点都不心疼妹妹，买对镯子还是银的。我们小户人家，不能够披金戴玉，至少也要有副金手镯呀！再说妹妹出嫁，总不能够连洗换的衣衫都没有，就这几件衣服，不用说你妹妹不高兴，将来婆家也看不起，让你妹妹在婆家怎样生活呢？就这样数落王彪，作为儿子也只好赔不是。看到儿子为难，王母就提出把媳妇嫁来时候的嫁妆给女儿，这样再加上这些新买的服饰，也还算是有些体面。

那个时代，妇女结婚带来的嫁妆及银两，婆家及丈夫是不能够动用的，即便是婆家揭不开锅，如果媳妇不肯拿出嫁妆及银两，婆家也无可如何，只有媳妇自己首肯，才能够用来救急，也算是借的。因此，要拿出蒋氏的嫁妆给妹妹，王彪也做不了主，必须要和蒋氏商量。婆婆宠着小姑子，对自己呼来喝去，所有家务都要媳妇做，蒋氏虽然心怀不满，但因为是婆婆，敢怒不敢言，如今婆婆及小姑子要她的嫁妆，她如何肯答应。王彪好说歹说，蒋氏就是不同意，他也没有办法，只好回复母亲，然后答应慢慢地再想办法。

王母得知媳妇蒋氏不同意，心中却十分不快，便时常对蒋氏讲："嫁富贵行富贵，嫁贫贱行贫贱。如果你命好，也嫁不到我家。实指望有了你这个媳妇，能帮助我分担些忧愁，想不到你只顾娘家人，婆家有难，不管不顾，如今有了儿子，你还指望再嫁人不成！"蒋氏知道婆婆向自己索要嫁妆，虽然生气，却不敢回言，借故躲开。耐不住婆婆总是唠叨，蒋氏有时候忍不住，也接言回语，想不到婆婆抬手就打，蒋氏哪里敢还手？受了委屈，无处倾诉，只有告诉丈夫。王彪也只好采取当面教子、背后教妻之法，夜间安慰蒋氏，白天劝慰母亲，真好如老鼠掉入风箱里，两头受气。在这种情况下，婆媳矛盾已经很难调解，介于婆媳之间的丈夫、小姑子再偏袒一方，就有可能激化矛盾。

王母见儿子要不来媳妇蒋氏的嫁妆，自己打骂媳妇，也逼不出来嫁妆，气得腹胀如鼓，每日见到媳妇，总是冷嘲热讽，寻找机会就打上几下，弄得蒋氏见到婆婆，就犹如老鼠见到猫一般，动也不敢动，跑又不敢跑。王母见媳妇逆来顺受，胆子就越来越大了，打骂也就成为家常便饭了。如今婆婆大发雌威，为的是得到媳妇的嫁妆，毕竟是有所理亏。人虽然是怕虎，但那虎也不免怕人。婆婆有短处，媳妇也会抓住短处不放，有时候也以此事气婆婆，讲自己的嫁妆如何好，如何珍贵，气得婆婆直翻白眼。王母不能制服媳妇，就想到陷媳妇于重罪，除去这个不听话的媳妇，其嫁妆还不是归自己的闺女所有。

有一天，王母因为家庭琐事，找个理由就骂蒋氏只顾自己快活，一点都不顾及婆家。这时候小姑子也过来帮闲，说嫂子这不是、那不是。要是婆婆辱骂，媳妇碍于尊长，也不敢马上顶嘴，如今见小姑子也骑在自己的头上，蒋氏如何能够忍受？便与小姑子吵骂起来。王母护着女儿，岂能够容忍蒋氏骂女儿，而且还是指桑骂槐，所以上前抓住蒋氏就打。蒋氏出于自卫，用手抵住王母的喉咙，两个人相持起来。小姑子见到，就高喊杀人了，引来街坊四邻前来，将婆媳俩分开。早就有人飞报给王彪，他急忙请假回来，但见母亲躺在炕上，奄奄一息，脖子上有明显的掐痕，而妹妹坐在炕边嘤嘤而泣，似乎受了多大委屈。王彪询问事情的经过，妹妹鼻涕一把泪一把地倾诉说："嫂子因为母亲向她要嫁妆，嫂子死也不给，母亲生气，就打了她两下，却不想嫂子将母亲推倒在地，狠命地掐母亲的脖子，若不是我拉住她，母亲肯定会被嫂子掐死的。"这时候王母睁开双眼，对王彪说："彪儿你如果是我亲生的，就为我报仇，到官府告她虐待婆婆，将她休了，也不枉为娘的把你拉扯大。"母命难违，王彪只好先答应，然后找媳妇理论，却不想蒋氏怕婆婆加害于己，带着两个孩子回娘家去了。王彪再询问街坊四邻，都说他们亲眼见到蒋氏与王母相互扭在一起厮打，蒋氏掐了王母的脖子，如今蒋氏带着两个孩子匆匆而去，想必是知道殴打婆婆罪重，丈夫回来绝对不会轻饶，所以畏罪回娘家了。

没找到媳妇蒋氏，王彪只好回来安慰母亲，却不想母亲哭天喊地，非要亲自到官府告状。那时候妇女不能够到公堂，即便是有冤屈，也要儿子、丈夫、父亲代替报告，没有儿子、丈夫、父亲，就要按照亲疏远近，找比较亲近的男性亲属报告。王母逼着儿子去告状，而所告毕竟是自己的媳妇，王彪很难答应，因此默然无言。这时候王母的弟弟听到消息赶来，听说姐姐被外甥媳妇打了，如何肯善罢甘休，便叫来一辆马车，载上王母，扯住外甥，来到遵化县告状。

妻告夫，婆讼媳，县太爷一般都会采取调解的方式，以不拆散家庭为宗旨，这是宁拆十座庙，不拆一家婚的意识。无奈王彪舅舅不依不饶，非要县太爷严惩。县太爷只好验伤，果然是伤痕俱在，也就不能够再以和气生财相劝告和解了。按照《大明律·刑律·斗殴·殴祖父母父母》条规定，这可是重罪，要判处斩刑的，县太爷也难以决定，便行文蓟州，上报给顺天府。王彪属于军人，蒋氏是军人家属，地方官不便裁决，顺天府便上呈刑部，由该部进行裁断。

刑部官员仔细翻阅卷宗，发现王母脖颈上的伤痕有遵化县勘验可证，蒋氏虽然不承认掐婆婆的脖子，但有小姑子及左邻右舍为证。要是仅仅有女儿为母做证，是不能够予以采信的，问题是还有左邻右舍为证，就可以采信了。于是刑部依照"殴祖父母父母"律规定，将蒋氏拟为斩刑。知道媳妇要被处死，王母也有些后悔，但她不能够撤诉，按照《大明律》规定，父母控告子女不孝，是不能够撤诉的，必须是子女的舅舅或有影响力的亲属进行担保，才能够将不孝子女交他们严加管束，若父母再次控告不孝，亲属担保也不管用了，必须按律定罪。蒋氏缺少律例规定的亲属，就无人担保，而小姑子知道嫂子要被杀死，也是于心不忍，到官府陈述嫂子不是故意的，恳求官府饶恕嫂子，结果是置之不理。刑部拟判上奏到宣德皇帝，蒋氏能否生存也只能够看皇帝如何处置，生死就在宣德帝一念之间了。

宣德皇帝自即位以来，对于刑事案件，一直秉着周详慎重的原则，看到刑部的奏疏，觉得婆媳之间不和，相互殴打的事情常有，但她们彼此没有深仇大恨，应该不会下狠手去致对方于死的，所以当即对刑部官员说："论狱不当纵，尤不可枉，彼欲杀姑，姑女肯曲为解乎！"也就是说，办理刑事案件，不应该放纵有罪之人，尤其不能够枉杀无罪之人。媳妇想杀婆婆，作为婆婆的女儿，能够恳求官府宽恕其嫂子吗？因此要求刑部重新审理。

刑部根据宣德皇帝的指示，只好提讯所有的人证，得知王母殴打蒋氏，她只不过出于自卫，用手抵住王母的脖子，并没有杀死王母的意图，如果说蒋氏殴打婆婆，确实有些过分。有了确切的人证，可以确定蒋氏没有殴打婆婆，这样就不能够引用"殴祖父母父母"律了。刑部再次上奏，宣德皇帝下令将蒋氏释放回家，并且对刑部侍郎吴廷用等说："姑慈妇孝，当两尽其迫，今以小忿而欲寘之死，则不可，其以此意谕遣之。"也就是说，身为婆婆应该慈祥，媳妇应该孝顺，应该是双方的问题，如果婆婆不慈祥，媳妇不孝顺也是情有可原的，婆婆慈祥，媳妇不孝顺则情无可原。如今婆媳出现争执，应该是迫于无奈，乃是小的忿争，若是以小忿争而将媳妇处死，显然是不可以的，你们将朕这种意思转达，把他们都遣送回去吧！

　　有了皇帝的指示，刑部官员在向当事人及人证传达圣意的同时，给他们讲明道理。孔圣人云：父慈、子孝、兄良、弟悌、夫义、妇听、长惠、幼顺、君仁、臣忠，十者，谓之人义。这是彼此有权利和义务关系，如果父亲不慈，为什么要求儿子孝顺呢？要是哥哥不善良，又怎么能够要求弟弟尊敬呢？要是丈夫不讲道义，又怎么要妻子听从呢？做长辈的没有恩惠，小辈又为什么要顺从呢？做君主者没有仁义，又如何要臣下尽忠呢？这是大道理。想当年夏桀残暴，其臣太史令终古，一谏不听，再谏不从，死谏不理，便带着夏朝的档案图册投奔了商汤，历史上还称他为贤臣呢！你们回去，一定要和睦相处，不要光想着自己有什么权利，也应该想一想自己应该尽什么义务。一番道理说得众人点头称是，无不说皇帝圣明。于是婆婆率先道歉，向媳妇赔不是。媳妇见婆婆认错，也急忙道歉，并且同意将自己嫁妆拿出来，资助小姑出嫁，毕竟小姑在她要被判处斩刑的时候，到官府哀求过放了嫂子。再说了，她与婆婆现在都是王家的人，也应该一起维持王家的体面。这正是：

　　　　婆媳本是同性女，彼此成仇是何因。

　　有关婆媳关系，自古至今都是说不完的话题。其实婆媳关系牵连整个家庭关系，作为媳妇而言，丈夫是最可以依赖的人，然后是自己的天然盟友，那就是公公与小叔子，如果媳妇有丈夫可以依靠，有公公与小叔子的支持，在处理婆媳关系问题上就具有了主动权。婆婆与丈夫是亲子关系，血缘及依赖，也决定他们相依为命，毕竟那时候在家从父，在嫁从夫，夫死从子的"三从"理念根深蒂固，排除恋母情结不说，违反母亲的意志，在古代被称为不孝，乃是违反教令，在这种情况下，父母将儿子打死，也不过承担杖一百的刑事责任，更何况儿子往往还会与母亲站在同一战壕，媳妇的依赖也就没有把握了。媳妇还有天然的仇人，那就是大姑子、小姑子。"三日入厨下，洗手做羹汤。未谙姑食性，先遣小姑尝"。媳妇若能够把小姑子拉拢到自己的身边，也能够掌握婆媳关系的主动权。总而言之，家庭中的夫妻关系、兄弟姐妹关系、叔侄关系、祖孙关系等，都会影响到婆媳关系，因此家庭内部人际关系中最微妙、最难处的，也就是婆媳关系了。

清　律·义与天下同安危

大清的法统

　　清代法律规范体系庞杂，但在总体上仍形成了以《大清律例》为中心，由律、条例、事例、则例、成案、章程、禁约、告示等不同法律样式组成的一套体系。其中，律及各种例文是最主要的法律规范，章程、禁约、告示等是补充性的法律规范。

律与例

顺治律 458 条（明律 460 条）、雍正律 436 条（雍正三年），此后为清代律的定本。顺治律在继承明律 460 条的基础上，删除了漏用印钞、钞法、伪造宝钞等 3 条，这是因为当时已经不再行用宝钞，律条也没有存在的必要；将"蒙古色目人婚姻"改为"外番色目人婚姻"，乃是回避"蒙古"字样；增加"隐匿满洲逃亡新旧家人"（此条是律还是例，目前学界尚有争议），是满族旧有的法律。顺治律共计 458 条，基本上承袭明律的内容，只是文字上略有修订。顺治律的律目位次调整，将"选用军职"移于"官员袭荫"之后；"信牌"移至《吏律·职制》之后；"泄露军情大事"移至《兵律·军政》之后；"私受公侯财物"移于"官吏听许财物"之后。雍正元年（1723）开馆修律，三年（1725）颁行《大清律集解附例》，勒定清律 436 条的规模。乾隆元年（1736）再度开馆修律，五年（1740）颁行《大清律例》，此后律文基本不改，一直延续到清末修律。乾隆五年（1740）律例馆"将雍正三年刊行律例详加核议"，但"律文律注仍旧"。该律例删除"吏卒犯死罪""杀害军人""在京犯罪军民""隐匿满洲逃亡新旧家人""外番色目人婚姻""官吏给由""悬带关防牌面"等 7 条；将"边远充军"归并入"充军地方"；"弃毁制书印信""盐法""冲突仪仗""递送公文"等不再注明几条，而成为单独的律条，等于减少 16 条；从"工乐户及妇人犯罪"条内分出"天文生有犯"；将"徒流人在道会赦"改为"流犯在道会赦"，"收藏禁书及私习天文"改为"收藏禁书"，"军官军人犯罪免徒流"改为"犯罪免发遣"，"军官有犯"改为"军籍有犯"，共计 436 条。

附于律后的例，系指刑例，亦称律例。黄彰健认为：《明代律例汇编》收录明例 893 条。清代雍正三年 824 条例，到同治年间则增至 1892 条例。有关例的起源，郑秦与苏亦工有所考证，例作为法律的重要补充和辅助，是在明代才得以认可。苏亦工更考证条例、事例、则例的区别所在，《大清律例》仅称为"例"，学者为了便于区分，使用"条例"以区别其他的例。清代律后附例，其目的是"推广律意而尽其类"，也是为了"变通律文而适于宜者也"。因此"例以佐律，读律者不可不明例"。有清一代，"律文垂一定之制"很少变动；而"例则因一时权宜量加增损"。随着时代变迁与形势发展，法律所对应的原有时宜及条件在不断改变，"朝廷功令，凡条例之应增应减者，五年小修一次，十年及数十年大修一次，历经遵办在案"。以求通过对例的增删、合分、改订，以确保律例法典在当时的适应性。清代对例的纂修一般有五种常见的形式：一是对原来例的条文略加修正；二是将原来两条以上的例整合为一条；三是将原来的条例移动整改其类属的位置；四是在原来的条例中续纂增加新的内容；五是将原来条例中的某些内容删除去掉。

则例、事例与省例

上迄宫廷，下迄百司庶事，莫不赅备的则例，现在可以查到有612种。例之专条，系以办过与律相符之案，纂为则例，以为后世之则，足为天下法。是则例之设，原以辅律，非以破律，即所谓"例因案入，例实由律出"。各部门办案，莫不以本部则例为先，有例不用律，律遂多成为虚文，吏、例、利，"我朝与吏共天下""照例政治"即是指此。律例与这些则例虽然是有着不同的侧重点，但实际上彼此之间是关联融通的，也可以由此而体会到清代法规的多民族色彩，以及政治与法律制度所表现出的张弛有度、刚柔相济特点。则例侧重于行政处分，在一般情况下，文武官弁犯罪，按照《大清律例》规定的笞、杖、徒、流、死刑罚，只要是违犯律例，就应该受到刑事处罚，而一般笞、杖轻罪可以折赎。从相关的律例来看，对于文武官弁，多规定"议处""交部议处""交部严加议处""分别议处""照某某例议处""照例议处"等，大多数是依据则例实施行政处分，即罚俸、降级、革职。

乃因事成例，是实施过程中根据具体事件处理的结果，并因此形成具有一般性意义的权宜之例，是由君主颁发谕旨或批准遵行的具有时效性的定例。从形成过程上看，这是一个由特殊到一般的过程；从形成程序上看，经历题奏获得批准或直接颁行等环节；从实施效力上看，具有针对性、时效性的特点。由此可见，事例由律例而生，而事例又为律例之源流之一。事例的形成源起于律例所涉及的事和案，"国家之章程有定，而人事之变迁无穷，其有事出非常时，或为律所未及详者，则必议之群司，综诸宸断神明于律，而不谬于律，著为定例，以诏来兹"。律法有限，"律有定而情无穷"，不能因一事而定一律例。"社会事物，复杂冗烦，法典及成文法之浩瀚，不能尽网罗之耳。抑又清国土地广矣，人民众矣，法政治理不能划一。以是清国成文法乃既饶多，不文法之势力亦且极其大矣"。通过颁行事例，以划归一，以儆官邪。事例的形成有一定的程序，最终由君主颁行谕旨或批准遵行。充分体现着皇权至高无上的权威，体现着君主专制的高度集权。事例根据具体情况的来源不同，主要分为以下两种：一是因事而成之事例，具有扩延律意的时效。二是因案而成之事例，有的案件经过相关官员或部门题奏，君主通过谕旨的形式对案件发布指示，并对与此相关的案件具有典型性指导意义，形成以所奉谕旨为主旨的事例。事例虽为定例，但非为永著定例，如果没有被勒定为条例，一般是有时效的，虽然不能用某个具体年月来明确规定其时效，但在类似事件发生的情况下，依然可以比附，有司法效力；要是没有类似的事件发生，时过境迁，在实际上也不会有司法效力，几乎没有乾隆朝引康熙朝、嘉庆朝引雍正朝的事例现象。即便如此，事例依然是当时法律实施过程中重要的形式，无论其司法效力的强度、时效如何，都对清代的法律有直接及深远的影响。

因地制宜，所以佐部例之所不及，省例仅通行一省，而部例则通行全国，如本省在特殊情况下不能遵行者，可以变通，但必须详明两院，或咨部核准，方许颁行全省。目前仅有广东、湖南、福建、江苏有比较完整之省例，尚有《布政司一切条例》，可以视为省例。清人钟庆熙云："举凡通行部章，因时损益，所以辅律例之简严；通饬省章，因地制宜，所以阐部章之意旨"。比如，《东省通饬》乃是山东饬行的例，有缉捕、军流遣徒复犯罪、起解、犯人房产入官、服制命案、官员治丧、官员缺补、遣犯改发、捕亡奖励、回避、记过、杂件、盗窃、抢夺、锁带礅干、审讯、京控省控、刺字、查禁洋枪、采访节孝、编查保甲、提审、冬防、孤贫口粮、原被干证、驿递公文、考试及勘灾巡哨往返日期等目，通行于本省。

章程、成案与告示

　　补律例之所未尽，其特点是详于案而略于例。仅以清代刑部通行章程而言，就有行催汇题章程、窃毁电线章程、严禁非刑章程、酌议会匪章程、变通叩阍章程、监禁章程、扒窃章程、阵亡章程、军流脱逃章程、禁止滥用非刑章程、禁止吕宋赌票章程、京控章程、蠹役正法章程、军流徒犯脱逃解役章程、禁止待质公所章程、停解军遣章程、咨题案件咨复限期章程、私铸银钱章程、严定武官扣饷缺额章程、缉捕盗贼章程、严禁非刑章程、盗墓未得财章程、整顿刑名章程、捉人勒赎之犯拟入情实章程、就地正法章程等数十种之多。清代的章程有各部院及各级官府之别，乃是基本纲领和行动准则，而作为部院"通行"的章程则在全国行用，具有法规性质。

　　乃已成之案，"俱系例无专条、援引比附加减定拟之案"。在形式上，"成案是一种不成文的法律形式，是由各部或各省对某些典型案件判决的先例汇集而成的"。在本质上，成案非正案，是根据律例而加减比附形成的案件判决。成案的成因是源于案情判决在律例之上无法寻找到合适的专条而加以征引之时，"其最善者莫如比照加减成案，事略而尽，文简而赅，可以辅律例之未备"。因为"例固密矣，究之世情万变，非例所可赅。往往因一事而定一例，不能概之事事。因一人而定一例，不能概之人人"。于是，在"律例之法有尽，而法外之意无穷"的信条下，"由成案而观，则知以法断事，而事有不符，以事拟事"，从而达到"法无不尽"的效果。所以，"成案是在律例没有规定之情况下适用的，目的是为了弥补成文法律的盲点"。成案的作用主要在于权衡案件情节及量刑轻重，同时也有着补充律例之不足的用意，故"律之所不能尽而有例，例之所不能尽而有成案"。成案同时具有加减刑罚的功效，及补充律例不足之作用。必须指出的是所有的成案的最终定罪，完全是依据律例的规定。因为"清代所谓'成案'，并非仅指司法案例，各个行政领域过去形成的办事方案，都可称为'成案'。从这个角度讲，'成案'即先例"。另外"成案是一种不成文的法律形式，是由各部或各省对某些典型案件判决的先例汇集而成的"，因此是根据律例而加减比附形成的案件判决。成案在司法中的应用主要有：一是因律例没有明文规定而判决的成案，主要是律例没有明文规定，比照其他律例量刑定罪，其中有例无明文、律无明文、律例无明文之分。二是比照律例来量刑定罪，主要是根据犯罪的情节，比照律或条例来量刑定罪的。三是法重情轻或情有可原而从轻量刑定罪，这类成案有依律量刑者，也有依条例量刑者。四是情重法轻而从重量刑定罪，这类成案多是情节恶劣，比照其他律例量刑定罪则轻，如例内规定的刑罚过重，可以量减，但总的原则是从重。五是不便按照定例拟罪而比照相关定例拟罪，这类成案一般是改照或比照律例量刑定罪。六是因为情节恶劣而从重拟罪，除了比依、比照本律例从重量刑之外，还可以比依、比照有关律例量刑。七是有可以减轻情节而量减定罪，原情定罪是当时司法的原则，因此有可以减轻的情节，一般都会在原有罪名上减等治罪，称之为"量减"。量减的情节多种多样，其中有自首或悔罪情节，"有心"与"无心"，事出有因，罪名比较轻，所犯罪行与实际罪名稍有区别等原因。成案征引比附律例是多种多样的，从内涵要件上看也是各不相同，但无论形式上的差异表现有多大，"恃用律者，权衡轻重，克协于中"。其追求案件在"情理法"上衡平的目的都是一致的。这里有在犯罪人身份、犯罪缘由、罪情程度、犯罪性质等方面的比附。

禁约、告示是地方官或钦差大臣等针对某种情况发布的禁令，在一定时期与地域起到规范的作用，由于地方官与钦差大臣的授权不同，因此所颁布的禁约、告示常常有超过朝廷法律规定的处置方法。如曾国藩在直隶总督任上有《直隶清讼事宜十条》，其第二条整顿保定发审局，就是针对京控案件而制定的，要求"凡京控巨案，初到时正副二员将卷宗细看，过堂一二次，寻出端倪，开一节略，其末即稍判曲直。五日之内，臬司带回首府及正副承审官上院，本部堂与之商论一番，名曰议狱。其应由藩司主稿者，则两司带同首府局员上院议狱"。依照这个程序追究各级官吏的责任，"分记功过"。由此可以看出，曾国藩在不违反朝廷制定的审理程序的情况下，有所变通，因为按照审理程序是 20 天，此事宜定为 5 天，是力图清理"捏禀搪塞"之弊。第九条则是严办诬告讼棍，因为"奏交之案,十审九虚。刁讼之民,十虚九赦",所以"讼棍皆立身于不败之地",而这些"讼棍"恰恰是京控与上控案件频发的原因之一,所以"当格外从严",因此"除照律科断外,再加严刑以痛苦之"。按照《大清律例·刑律·诉讼·教唆词讼》条的律例规定,讼棍从重处罚也就是发遣充军,并没有规定在判罚以后再用严刑折磨,显然比律例处置要重,但为了"以救一时之弊",在不违反《大清律例》总体精神的情况下,这种措施也为朝廷认可。这种禁约既有按照律例规定的处罚内容,也有超过律例的处罚,比如说游街示众,实际上是在枷号刑上的变通,也体现王朝"明刑弼教"的精神,当然会得到朝廷的认可。

相比督抚与道府大员的禁约、告示,州县官的禁约、告示则以劝谕居多,如嘉庆年间任知府的张五纬,在保定、大名、广平、天津府颁发各属的劝谕,特别讲解了"诬告"律,在痛陈诬告的弊病的同时,要求身为讼师者"洗心改业",不要再从事挑拨词讼的职业,更不能"忿不顾身,穷不要脸"。不过,要移风易俗,不得不下猛药,在禁约、告示里不断出现恫吓的语言,比如说"立毙杖下""杖毙堂下""立拿杖毙"等。例如,嘉庆十一年(1806)任四川什邡知县的纪大奎,颁布《谕什邡县民各条告示》,于诉讼方面有:"骨肉争讼恶习必加倍重惩""捏词兴讼必严惩""刁健好讼之徒必严惩""唆讼讼棍必严惩""生监恃衿滋事必重惩"等条,声称"必用严刑处治,死不足惜""重法处治,实由自取"。当时"什邡俗强梗",所以纪大奎采取先威后德,因此县邑大治,升为合州(今四川合川)知州。如果说这些语言仅仅是恫吓,则未免轻觑禁约、告示的作用。如乾隆时期在甘肃任知县的鄂山，在召见当地耆黎，告之曰："如某等，皆王法所必诛者，然某初任，应施宽法，暂弛其死。今与众约，如有再干例禁者，予官虽微，必杀之无赦，莫谓予教之不预也。"这些地方势力根本就没有把他放在眼里，认为"藐书生能若是强耶"！公开违反他的禁令。于是，鄂山"立毙杖下者五人，遂皆畏惧"。这样嗜杀成性的人，后来被嘉庆帝发现，称其为"奇才也"，不到四年便从知州升到陕西巡抚。

八者的关系是：律为不易之大法，例乃因时损益之定制。律不可过严，过严则不能垂之久远；例不可过宽，过宽则无以绳百司民人。则例、事例、省例、章程、成案、禁约均为律例的补充，在具体实施过程中，并不是如教科书所讲"有律依律，无律依例"的因果关系，何者为先，有许多人为因素，虽然"人治"特点明显，但也不是无章可循，也显示出清代法律的多样化。

清代的成案

　　清代法律规范由律、条例、事例、则例、成案、章程、禁约、告示等不同法规形式所组成。在这些不同的法规形式中，什么样的法律规范可以成为司法官吏断案的依据？各种不同性质的法源之间的效力如何？尤其是律、条例、成案的法律效力如何？学界已有许多研究成果给予关注，但在三者之间的关系问题上却存在分歧，而弄清三者之间的关系则关系到法律适用。法律文本与社会实践，既关系到法律的条文规定，又关系到实效问题。"社会现实与法律条文之间，往往存在着一定的差距。如果只注重条文，而不注意实施情况，只能说是条文的，形式的，表面的研究，而不是活动的，功能的研究"。在这种概念的引导下，本文试图通过"强盗"律例及成案分析，以弄清三者之间的关系，进而剖析当时立法与司法领域的特点。

与时俱进

以《清史稿》为代表的"以例破律"派认为："清代定例，一如宋时之编敕，有例不用律，律即多成虚文，而例遂愈滋繁碎。其间前后抵触，或律外加重，或因例破律，或一事设一例，或一省一地方专一例，甚且因此例而生彼例，不惟与他部则例参差，即一例分载各门者，亦不无歧异。"从清末至20世纪末，这种观点基本上是学界通论。瞿同祖、张晋藩等在自己的著作中都曾明确提到过，清代例的效力大于律。但是近年以来，许多新一辈的学者对这一观点提出了批评。苏亦工认为："明清官方处理律例关系的基本原则是以律为主导，条例为补充、辅助和变通。"那种以例代律的现象是不普遍的。何勤华分析了清代律例适用的七种情况，认为虽然"以例改律、以例破律的情况，在《刑案汇览》《驳案成编》中还是比较多的"，但这种现象并不能说明在清代例的地位高于律，只能说"例"对律文的"盲点"进行了补救，因为"在清代，律是基础，例是补充，一般情况下，当某个案子呈送到审判官面前时，他首先适用的是律，只有在律文明显落后于形势发展或没有律文可适用时，才会适用例。那种认为例的地位高于律、在律例并存之情况下首先适用例的观点，与清代的审判实践并不相符"。吕丽也认为清代的律例关系是"例以辅律，非以代律"。张晋藩则把律例关系表述为："一般说，清朝政局稳定时，刑律的国家大法地位往往得到统治阶级较充分的认可和尊重。律的地位与效力理所应当地优于例。相反，每当出现内忧外患，统治阶级考虑更多的是摆脱大法的严格约束，依靠例的灵活形式和便于使用的特长，实施广泛有效的刑事镇压。"在这种情况下会出现"律例地位倒置，以及例的效力高于律的真实状况"。总结新世纪学者的观点，都反对把清代律例关系表述为例的地位高于律，认为律例关系是律为主导、例为补充的关系，而这种观点有被普遍认同的趋势。

从"强盗"律例来看，如果说律例关系是"律主例辅"，自然是正确的；但是如果因此否定"例"对"律"的优先效力，就不符合史实了。尤其是何勤华的观点，与强盗案例裁断的事实相差太远。《刑案汇览（三编）》共收入强盗案例 104 个，其中纯依律文判刑的只有第 57 案和第 103 案两个案例，此外第 67 案是依谕旨赦免，第 18、27、42、44、67、97 案或是驳案，或非强盗案，不涉及强盗量刑。除了这 9 个案件之外，其余 95 个案件都是结合例文的规定予以量刑的。比如第 99 案，李克详等一伙五人抢得财物将事主打死。此案如果依律判决，五犯皆应斩决；如果依例判决，五人中"法无可贷"者斩枭，"情有可原"者发遣。刑部核复此案时引了一条律、两条例。一是律文中的"强盗已行而但得财者，不分首从，皆斩"。二是例文中的"寻常盗劫未经伤人之伙盗，如入室助势搜赃，一经得财，俱拟斩立决，不得以情有可原声请，其止在外瞭望接递财物，并未入室搜赃，无凶恶情状者，仍以情有可原免死发遣"。三是例文中的"强盗杀人，不分曾否得财，俱照得财律斩决枭示"。最后定刑时将李克详按例拟为斩枭，其余四犯按例拟为发遣，可见是依例处罚。这里刑部明显有律可引，但他们没有"首先适用律"，而是适用了例的规定。其余案例也与此案相同，有的引了律文，有的没有引律文，但最后的定刑都是综合律例的规定，优先适用例文作出的，没有一案是在例文有新规的情况下仍坚持依律定刑的。

此外还可以通过律例的变化，来考察这些案例是否随着定例的变更而变更量刑。强盗处刑最大的变化是律文规定"凡强盗，但得财，不分首从皆斩"。康熙五十四年到咸丰五年（1715—1855），例文规定将情有可原盗犯免死发遣。《刑案汇览》与《续增刑案汇览》收录的是乾隆至道光年间的案例，共100案，该段时间内"情有可原"例有效，《新增刑案汇览》所收4个强盗案例，是同治十年至光绪七年（1871—1881），这段时间"情有可原"例废止，恢复律文"但得财皆斩"的规定。分析《刑案汇览》与《续增刑案汇览》收录的100个强盗案例，其中窃盗临时行强34案，例文规定其处刑与抢劫不同，不涉及情有可原免死发遣；另有26案是探讨投首、留养、蒙古例、不行分赃等情况的处刑的，因未录全案，也没有提到情有可原发遣；其余40个记录较完整的处刑办法的抢劫案件，或直接援引"情有可原"条例，或依据此例将案犯免死发遣。《新增刑案汇览》4个案件无一援引"情有可原"例将案犯发遣，其中第3案张三目击伙犯拒伤事主，自己并未动手，若在"情有可原"例有效时期，当免死发遣，而此处仍拟斩决。可见司法实践是紧随例条变更而变更量刑的。

再如，雍正九年（1731）规定，捕役为盗虽非造意为首，以为首论，不准免死减等（强盗条例 266.55）。《成案续编》载乾隆十一年（1746）案例，即依据此例将"虽系听从同行，初次为盗，转纠不及三人，亦未伤人"，本应情有可原发遣的营兵 8 人斩决（营兵与捕役同有捕盗之责，类比）。司法官员亦步亦趋跟随定例判案，这是清代行政体制的必然要求。如果司法官员以"律"为据，拒绝适用中央的新定例，就会有漠视君权的嫌疑。在一个高度集权的君主专制政权下，对君权的漠视会得到什么下场，即便不是局内人也可以猜想得到。所以，即使从清代的行政机理去推，那时的律也不可能具有高于例的效力。《清会典》对律例之间的关系有明确解释：有例则置其律，例有新者，则置其故者。当律与例调整的对象相同时，律例关系其实是新法与旧法的关系，新法的效力大于旧法。清代司法官员也都清楚律例之间的关系，"有例应照例行，无例方照律行"，乃是司法官员的原则。

或许有学者可以勉强承认在律例冲突时，例的效力高于律，但是他们认为"以例破律"的现象并不普遍。然而，从"强盗"律例看，例文对律文处刑的改定是相当大的。律文对于强盗处刑的规定其实非常简单，一是不得财满流，二是得财皆斩，三是临时拒捕皆斩监候。清代前后制定有强盗处刑例文105 条。对于律文第一点不得财满流，定例区分伤人、未伤人，伤人者首犯斩监候，从犯满流；未伤人者，首犯发遣，从犯满流。对于第二点，不得财皆斩，定例大部分时间区分"法所难宥"与"情有可原"，其中有加至斩枭、减至满流、分地域、分盗劫对象、分犯罪主体等，较为具体。对于第三点窃盗拒捕皆斩监候，定例要分首从、是否伤人、所持器械是否是凶器、从犯要分是否加功等，处刑从斩立决、斩监候到烟瘴充军、极边充军不等。可以说，强盗例文对于律文的处刑规定，不仅仅是局部调整，而是全盘的改定和细化。如果审判强盗案件，只看律文不看例文，最后作出的处刑判断十有八九将被驳回。这也是为什么瞿同祖先生说"我们研究清代法律必须研究条例，不能仅研究律文，否则不但了解不全面、不了解其变化、不了解其法律的具体运用，还会发生错误，将早已不用的律文当作清代的法律来论证"的原因。虽然一条强盗律不能代表整个清代律例的情况，但是窥一斑而见全豹，可见整个律例的发展趋势是越来越具体细致。其他例文的改变不如强盗律例多，从清律 436 条，清末付诸实施的例文已有 1892 条来看，例文在很大幅度改变了律文。

既然"例"的效力大于"律"，而例文对于律文规定的改变又很大，那么是否就是例的地位高于律？也不尽然。从法典的角度看，律文所设定的结构、原理、概念是例文所依赖的根基，律例在法典中的地位还是可以用"律主例辅"来形容的。之所以制定了大量的条例，而在法典中仍以"律"为主导，一是"诚以律为一代不易之大法，例乃因时损益之定制，律不可不严，过严则不能垂之久远；例不可过宽，过宽又无以绳百司民人；例所以补律之不及者也"。当例的处罚重于律时，统治者往往强调这是暂时变通之法，待形势好转，即复成法，不敢背擅改律法、加重刑罚之名，可以从思想层面来解释律的主导地位。二是从实践层面来说，虽然定例繁多，但多是一事一例，抽象水平极低，没有自己的法律理论体系，其概念、理论、体系皆是依赖于前代律典创设的框架。失去律文的支撑，例文就成为一部庞杂的法条汇编，谈不上是法典了。如强盗案件的处刑虽然已被例文大部分改变了，但是律文所创设的强盗与抢夺的区分、窃盗转化为强盗等基本概念，还有强盗区分得财与不得财等基本原则，仍被例文所遵循的。如果不从一条律和整部法典看，例文依赖律文所设立的理论框架会更明显。思想层面的尚古及垂久远观念，加上实践层面的抽象水平低，造成定例虽多，但仍改变不了法典中"律主例辅"的局面。当然，这种意义上的"律主例辅"，不是因为"律"决定了大多数案件的量刑，而是因为"律"体现和表达了当时刑法的一些根本原则与思想。

从"强盗"律例分析，可以看出清代律与例的三层关系：第一，法理学的"法的位阶"概念，是指不同等级主体制定的法，效力等级不同，等级高的主体制定的法，效力高于等级低的主体制定的法。比如，人民代表大会制定的法律效力高于国务院制定的法规，所以法规不能与法律相抵触。然而，律例之间并不具有这种因"位阶"导致的效力差异，二者都是皇命钦定，同属中国古代最高位阶的法律，地位相等，效力相当，所以例可以与律冲突，律不具有优先于例的效力；第二，从新法与旧法的角度看，律是旧法，例是新法，当二者相冲突时，例的效力大于律；第三，从在法典中的地位看，律主例辅，律占据核心的地位。也就是说，例在具体量刑方面的效力大于律，律在法典中处在核心的地位。

判案也有榜样

　　成案，顾名思义，即已成之案。"成案"一词不仅指司法领域办过的案例，还可以指其他行政领域办理事务的先例。比如，《宋州从政录》载虞城县禀文：前因惠民沟横河，业经奏请兴挑，将次完竣。饬查附近沟河有无淤塞，应遵照成案，动用民力挑挖，顺沟通河，以除水患。此处的"成案"是指先前疏通河道之办理方案。再如，道光五年（1825），复据候补运副吴臣敬等具禀，近日丞倅各员候补无多，请照成案，仍将宁、嘉二分司缺，归入同知、通判班内，一体委署。此处的"成案"是指浙江先前委署官员的办法。《晋政辑要》有"兵部咨一件厘定修制军装等事"。兵部"谨查来册，并考稽成案，因各省之情形，酌物料之坚脆，核定应修应造之期，分别定限，另缮清单，恭呈御览，伏候命下，臣部纂入则例"。此"成案"又为兵部责令各省修治军械之旧例。总之，清代所谓"成案"，并非仅指司法案例，各个行政领域过去形成的办事方案，都可称为"成案"。从这个角度讲，"成案"即先例。

　　学界谈清代的成案，通常是指司法领域中的已成之案，即所谓司法案例。清代司法实践中，成案是否具有法源效力？

这个问题学界有许多讨论，总体来说，都认为有一部分成案具有法源意义，但是成案究竟在多大程度有法源意义，却存在争议。苏亦工认为："绝大多数的清代案例或判例并不必然享有法源的地位。只有个别判例譬如某些成案，有时可以被接受为一种法源。但成案的地位很不可靠，其适用的方式更接近成文法的引证方式，而不是英美判例法的归纳方式。"何勤华则认为："实际上，在清代司法实际中，成案的适用还是非常普遍的。"而王志强认为："如果从形式上成案的独立规范性角度而言，成案在司法实践中显然又具有相当独立的效力。"显然大家争议的焦点在于成案在多大程度上有法源意义。

《刑部比照加减成案》序言讲："律例为有定之案，而成案为无定之律。例同一罪犯也，比诸重则过，比诸轻则不及，权轻重而平其衡，案也，律例也。同一轻重也，比诸彼则合，比诸此则否，汇彼此而析其义。"成案的作用在于衡量轻重，也有补律例之不足的寓意，故"律之所不能尽而有例，例之所不能尽而有成案"。是成案既有加减刑罚的作用，又有补律例之不足的效用，但所有的成案最终定罪都是律例规定的内容。下面结合清代强盗案件司法实践，具体分析在什么情况及多大程度，司法官员会引用成案作为自己判决的依据。

本文搜集的有处刑规定的强盗案例共 195 件，其中援引成案的有 13 件，占总数的 6.7%。其中照案者有 7 案，不准照案者有 3 案，不准照案而追究违例援案者责任的有 1 案，照案改例的有 1 案，不准照案而照新定例的有 1 案，也可见司法官对两案情节相似性判断失误，不但会导致拟断错误，还要追究违例援案者的责任。

清人对于援引成案的态度有两点：一是"除正律正例而外，凡属成案，未经通行著为定例，一概严禁，毋得混行牵引，致罪有出入"。二是"如有轻重失平，律例未协之案，仍听该督抚援引成案，刑部详加察核，将应准应驳之处，于疏内声明请旨"。也就是原则上断案只能引律例正条，但是如果律例正条所定之刑与案情实未允协，可以援照成案上请。这两点看似矛盾，实际上放到清代行政体制中去理解，还是合于情理的。皇帝是最高立法者，也是最高司法者，对于显失公平（情法未协）的案件，皇帝在司法过程中予以改判或重新定例，允许司法官援照成案，甚至比照律例加减定拟，再由皇帝批交法司对最后判决予以审核，这正是实施其立法与司法合一的权力体现。从理论上说，这种灵活的处置有利于实现更实际层面的"情法平衡"。然而哪种情况是"轻重失平，律例未协"，却没有明确的标准，司法官对这一点的把握稍有不慎，就可能落入"故违定例，滥引成案"之窠臼。

清代司法官员在实践层面如何援引成案？是为解决什么问题援引成案？试分析如下：《成案汇编》第3案《在洋行劫声明情有可原驳案》；《刑案汇览》第35案《行劫衙署伙盗接赃免死发遣》，第60案《海江盗劫分别情有可原》，是确认洋盗、沿海滨江盗犯、行劫衙署盗犯，是否适用"情有可原"条例。清律规定强盗犯罪不分首从，清初例文将行劫衙署等六项强盗犯罪及响马强盗的刑罚提高至皆斩枭，康熙年间又规定将江洋大盗照响马例办理，康雍时期定例将强盗区分"法所难宥"与"情有可原"。那么这些原例中皆斩枭的大盗，是否也可以区分出"情有可原"者，将他们免死发遣？例文对此很含糊，在司法实践中多引成案将此类犯罪也区分"情有可原"。所以这几个案例援引成案实际是解决定例（情有可原之例）适用问题的，不涉及创制新的处刑规定。此外，《刑案汇览》第25案《临时谋杀事主仍照临时拒捕》，是行窃时被事主发现，起意杀人灭口，争议的焦点是适用窃盗临时拒捕杀人条例还是谋杀人律，也是关于适用条例的问题。

《成案汇编》第18案《盗首虽经捆缚事主》；《刑案汇览》第6案《拒伤事主分居亲属与事主同》，第39案《首盗冻毙事主伙盗免死发遣》，第55案《既经入室虽不搜赃亦应斩决》，是解决情节认定问题的。《盗首虽经捆缚事主》关于强盗自首，清代规定伤人盗首不准自首，即伤人盗首自首不减刑，该案就是探讨"捆缚事主"是否算"伤人"。刑部认为："此案盗首周村子因事主李增惊觉喊叫，用强按缚其手，即系伤人，虽系闻拿投首，例难宽宥。"予以驳回重拟。该省引据成案称："乾隆九年八月内，刑部议复河抚硕审题盗犯李奇山行劫荆保家一案。内开该抚既称李奇山系此案盗首，虽捆缚事主，并殴打事主之妻，尚未成伤。"后李奇山投首，该省照未伤人盗首例，将该犯拟以发遣，刑部照复，奉旨依议。今周村子与李奇山情事相同，"应仍依前拟"发遣。这是一个省抚以成案为据拒绝刑部驳案的例子。然而，此案双方争论的关键点是"捆缚事主"是否算"伤人"，这是一个情节认定问题，不涉及改变原有处刑规定。《拒伤事主分居亲属与事主同》是对"分居叔父、堂兄是否算事主"的身份认定问题，如果分居叔父不算事主，盗犯就以罪人拒捕论，如果算事主，盗犯就以拒伤事主论。最后依照成案，分居叔父、堂兄等也算事主，盗犯以拒伤事主论。《首盗冻毙事主伙盗免死发遣》也是一个情节认定问题，例文规定强盗杀人者斩枭，但是此案事主因逃避强盗，"奔至附近岩洞藏匿，受冻身死"，非强盗直接杀死，是否应认定为强盗杀人，例文不详。刑部奉批查考成案，发现以前有因遭强盗而失足落水的，有因遭强盗而惊慌失足落河溺毙的，皆照强盗杀人办理，于是此案也照强盗杀人办理。《既经入室虽不搜赃亦应斩决》是入室未搜赃是否可以归入"情有可原"。与本案最近的是乾隆二十六年（1761）定例，规定入室助势搜赃者斩决，未入室搜赃者情有可原发遣。此案案犯虽入室未搜赃，该省援照乾隆二年（1737）成案将该犯拟以情有可原。刑部认为："查办理盗劫之案，总以入室不入室为断"，"盗犯既系入室，非系搜赃即属助势"，不得以情有可原声请。且该抚所引成案是乾隆二十六年（1761）定例之前的成案，"殊属违例"，要求"查取错拟及违例援引成案各职名，咨送吏部查议"。显然此案也是情节认定问题。《临时谋杀事主仍照临时拒捕》是行窃时被事主发现起意杀人灭口，应该适用窃盗临时拒捕杀人条例还是谋杀人律，该抚据成案临时拒捕杀人条例。解决情节认定，本质上说也是定例适用问题，不涉及创制新的处刑规定。值得注意的是，这8个为解决律例适用问题而引用成案的案件，只有《既经入室虽不搜赃亦应斩决》未照成案判决，其余各案均照成案判决了。

《成案汇编》第11案《哄开大门入内行强不准援案宽减》，第14案《先窃后强持刀恐吓事主赃已满贯不便拟遣》，是关于临时行强是否可以减刑的。律文规定临时行强处刑与强盗同，有的司法官则认为临时行强开始时只是窃盗，因事主发现才决意行强，与自始即立意行强者犯罪恶意不同，故有的案例将临时行强杀人拟斩监候。《哄开大门入内行强不准援案宽减》即依据这样的成案将罪犯拟以斩监候，遭驳。《先窃后强持刀恐吓事主赃已满贯不便拟遣》则是临时行强情节显著轻微，仅是用言吓阻，并未对事主动手。该省引据成案将案犯发遣，遭驳。《刑案汇览》第 62 案《洋盗案内买赃摇橹定账定例》是关于接买盗赃二次的犯人的处刑，原例接买盗赃一二次枷杖，三次以上近边充军。嘉庆十年（1805）核复闽省朱贯章一案，认为原例处刑过于宽纵，将该犯发遣。这次该抚引此案，将接买二次的犯人拟遣，刑部认为这样办理不妥，重新定例："三次以上，发新疆给官兵为奴；二次者发近边充军；一次者杖一百、徒三年"。本案照新例发近边充军，未照成案。《洋盗强盗年幼拟流应行刺字》与《洋盗投首免其从前窃劫各案》，虽是关于处刑变更的，但皆因律例规定不清，不是因为律例与事实"轻重失衡"。《洋盗投首免其从前窃劫各案》是关于自首犯人以前所犯之罪没有首明是否赦免。《洋盗强盗年幼拟流应行刺字》是关于年幼盗犯杖流是否刺字。清代窃盗刺字十五岁以下免刺，强盗刺字未有明文，故此引成案。这 5 个案件只有《洋盗强盗年幼拟流应行刺字》照案判决，其余均没有照成案判决。

从上面的分析可以看出，强盗案件中引成案作为依据，所要解决的事项大都是一些律例规定含糊的问题，这些问题或是律例对适用范围规定不明确，或是律例对情节界定不明确，或是律例对处刑规定不明确。其中因定例与案情"轻重失平"，欲引成案改定例之刑的只有《哄开大门入内行强不准援案宽减》《先窃后强持刀恐吓事主赃已满贯不便拟遣》《洋盗案内买赃摇橹定账定例》。这三案也不是对处理强盗案件的主要量刑作出更改，只是处理一些边缘性的情况，而最终均没有依照成案判决。可见，虽然例文规定"如有轻重失平，律例未协之案"可以引成案上请，但由于缺乏"轻重失平"的客观标准，实践中敢于这么做的人并不多。如果地方官真这么做，要冒很大的风险，等待他的很可能是被刑部驳回所带来的错拟处分。所以，大多数引据成案的案件，只是探讨法律适用问题，对于律例有明文规定的事项，依律例拟断是最安全的。

综上所述，强盗案件中确有一些案件在判决中引据成案，但是这些案件所涉及的大多是一些边缘性的问题，比如法律适用问题，或边缘情况的处刑问题，处理强盗案件的主体规则还是由律例来规定的。所以成案在有关强盗案件的法律渊源中，只占一个很边缘的位置，它绝不能与律例相提并论。或许，现在最高法院所作的司法解释，与清代成案的地位有些类似。司法解释主要也是解决法律适用的问题，所不同的是，司法解释无权更改法律规定，而成案可以"轻重失平"的名义提请皇帝更改。当然，本文所论述的只是强盗案件这一种情况。强盗犯罪是严重的刑事犯罪，律例在方面的规定细致周密，给成案留下的空间不多。可以说，制定法是清代法律渊源的主体，成案所有发挥作用的空间是非常有限的。

成案作为法律渊源，发挥的作用并不大。这一观点与清代成案汇编类著作盛行现象，似乎有些矛盾。其实，清代成案汇编类著作主要有三方面作用。

一是学习用，仅供司法官员、幕僚、讼师等有断审需求的人学习之用。"成案如程墨，然存其体裁而已，必援以为准，刻舟求剑，鲜有当者"。把成案比作范文，可临摹不可硬套。胡肇楷也指出："律例为治世之书，而文简义深，非参观成案无以通变而妙其用。"成案是前人所办案例，只读律例不读案例不能活用法律，但是不读律例只读案例，生搬硬套结果必多错误。

二是套用。清代律例繁多，掌握不易，所以各级司法官及其幕僚往往从中取巧，熟悉若干个成案，然后拟断案件时一一照成案套用，往往可以应付大多数案件的审判。这是"律例如古方本草，办案如临证行医，徒读律而不知办案，恐死于句下，未能运用。徒办案而不知读律，恐只袭腔调，莫辨由来。直隶省习幕大都以办案入手，亦犹读时文而随解题旨，苟能不忘其本，相辅而行，未始不可融贯。特恐仅以一二成案为式，于全部律例置之不讲，则无源之水，其涸可待。故习幕者固宜多办案，尤宜熟读律"。说明当时幕友多从办案入手学习，往往有以成案为范式，而不读律例的。这种套用成案的办法，显然是违法的。但是从最后结果去看，拟断引律合于范式，上司也无从查考。

三是作为法源引用。能够用为法源引用的只是极少的成案，如《刑案汇览》所说的"例无正条、援引比附加减定拟之案"。这些成案都是刑部通行的，原本是可以在修例时补充入例，从律例修订的情况来看，道光以后几乎进入停顿状态，虽然同治九年有过修订，但此后"刑部既惮其繁猥，不敢议修，群臣亦未有言及者，因循久之"的状况，使这些通行成案处于微妙的地位，以致出现"彼黠胥猾吏旁立睨视，徐出成案寘几上曰：某年某省某案，前官议如是，则面赤唯唯，不敢复言狱事"的怪现象。

因为有上述三个方面的用途，才共同筑就成案汇编类著作的流行，并不能因此就简单地用清代成案类著作盛行作为成案是重要法源的论据。

最后谈一下判例与判例法的问题。许多人把清代成案看作是判例，甚至认为中国古代存在一个混合法体系，成文法与判例法有机结合。以为"从《大清律例》以及清代保留下来的判例汇编中可以看出，中国存在着实质意义上的判例法乃至判例法体系。在清代，已经存在一种判例法的形成机制：国家审判机关（主要是督抚、刑部和皇帝）将判例（成案）认可适用，并将其定为例，使其通行全国，获得普适的权威，成为判例法，进而将这些例按照国家大法（大清律）的体系分别附于其后，成为一种判例法体系或制度"。"清代不仅存在着判例（成案），存在着判例法（定例），且还存在着判例法体系（大清例的体系）"。显然将清代的"定例"也作为判例法，并且列出了一个由判例到法典的判例法生成机制：判例（成案）——判例法（通行）——附律之例。且不说"判例"一词在当代法学，尤其是普通法体系中具有的特殊含义，清代成案实不适宜称为"判例"，也不能说"大清例"在形式上是实实在在的成文法，与非成文的判例法不同。即使清代的成案可以称为"判例"，可以忽略"例"是成文法的一个形式要素，由判例至判例法之间的道路，以清例而言，则并非如其所描述得那般顺畅。

在西方的判例法中，法律规则是由法官的判例所创设的，就是说，法律规则不是任何其他个人或机关制定的，而是从判例中归纳得来的。清代的确有许多定例是在司法过程中一点点积累起来的，但它不是从案例中归纳得来的，而大多是皇帝（或由他本人亲自提出，或由其他臣僚建议皇帝认可）针对新情况制定的新办法。比如，康熙末年，东南沿海群盗活动频繁，为了惩治这样的江洋大盗，安徽巡抚叶九思在审理一起洋盗案件时，建议将江洋行劫大盗照响马强盗例，斩决枭示。这一建议获康熙认可，准为定例。这里，巡抚提出一个新的办法建议，皇帝认可了这个办法，这明显是一个制定法产生的过程，与由判例归纳出法律规则本质不同。所以人们会误认为皇帝在办案过程中制定的定例是判例法，是因为皇帝集最高立法权与司法权于一身，他的立法行为与司法行为紧密相联。但是皇帝的立法权与司法权的合一，与判例法体系中法官运用判例创设规则不同。判例法中的法官审断每一案件必须在已有判例（规则）的基础上，推演出合于公平原则的结论，而所推演的这个结论又成为日后其他案例推演的起点。即判例法法官只是法律原则的推导者，不是创制者，他无权随意创设新规则。皇帝可以随意创设新规则，他可以不受以往规则的影响随时改变规则，这是制定法律与推导法律的区别。在强盗条例中，最主要的处刑条例，如康雍时期区分"情有可原"，咸丰时期恢复"不分首从皆斩"；又如将针对特殊对象、地区、犯罪主体的强盗加至斩枭，窃盗拒捕的处理，等等，这些规则都是制定的，它背后有鲜明的制定主体——负有治世之责的君臣。这些制定的规则，构成了处罚强盗犯罪规则的主框架。的确有少量规则是在司法实践中经由判例确认的，但是这些规则是据制定法而推导出来的，在地位上是次要的，在数量上是少量的。不能因为有它们的存在，就把整个清代定例说成是判例法。判例法本质上与制定法相矛盾，也与清代君主专制的政治体制不兼容，它不可能在当时占有重要地位。

总之，清代处理强盗案件的主要法律渊源是律和例，律例如果有冲突，用例不用律，用新例不用旧例；在律例规定模糊、欠缺或显失公允时，可以引用成案上请。

法不越史

  律与例是清代法律的主体，"律者，一成而万古不易者也，其与时势之推移，不能相应，此无如何者也。而条例，则世轻世重，准社会现象以为衡"。条例的动态变化而富于灵活性，对具有相对稳定性的律进行了补充。以明示罪名安排法律条款，使罪名之间有了一定逻辑。罪名体系是按照一定体例、规则、秩序组合而成的罪名立法框架及表述方式，而条例又对罪名系统进行完善和补充。在"律例之法有尽，而法外之意无穷"的信条下，"由成案而观，则知以法断事，而事有不符，以事拟事"，从而达到"法无不尽"的效果。

  根据法与国家的一般理论，动态法包括法律秩序、规范等级体系、规范法学与社会法学等部分，那么"探求规范效力的理由，并不是像探求结果的原因那样，一个 reduction ad infinfum（无止境的回溯）；它终止于一个最高规范，这个规范是规范体系内的效力的最终理由，而在一个自然的体系中，是没有最后或最初原因的地位的"。在这个规范体系中，有静态体系和动态体系，静态体系是建立一定的权威，而这个权威可以依次把创造规范的权力授予某些其他的权威，进而构成动态体系的各种规范。清代"为政之道宽猛贵乎相济，过宽则有废弛之患，过猛则有刻核之伤，二者各有流弊，皆当先事预防，以期政归平允"。在制定的过程中，已经考虑到静态体系与动态体系之间的关系，在针对犯罪进行惩罚的同时，注意到惩罚本身存在的警世功效。

分析一个已经不存在的法律，就是要基于当时的社会，而当时社会组织、政治体系、经济结构，以及大多数人的思想、信仰、价值观念、行为模式等，都是影响该法律制定与实施的重要因素。因此，对该法律的深入研究，既是对前人文明成果的归纳和总结，也是为后人行为抉择提供思想的启迪。

将相关的律例及成案汇集一起，结合相关的史料进行分析，可以因循律例修订、增删、改并，去了解其制定的历史背景，探讨隐含在其背后，已经不太为现代人所知的立法目的。应该说这是宏观研究的基础性工作，正是这些基础性的工作，有利于我们深入理解传统。在对一些律例或罪名研究的同时，既弄清该律例或罪名的因袭发展，又从中提炼出一些具有普遍性的在当时立法中起指导作用的思想观念和基础理论，将有利于对中国传统政治法律制度的深入研究。

不否认中国传统政治法律制度中有许多不合理之处，在许多地方已经与中国现代的政治法律制度有较大的差异，甚至可以说已经不符合现在的国情，但也应该承认中国传统政治法律制度有许多精华。在当前社会迅猛发展的时代，改革与完善我国政治法律制度的呼声甚高，许多学者一方面鄙夷中国传统政治法律制度，一方面崇拜西方政治法律制度，希望通过移植，以达到完善今天政治法律制度之目的。不能说

"忘记过去就等于背叛"，但也不可否认中国传统政治法律制度是现代中国政治法律制度的资源。

法是文本表达与社会实践的综合体。文本法体现着政治理念和统治思想的理想化追求，实践法则是法的运用和实际操作。《大清律例》作为时代的产物，其文本体现的精神和价值势必在实践中得以丰富和拓展。中国传统法律的奥妙之处就在于其执行过程中以皇权为转移的"综合式"治理。君主借助司法充分地游刃于法律之间，从而无处不在地施展其政治技巧，以达到其驾驭全局的目的。

应该承认，清代法律承袭与修订过程中，基于维护统治秩序，在许多方面是发挥着积极效用，因为这种变革"既是深深扎根于中国社会本身的必然产物，同样也是清朝统治者的政治偶然性的产物。就其本身的意义而言，夷狄之人毕竟是对中国晚期君主专制制度危机的一种解决方式"。所以这种承袭与修订是必然的选择，在不断完善的情况下，无论是国力，还是政治，都曾经向强盛的方面发展，出现所谓的"康雍乾盛世"。然而"盛世"并不能掩盖危机，传统的君主专制中央集权的弊端，在新的情况下也越来越显现，以至于"是朝廷有行法之名，而无奉法之实也"。清代法律的承袭与修订不能摆脱传统的君主专制中央集权的痼疾，"清世曹司不习吏事，案牍书吏主之，每检一案，必以属书吏。朝以习常为治，事必援例，必检成案"的循例办事制度，"例者，一成之法，永远可以奉行。案者，一时之事，轻重可以出入也。故杀人一也，而谋故分。处分一也，而公私别。一部而彼此两歧，一司而前后兼异。苟且既入，则援案以准之，而不能指为瞻徇。要求不遂，则援案以驳之，而不得目为挑剔"。在高度的君主专制中央集权情况下，很难依靠自身的体制革除弊端，以致走上法愈多而弊愈多的循环怪圈。

在清朝打官司

越诉是越级控诉，它不同于上控和直诉，更不同于申诉。按照现代法律，申诉是指"诉讼当事人或其他有关公民对已发生法律效力的判决或裁定不服时，依法向法院或检察机关提出重新处理的要求。亦指国家机关工作人员或政党、社团成员对所受处分不服时，向原机关（组织）或上级机关（组织）提出自己的意见"。在古代则是向上级或上属机关申述情由，"今冤民仰希申诉，而令长以神自畜（难见如神也），百姓废农桑而趋府廷者，相续道路，非朝铺不得通，非意气不得见"，是指向县令长申述情由。隋代"有枉屈县不理者，令以次经郡及州，至省仍不理，乃诣阙申诉。有所未惬，听挝登闻鼓，有司录状奏之"。则属于向上属机关申述情由，与上控意义相同。因此弄清上控和直诉的概念，有利于对清代诉讼制度的理解。

有权上诉

现代法学意义上的上诉是指"诉请上级法院复审下级法院判决，或者要求法院复审行政机关的命令"。上诉的典型特点就是审判等级制，在等级制的基础上，由当事人提出的一种意思自治来引领案件继续进行。传统中国法律没有现代法学的审级概念，而且案件审理程序并不能由当事人主导或决定，因此，不存在现代法学意义上的上诉，但是，在不同级别审理的过程中，当事人如不满审理或判决结果，可以向上控诉，称之为上控。因此，本文中使用上控的概念，以避免与现代法学中上诉概念的混同。

中国早在西周时期就已经建立了相应的上控制度，并根据里程的远近确定了明确的上控期限：凡士之治有期日，国中一旬，郊二旬，野三旬，都三月，邦国期（一年），期内之治听，期外不听。郑玄注曰："在期内者听，期外者不听，若今时徒论决满三月不得乞鞫。"（《周礼·秋官·朝士》）由此可知，上控在汉代被称为"乞鞫"。"乞鞫"是否到上一级，在先秦两汉的史料中，还不能明确反映，"至于重审机构是原审判机构还是上一级审判机关，抑或是中央最高审级，尚难见明确的法律规定"。

魏晋南北朝上控制度在不断完善过程中，既有因循，又有草创，至隋唐始为定制。隋文帝诏令云："有枉屈县不理者，令以次经郡及州，至省仍不理，乃诣阙申诉。有所未惬，听挝登闻鼓，有司录状奏之。"明确规定上控必须逐级进行。唐代规定的上控程序是："凡有冤滞不申，欲诉理者，先由本司本贯，或路远而踬碍者，随近官司断决之。即不伏，当请给不理状，至尚书省，左右丞为申详之。又不伏，复给不理状，经三司陈诉。又不服者，上表。受者又不达，听挝登闻鼓。"这种制度为宋代所承袭，并放宽上控的时限，最宽时曾为5年，少亦半年，一般是3年，反映出当权者掌有最终裁判权，具有"以敕代律"的特点。元代的上控除因循前代之外，对上控的程序规定更加严格，"诸陈诉有理，路府州县不行，诉之省部台院，省部台院不行，经乘舆诉之。未诉省部台院，辄经乘舆诉者，罪之"。上控要求逐级，而不允许越级，乃至于直控。

明清两代是上控制度规定得较为完备时期，其上控程序有了一些变化，不但明确了上下的审理级别，还规定了上控的时限，并且根据上控案件情节轻重不同来确定受理机关。据《清史稿》记载："凡审级，直省以州县正印官为初审。不服，控府、控道、控司、控院，越诉者笞"。严格规定必须逐级（县、府、道、司、院）上控而不允许越诉。上控人必须在状内将控过的衙门、审过的情节开列明白，上级司法机关才能受理。对于上控案件，上级审判机关既可以提审，也可以发回原初审衙门重审，或转委所属其他州县审理。其规定的上控程序虽然详细具体，但实践中，上控案件往往发回原审判衙门审理，上控的真正意义则很难体现出来。

上控时，上控人必须于状内将控过衙门审过情形叙述明白。因此，上控案件的处理，上司衙门应该分别情形处理，通常有下列两种情形：

第一，应有诉讼未经本管官吏陈告，及诉讼虽陈告，但未结案者，是不允许上控的。如《大清律例·刑律·诉讼·告状不受理》条规定："若各部院、督抚、监察御史、按察使，及分司巡历去处，应有词讼，未经本管官司陈告，及（虽陈告而）本宗公事未结绝者，并听（部院等官）置簿立限，发当该官司追问，取具归结缘由勾销。若有迟错，（而部院等官）不即举行改正者，与当该官吏同罪。（轻者，依官文书稽程十日以上，吏典笞四十。重者，依不与果决，以致耽误公事者，杖八十。）"也就是说，要先经本管官司审理，如果没有审理就上控，还是要发回本管官司审理，因为置簿立限，等于是接受了上控，因此部院等官已经有了监督本管官司审理的责任，而本管官司审理也要承担迟错的责任。《大清律例·刑律·断狱·辨明冤枉》条附例规定："若命盗等案尚未成招，寻常案件尚无堂断，而上控呈词内又无抑勒画供，滥行羁押，及延不讯结，并书吏诈赃舞弊各等情，应即照本宗公事未结绝者发当该官司追问律，仍令原问官审理。该管上司，仍照例取具归结缘由勾销。"按照清代法律规定，上控不应该控告己事，所以凡是不涉及官吏作弊，依然发回本管官司审理，如果有官吏作弊，接到上控的长官就要审理了。

第二，已经在本管官吏那里陈告，本管官吏不为受理，以及本宗公事已经裁决，当事人认为理断不当，而称诉冤枉者。《大清律例·刑律·诉讼·告状不受理》条规定："其已经本管官司陈告，不为受理，及本宗公事已绝，理断不当称诉冤枉者，各（部院等）衙门即便勾问。若推故不受理，及转委有司，或仍发原问官司收问者，依告将不受理律论罪"。此种情形，则督、抚、司、道、府、州应亲行审办或发交下级衙门审办。

依照《大清律例·刑律·断狱·辨明冤枉》条附例规定：凡是事关重大，案涉疑难，应行提审要件，或奉旨发交审办，以及民人控告官员营私枉法滥刑毙命各案，如在督抚处具控，各省督抚，俱令率同司道等亲行研审；如在司道处具控，司道等官应亲提审办，与在督抚处具控同。其余上控之件，讯系原问各官，业经定案，或案虽未定，而有抑勒画供，滥行羁押，及延不讯结，并书役诈赃舞弊情事。也就是说，有官吏舞弊情节者，其审理程序是：（1）如在督抚处具控，即发交司道审办；或距省较远，即发交该管处巡道审办。（2）如在司道处具控，即分别发交本属知府，或邻近府州县审办。（3）如在府州处具控，即由该府州亲提审办。（4）概不复交原问官，并会同原问官办理。（5）审明后，按其罪名系例应招解者，仍照旧招解；系例不招解者，即由委审之员详结。（6）其有委审之后，复经上控者，即令各上司衙门亲提研鞠，不得复行委审。

在这里涉及如何区别上控与越诉的问题。陈宏谋认为："赴上控告者，查系原未在县控告，即系越控，或予责处，或批赴县具告。"也就是说，凡是没有在县提出诉讼者，来到上司衙门告状，都算是越诉。"已告而未审者，上司察核月报册内，如捏造已结，立即指名行提县承究处"。对于这种情况，虽然有越诉之罪，但要发回所属州县追究责任。"至于已审断结之事，如所告情事已无可疑，即可指明批驳不准；如尚有可疑，未甚平允，止仰某县送卷查阅"。这种情况可以定为上控，具体处理则因人而异。陈宏谋提出，批驳或送回所属州县办理，是希望能够层层责成，以为这样便可以"官无滥准批查之烦，民难施呈捏词翻告之计矣"。

如何告御状

直诉是中国古代法律规定中的一项特殊的诉讼制度，即某些案情重大、冤抑莫伸及本地司法审判不受理者，可以打破审理级别的限制，直接向皇帝、钦差进行控诉。直诉和越诉不是同一个概念，可以说广义的越诉概念包括直诉，但律例里的"越诉"概念则是狭义的、违法的，因为它打破了逐级审理的制度。直诉是允许的，按照允许直诉的规定进行直诉，如果属实，是无罪的。因为其包含该审判等级不便受理或不能受理以及不受理的因素，在某种程度上，还有统治者督察官吏、打击不法行为等政治原因。狭义的越诉则不包括直诉，因为越诉有罪，是对逐级审理制度的破坏。不过，直诉不实与不该直诉事件而直诉，也是有罪的，比附多依照越诉罪处置。因此在研究清代诉讼问题时，无论如何也不能够回避直诉问题。

一般认为直诉起源于"欲谏之鼓""诽谤之木""司过之士""戒慎之鞀"以及肺石、路鼓、登闻鼓等。

唐时在东、西两京王城门外置有赤石，名曰"肺石"；亦有登闻鼓，凡老幼不能挝登闻鼓者，则可立于肺石之上。立于肺石诉者由左监门卫负责奏闻，这可能是古代传说对唐代制度的影响。宋代时还有人见过"长安故宫阙前有唐肺石尚在，其制如佛寺所击响石而甚大，可长八九尺，形如垂肺，亦有款志，但漫剥不可读"。这些款志是否写明在什么情况下可以立肺石，抑或是有明确的规定，现在已经难以得知。北京故宫及前门前的石狮子，也有肺石的寓意，故清人诣阙告状，常常有拍打"长安门内石狮鸣冤"，或"打正阳门外石狮"，但此时的石狮已经不是诉冤的肺石，拍打者要照损坏御桥例治罪。

挝登闻鼓。登闻鼓源于"建路鼓于大寝之门外，而掌其政，以待达穷者与遽令，闻鼓声，则速逆御仆与御庶子"（《周礼·夏官·太仆》）。郑玄注："穷谓穷冤，失职则来击此鼓以达于王者。今时上变事击鼓矣。遽，传也。若今时驿马军书当急问者，亦击此鼓，令闻此鼓声，则速逆御仆与御庶子也，太仆主令二官，使速逆穷遽者。"可见这是建在宫殿门外便于投诉的鼓，还有专人看管。晋武帝年间，始悬鼓于朝堂和都城内，百姓可以击鼓鸣冤，有司闻而上奏，自此以后，登闻鼓遂成为历代直诉的一种重要方式。登闻鼓制度一直沿袭到清代，不过登闻鼓是设在通政使司门前，挝鼓的限制愈加严格。如顺治十七年（1660）颁布《木榜条例》，是针对当时"刁风日炽"，常常有人"持刀抹项"，因此要求对于这类人，"本人按法究惩，其妻子流尚阳堡"。之后附有五条例：一是状内事情，必关军国重务，大贪大恶，奇冤异惨，方许击鼓。户婚田土斗殴等细事及未经告理与已经告理尚未结案，则不允许击鼓，否则，除不受理之外，还要重责三十板，而职官、举人、监生、生员等按有关规定折赎责治。二是关于无赖棍徒妄行直诉，有"希图报复""劈鼓抹项""持刀诈害"等行为者，定性为"无赖刁徒"，对这类人，"除原状不准外，将本人送刑部责四十板，照例于长安门外枷一月示众"。三是针对被革被降职官直诉进行限制，同时对民人假托条陈直诉进行规定。四是对告鼓状进行规范，要求必开明情节，不许粘列款单，而状后必须写明代书人姓名，否则均不与准受理。五是民间冤抑，必亲身赴告，如果本身被羁押，其直系亲属可以抱告，如果不是直系亲属，则视为"奸人"，要按照光棍例治罪。

因为《木榜条例》的治罪严厉，也有不便执行之处，更何况登闻鼓衙门只是接受诉状，有讯取口供之责，而无实施处罚之权。所以在康熙七年（1668）申明："以后内外官民，果有冤抑事情，著照例于通政使司登闻鼓衙门告理，叩阍之例，永行停止。"这段话前面的"照例"，就是按照则例规定，后面的"叩阍之例"则是指《木榜条例》，而该条例后来曾经刻为石牌。

康熙十一年（1672），还对官员去登闻鼓厅击鼓直诉做出特殊限制，即凡官员向通政使提起鼓状，审无冤枉者，罚俸六个月，若再称冤具告，降一级调用；若已经革职之官虚称冤枉诉状，交刑部议罚查办。这种直诉如果不关军国重务，已经具有犯罪的性质。

迎车驾，也称为邀车驾，是皇帝出巡时，于车驾行处申诉。《大清律例·兵律·宫卫·冲突仪仗》条规定："若有申诉冤抑者，止许于仗外俯伏以听。若冲入仪仗内，而所诉事不实者，绞。（系杂犯，准徒五年。）得实者，免罪。"而条例规定："圣驾出郊，冲突仪仗，妄行奏诉者，追究主使教唆捏写本状之人，俱问罪，各杖一百，发近边充军。所奏情词，不分虚实，立案不行。"要求提交诉状人远离皇帝的仪仗队，跪在护卫能够看到的地方，将状纸举过头顶，口呼"冤枉"，护卫接过状纸，在适当的机会交与皇帝，而告状人则要交该地衙门受杖罚并关押，等待皇帝批示处理。律内规定伏在边上喊冤是可以的，但要看所诉是否属实；而条例是加重处罚，不分虚实，也就除去皇帝必须审理所告御状的义务。比如，康熙帝南巡到达宿迁，"夹道叩阍者甚众"，康熙帝不是没有听见，但他嘱咐身边的侍卫说："此断不可收览。民人果有冤抑，地方督抚等官尽可申诉。今因朕巡幸，纷纭控告，不过希图幸准，快其私怨，一经发审，其中事理未必皆实。地方官奉为钦件，转转驳讯，则被告与原告皆致拖累，以小忿而破身家，后悔无及矣。"以他的观点，皇帝收受御状，实际上破坏现行的司法体制，应该以德化民，无讼才是统治者的追求，"若以多讼为喜，开争竞之风，俗疲民困，皆由于此"。由此可见，君主对待迎车驾、告御状的态度之一斑。

历代直诉的形式很多，有些为清代所因循，有些则加以禁止，而随着社会经济的发展，还出现新的直诉形式。

如诣阙上书，是汉代的直诉制度，百姓蒙受冤狱可直接上书中央司法机关申冤。汉文帝时缇萦上书诉父冤，终于得到昭雪一事便是显例。据《汉书》卷30《艺文志》载："吏民上书，字或不正，辄举劾"，则可见这一时期的直诉也不是任何人都可以使用的。杜延年以给事中辅佐大将军霍光处理刑罚事务，"吏民上书言便宜，有异，辄下延年平处复奏。言可官试者，至为县令，或丞相、御史除用，满岁以状闻，或抵其罪法，常与两府及廷尉分章"。颜师古认为："抵，至也。言事之人有奸妄者，则致之于罪法。"可见上书不但要严查格式，如果有虚妄，还要处以刑罚。此外还有公车上书及上封事，也是统治者采取的临时措施，并非定制。清代臣民也可以上书陈言，如果想通过上书陈言达到个人目的，也有刑罚处置，《大清律例·礼律·仪制·上书陈言》规定：

> 凡国家政令得失，军民利病，一切兴利除害之事，并从六部官面奏区处，及科道、督抚各陈所见，直言无隐。
>
> 若内外大小官员，但有本衙门不便事件，许令明白条陈，合题奏之。本管官实封进呈，取自上裁。若知而不言，苟延岁月者，在内从科道，在外从督抚纠察（犯者，以事应奏不奏论）。
>
> 其陈言事理，并要直言简易，每事各开前件，不许虚饰繁文。
>
> 若纵横之徒，假以上书，巧言令色，希求进用者，杖一百。
>
> 若称诉冤枉，于军民官司，借用印信封皮入递者，及借与者，皆斩（杂犯）。

除此之外，在条例里还规定"不许虚文泛言"违者治罪，生员不准上书陈言，犯罪官民不许上书陈言，以至于在事例里还规定末职下僚不许上书陈言，这样一般百姓更没有资格上书陈言了。

再有武则天创建的投匦状。垂拱二年（686），"有鱼保宗者，上书请置匦以受四方之书，乃铸铜匦四，涂以方色，列于朝堂：青匦曰'延恩'，在东，告养人劝农之事者投之。丹匦曰'招谏'，在南，论时政得失者投之。白匦曰'申冤'，在西，陈抑屈者投之。黑匦曰'通玄'，在北，告天文、秘谋者投之"。此种方式盛开告密之门，并伴随着使用酷吏以坏法，最终以破坏现有的法制为代价，但有唐一代没有废除。清代虽然没有这种理匦使的设置，但类似的制度却经常为地方官所采用，如自封投柜，在县衙门的院落里摆上几只特制的木柜，柜门用封条封上，顶部开有一个小孔，"纳户自封袋口，柜吏于银袋上填明某图里某人，完纳某项某限银若干，某年月日某字第几号，收役某人。随照式登记流水收簿，眼同纳户穿连入柜，随填串票，付纳户收执"。这是用于收税，为的是不让经手人从中牟利。依据这种道理，有些部门长官也设立这样的柜子，许下属与庶民揭发检举不法事。如户部衙门"有人在大堂供奉斋戒牌案上，庋置包封事件，该部堂官即将原封进呈"。再如清初福建巡按御史李少文（字嗣京），针对所属衙蠹、土豪把持衙门，所以发下牌票，要各州县"即便密加体访，将见役蠹恶，开具事实，星速揭报"。这些庋置、柜子的设置，犹如现代的揭发箱、检举箱之类，王朝虽然没有明确规定，但使用相当普遍，也为皇帝所赞许。

还有封章密奏制，即控告人将所写诉状采用奏章的形式封口后，奏闻皇帝。按照不同的处理方式，可区分为直接封奏与间接封奏。前者是由控告人将奏章密封后径直上呈报告给皇帝，完全避开其他机构或人员的开封启阅，以达到完全保密的目的。这种方式更多地运用在弹劾官吏的不当行为以及渎职违法犯罪，甚至于谋逆行径。而后一种方式，则必须由有关官员代为呈奏，不能由上奏章者直接上呈皇帝，清律规定只有五品以上的地方督抚、司、道官和朝内九卿、台谏官，方可采用此种方式奏报，而一般的官吏及平民百姓，则是绝对不允许采用的，否则，即便其所告属实，对他本人仍要"照冲突仪仗律拟断"。二者虽然在封好诉状和呈递皇帝方面是相通的，但在适用的范围及其程序上则有着明显的区别。嘉庆四年（1799），为了"广开言路"，嘉庆帝"曾有封章言事，即以原封呈览之旨。原以在官而言，防壅蔽而达民隐，非谓民间寻常讼狱，及无稽浮言，皆可直达朕前也"。但他没有想到因此产生弊端，以致"人情险诈万端，于琐屑讼案，不向该管官吏控诉，辄匿名告奸，以期封章上闻。甚至将呈词封固投递，挟制接受官员不敢拆阅，原封入奏"。许多人蔑视官府，动辄以"封章"要挟，"实为刁诈之尤"，"情节尤为可恶"，便勒定新例加以制止，即便是所告得实，也要"照冲突仪仗妄行奏诉例加一等，发边远充军"。如果所控虚诬，则必死无疑，"封章"制度也就淡出直诉的行列。

此外还有密折制度。杨启樵曾经对清代密折制度的效用归纳为：一、官员间相互牵制，彼此监视。二、督抚等大员不能擅权。三、人人存戒心，不敢妄为，恐暗中被检举。四、露章有所瞻顾，不敢直言，密折无此顾虑。五、有所兴革，君臣间预先私下协议，不率尔具题，有缓冲余地。六、以朱批为教育工具，藉此训诲，开导臣工。七、臣工得朱批之鼓励，益自激励上进。八、人材之登进、陟黜，藉密折预作安排。九、自奏折中见臣工之居心制作。十、广耳目，周见闻，洞悉庶务。因为密折带有一定的机密性，有资格上密折都是皇帝特许的部院大臣、九卿、科道和各省藩臬、总兵以上者，因此有清一代的不少大案要案，就是通过密折而加以立案审理的。这种密折虽然不应该属于直诉范畴，但也有直诉的内涵，因为其更有利于皇帝掌控全国的司法审判事务。

另外清代对于叩阍的定义是："其投厅击鼓，或乘舆出郊，迎驾申诉者，名曰叩阍。"叩阍是有严格限制的，只有出现"有机密重事或有重大冤抑，本管官不为受理者""其事干碍州县本官，不便控告者""词状经州县官无故不受理者"等特殊情况，才允许采用此种直诉方式。

总之，清代在承袭以前各代的直诉制度之后，又有所创新。到了近代，由于报纸、杂志及电报的出现，利用这些以达到直诉目的，最终影响到案件裁决的事例逐渐增加，既扩大了直诉的内涵，也使更多的人知情，舆论监督的效用逐渐显现。

也叫上访

　　清代关于京控的定义是："其有冤抑赴都察院、通政司或步军统领衙门呈诉者，名曰京控"。当代的研究将之与叩阍并列，甚至讲"叩阍，又称京控，俗称告御状"。不但将京控纳入直诉来论述，而且不加区别，其误解是明显的。因为《清史稿》已经将叩阍与京控分别定义，如果仔细分析，就可以发现二者有本质上的区别。

　　首先，叩阍是直接告到皇帝之处，无论是拦车驾、登闻鼓、上封章，还是建言、密奏，都是要直达最高统治者。京控则是要经过司法程序，经过有关部门审理以后再"奏闻请旨查办"，不是直接告到皇帝，也就不在直诉范围内，当然也不能够称之为叩阍或告御状。

　　其次，诉讼方式不同。"叩阍奏牍，果系奇冤异枉，曾经督抚问理失实，通政使司、都察院扶同蒙蔽者，当与申雪"。从这里可以看出，叩阍是直诉到皇帝，而接受京控的通政使司、都察院，乃是一个程序，所以有"直隶各省，民有冤抑，许赴原问衙门及部院等控告。如不准行，方许叩阍"的规定。按照乾隆三十四年（1769）议准的事例："外省民人赴京控诉事件，如州县判断不公，曾赴该管上司暨督抚衙门控告，仍不准理，或批断失当，及虽未经在督抚衙门控告有案而所控案情重大，事属有据者，刑部都察院等衙门，核其情节，奏闻请旨查办。其命盗等案，事关罪名出入者，即将呈内事理行知各该管督抚秉公查审，分别题咨报部。如地方官审断有案，即提案核夺，或奏或咨，分别办理。若审系刁民希图陷害、捏词妄控、报复私仇，即按律治罪。其仅止户婚田土细事，则将原呈发还，听其在地方官衙门审理。"可见京控案件须经督抚以下各级衙门控告，各衙门或不受理，或审理不公，当事人可以赴京控诉。"如未经在籍地方及该上司先行具控，或现在审办未经结案，遽行来京控告者，交刑部讯问，先治以越诉之罪"。显然这是一个司法程序，应该属于上控性质，而不是直诉。

再次，京控案件要由都察院、步军统领衙门接收呈词。因此每年由都察院会同步军统领衙门，"两次将咨交未结各案，汇开清单奏催"。光绪九年（1883），鉴于仅步军统领衙门"每两月将京控咨交数目具奏"，"其都察院京控之案，并不知照刑部"，因此议准"都察院及步军统领衙门每年接收京控之案，无论奏咨交审，均一律开单咨部，以凭稽核。显然接受京控以后，要咨刑部与上奏皇帝。正因为如此，容易造成京控与叩阍的混淆，更何况有些皇帝本着"凡有赴京控告者，无不钦派大臣前往审办"的态度，虽然这些钦差"间有骚扰之事，亦不肯因噎废食，不行派遣，致小民含冤莫愬也"。所以许多学者将京控与叩阍等同，甚至根本不加区别，但毕竟二者存在很大的差异。

此外，京控与叩阍案件在处理程序上存在差异。除了上述讲到京控案件派遣钦差大臣前往审理之外，按照程序，有"该衙门有具折奏闻者，有咨回各省督抚审办者，亦有径行驳斥者"。而叩阍则不同，如嘉庆帝出巡盛京，"跸途往返，旗民人等在道旁叩阍呈诉者，不一而足。当交军机大臣会同行在刑部，审讯录供具奏"。显然处理程序也不同，因此不能够将京控与叩阍等同来论。

最后，京控与叩阍的刑罚处置不同。以投递封章而言，《大清律例·刑律·诉讼·越诉》条例规定："军民人等控诉事件，俱令向该管官露呈投递，倘敢呈递封章挟制入奏，无论本人及受雇代递者，接收官员一面将原封进呈，一面将该犯锁交刑部收禁。"薛允升认为："此条诬控之罪轻，呈递封章之罪重，故所告得实，亦拟军罪"，也就是"不准呈递之意，接收官员一概驳回可也"。另外，条例还规定："擅入午门、长安等门内叫诉冤枉，奉旨勘问得实者，枷号一个月，满日，杖一百。若涉虚者，杖一百，发边远地方充军。其临时奉旨止拿犯人治罪者，所诉情词，不分虚实，立案不行，仍将本犯枷号一个月发落"。"凡跪午门、长安等门，及打长安门内石狮鸣冤者，俱照擅入禁门诉冤例治罪。若打正阳门外石狮者，照损坏御桥例治罪"。而假以建言为名，突入鼓厅，妄行击鼓等，都是比附其他的罪名处罚，并没有按照越诉处置。京控则不同，《大清律例·刑律·诉讼·越诉》条例规定外省民人赴京控诉案，如果"仅止户婚田土细事，则将原呈发还，听其在地方官衙门告理，仍治以越诉之罪"。军民人等"如未经在本籍地方及该上司先行具控，或现在审办未经结案，遽行来京控告者，交刑部讯明，先治以越诉之罪"。显然是按照越诉罪来处置，即便是可以比附其他罪名，也是因为在京控过程中有过激的行为。

总之，清代律例允许京控，在一定程度上给予百姓申诉的途径，而民告官的胜诉，更加激起百姓京控的热情，也使各级司法官吏知有所畏，不敢过分地胡作非为，起到缓和社会矛盾，维护社会秩序稳定的效用。然而，统治者对于京控的偏见，以及官吏们的不作为，在京控案件日益增多的情况下，所造成官民两困，也成为难以解决的社会问题。

开籍与抄家

　　抄家是中国古代长期存在的刑罚。大体上是王朝在对一些刑事犯罪，除了判处笞、杖、徒、流、死等刑罚以外，往往附带处以一定的罚金，作为给受害人的物质赔偿（如常见的烧埋费、汤药费等），或直接没入官库。但除了对大逆、谋反等十恶不赦的人犯以外，是极少采用抄家办法的。对什么人和犯什么罪应予抄家惩处，《大清律例》并无明确的条款。从分散在中国第一历史档案馆、台北故宫博物院文献部的《上谕档》《内务府奏销档》《军机处朱批奏折·内政职官类》《法律类》《六科史书》等档案中，可以看到皇帝宣布某些官僚贵族的罪行，决定治罪并抄家的谕旨；奉派前往执行查抄任务的大臣或地方官奏报查抄经过；还有查抄财产的清单和对这些财产的处置等。处理方式有些是依据《大清律例》，有些则出于"圣裁"，处置过程所体现的政治与经济因素，值得思考。

罪当如此

抄家也称为"籍没""抄没"，其特点是加大惩罚力度，不仅是以罪犯本人为对象，而是扩大到罪犯的家庭，乃至于家族。抄家也不仅仅以财产为对象，还包括犯罪者家庭或家族人口的命运。凡是被判决抄家者，其决定权并不在刑部、三法司、督抚等主管司法的部门和人员，要取自上裁，由皇帝掌握最终的裁决权。

清代对重大犯罪实施抄家处罚是比较普遍的，其中对官员的抄家更是超过以往的朝代。这是因为满族在国家形成的过程中，上层统治者有相互兼并财产部属的习惯，在王朝建立过程中又与中国历代王朝皇权无限的传统结合在一起。因此可以说对官僚贵族的抄家既是当时权力和财产再分配的形式之一，也是官僚贵族们盛衰沉浮的标志之一。

早在入关前后，满洲皇族内部，即在努尔哈赤诸子兄弟叔侄褚英、代善、莽古尔泰、皇太极、阿敏之间；其后在多尔衮、阿济格、多铎、豪格、索尼、济尔哈朗、硕托、阿达理之间，一直就存在复杂尖锐的矛盾，互相倾轧几成习俗。褚英、阿敏、索尼等获罪后，原属他们统率的军队，所拥有的金银财宝、牲畜、奴隶，都被继起的掌权人所占有。如多尔衮最盛的时候，除了直接统率正白、镶白两旗外，还严密控制住正黄、镶黄两旗，当时称为"节制四旗"，即掌握着满洲八旗军力的一半，而且都是精锐。但到他死后被削爵追究罪责时，除了正黄、正白、镶黄三旗军队被收归皇帝直辖，成为"上三旗"外，多尔衮及其弟阿济格，还有何洛会、胡锡、刚林、谭泰等亲信都被抄家。顺治帝在查办多尔衮的上谕中讲："其所用仪仗音乐及卫从之人，俱僭拟至尊。盖造府第亦与宫阙无异，府库之财任意，靡费，擅用织造缎匹，库贮银两珍宝不可胜计。"不但指斥其生前的仪仗、住房、穿戴、用具都超过规定，属于"僭用"，而且将多尔衮当政时，把皇上侍臣伊尔登、陈泰一族及所属牛录收归该旗下也当为罪状，于是要以其人之道还治其人之身，所以要抄家，而许多亲信也被籍没家产，还将有些人的妻子发配为奴。当年多尔衮主持抄了索尼、阿敏等人的家，如今顺治帝又抄了多尔衮等人的家。抄人家又被人抄家，成为满族统治集团在政争中的胜败，以及权力交替的明显标志。

在历史档案中，康熙、雍正、乾隆、嘉庆、道光等时期的抄家档案存留较多，其间发生过许多重大的抄家案件。据笔者查阅及抄录的 300 余件抄家档案，再结合清代的律例，将这些抄家案件粗分为五类：

第一，皇帝对当时最有权势的大臣采取断然措施、逮捕处死并予以抄家的。这类当属康熙八年（1669）逮捕并永远囚禁原首席辅政大臣鳌拜；雍正三年（1725）赐大将军年羹尧自尽；嘉庆四年（1799）处死首席大学士和珅等最为著名。他们被处置和抄家，都发生在新皇帝上台不久，正在权力交替和巩固权位的过程中，显然是出于从政治上加强皇帝专制权力的考虑。值得注意的是，这三个人被处罚并抄家，并不是以政治上的罪名，而是按照经济案处置的。

第二，由于违反法纪而又失去皇帝信任的官员。不论是中央的内阁、军机处，还是部、院、寺、监、府的大臣或宗亲贵族，抑或对地方上省、司、道、府、州、县官吏，一旦有违法乱纪行为，往往都籍没抄家，而督抚等大员的抄家单往往是几次上报。在收集整理清代嘉庆以前被朝廷惩处的中央和地方一、二品满汉军政大员 132 人共 109 件经济犯罪案件时，发现除年羹尧（92 款重罪）、蔡珽（18 款重罪）、隆科多（41 款重罪）、延信（20 款重罪）、和珅（20 款重罪）等少数人，被认为是因为政治的原因而牵涉到经济犯罪外，其他均被认为是受贿、勒派、克扣、挪用、侵贪等经济案件。这些案件涉及司法审判、行政管理、教育科举、经济活动、军事用兵等领域。132 名大员中，地方官员有 109 人，占 82.6%，督抚占大多数。在抄家单上查到的督抚有：康熙时云贵总督蔡毓荣；雍正时直隶总督李维钧、甘肃巡抚胡期恒、四川巡抚蔡珽；乾隆时浙江巡抚卢焯（后被赦免，再任陕西巡抚时被二次抄家）、江南河道总督周学健、署理湖广总督塞楞、陕甘总督永常、甘肃巡抚鄂昌、云贵总督张广泗、河东河道总督李亨特、直隶总督杨灏、湖南巡抚蒋炳、江苏巡抚庄有恭、广西巡抚钱度、云贵总督李侍尧（后被赦免，再任两广总督时被二次抄家）、直隶总督杨景素、浙江巡抚王亶望和陈辉祖、四川总督靳尔瑾等；嘉庆时云贵总督鄂辉及富纲、陕西巡抚秦承恩、河南巡抚毕沅、浙江巡抚琅玕、湖北巡抚常明等。高级官员犯罪的原因非常复杂，被惩处的理由也不尽相同。一方面是"贿赂公行，已成积习"，有主观和偶然的因素；另一方面是专制君主独揽大权，但也不能不赋予官吏以一些权力。"一种权力不过是国家的一般意志，另一种权力不过是这种意志的执行而已"。君主授予官吏的权力是执行自己的意志，但官吏拥有权力，就可以凭借权力攫取自己的利益，于是便有"属官情愿送礼"，亏空库银或因公挪用，军需紧急"并非侵蚀"等非正常情况发生。如果忤逆于君主和上司，除了依律定罪，还要"从重归结"。在驾驭与反驾驭的过程中，实际上是各种政治势力的较量，而不是认真履行法律。

第三，有关"文字狱"的抄家案件。"文字狱"不是清代特有的，但对"文字狱"涉案者采取广泛株连和籍没抄家，可以说是清代的特色。康熙时期的庄廷鑨"明史案"，杀了70多人，连刻书、买书的人也不放过；戴名世《孑遗录》的"大逆案"，逮捕200多人，连早已死去的方孝标也被剖棺戮尸。雍正时期的汪景祺"文章讥讽案"、钱名世"名教罪人案"、查嗣庭"科场试题案"、陆生柟《通鉴论》案、谢济世注《大学》案、曾静和张熙"谋反"案等，都是著名的"文字狱"大案。乾隆时期的《字贯》、著作、家谱诸案迭生，而"伪孙嘉淦奏稿案""徐述夔一柱楼诗案""胡中藻坚磨生诗钞案"等更扩大打击面。这祖孙三代皇帝大搞文字狱，在社会上造成很大的恐怖。这类案件查抄重点是图书、著作、诗文稿、来往书信等，对其他财产是先封锢，如乾隆帝批复直隶总督袁守侗报告查抄尹嘉铨原籍住宅经过的奏折中，对其财产要求"此皆不必动"。

从原故宫博物院文献馆 20 世纪 30 年代编的《清代文字狱档》来看，几乎每案中都有"严查有无违碍应缴书籍"；"细查有无不法字迹，片纸只字不得遗留"；"即墙壁窟穴中亦必详检无遗，倘致透漏风声，伊家得以藏匿，惟尔等是问"等批示。"文字狱"抄家重点虽然不在财产，但涉案者的家族，乃至宗族人口被籍没，或流放，或发配为奴，比一般抄没财产更凶残。

第四，因为各级官府仓库亏空钱粮数额巨大，责任者不能依限还清亏欠钱粮而被抄的。清代府库出现亏空，先由亏空官本身追取，因此要先将亏空官任所及原籍财产查封，勒令完补，如果亏空官家产尽绝，著落保题之上司官均行赔补，所以在亏空案中被抄家的很多。在这类抄家案中，比较引人注目的是内务府人员。内务府是为皇帝、皇族、宫廷的生活服务的机构，直属于皇帝，其下辖有广储司、都虞司、掌仪司、会计司、庆丰司、慎刑司、营造司等七司，上驷院、奉宸苑、武备院等三院，此外还有三织造处（江宁、苏州、杭州）、三旗参领处、掌关防处、三旗庄头处、养心殿造办处、武英殿修书处、御茶膳房、升平署、御药房、咸安宫官学等诸多附属机构，而分置在各地的盐政、织造、海关监督等，大部分是由内务府人员来担任的。盐政、织造、海关是第一等肥缺，担任这类职务的官员，不但要认真揣摩迎合皇帝的喜好和需要，随时贡献各种奇珍异物及巨额金银，还必须给予中央和地方上有权势的部门和人物一定的分润，本身更是奢侈腐败。这些官员及其家族骄奢淫逸的生活方式，曾经受到时人的艳羡，但到头来亏空公款的额度愈来愈大。这类被抄家的内务府差委人员，少者亏欠"内帑"数万两，多者高达数百万两，显然是不能够满足各方面的需索，对皇帝也贡献有缺，于是被抄了家，以家财赔补历年积欠，与《红楼梦》作者曹雪芹有关的曹寅和李煦就是这样的下场。当然，因为亏空而被抄家顶债，不仅仅是经济上的原因，其中还有明显的政治原因，但引起曹、李两家被抄家清产的直接原因还是存在着巨额的亏空。《内务府奏销档》所载被抄家的，如雍正时粤海关监督祖秉圭；乾隆时苏州织造安宁，两淮盐政伊龄阿，管理荆关税务丽柱，淮安关监督伊拉齐，杭州织造隆升，粤海关监督郑伍赛、李永标、德魁；嘉庆时淮关监督及长芦盐政李如枚等，都被撤职、判刑和抄家。他们之中固然不乏巨贪，但也有被誉为"操行洁白，吏役欺罔，时加戒饬。捐廉优恤，以示鼓舞"的廉吏，如淮安关监督伊拉齐等。翻阅这些曾经豪奢一时者的抄家清单，再与史料对照，发现他们财产与开销根本就不成正比。如乾隆四十五年（1780），在南巡至扬州时，行宫设在天宁寺，仅二月十五日的一顿饭，两淮盐政伊龄阿就提供了饽饽、安膳桌、银葵花盒小菜、银碟小菜、粳米干膳、额食、奶子、领炉食、盘肉、羊肉四方等 15 桌菜肴；此外前来觐见的督抚以下官员还有 20 桌。号称不扰民的乾隆帝，没有吃伊龄阿提供的饭菜，由左右人亲自烹饪，其菜品有燕窝肥鸡丝热锅、火熏东坡鸭子、鹿筋酒烧鸡冠肉、羊肉片、炒苏蛋、春笋炒肉、蒸烧肥鸡羊乌叉、象眼小馒首、白面丝糕糜子米面糕等，这些材料当然要由两淮盐政伊龄阿提供了。此一餐真不知要花费多少中人之产，伊龄阿又如何不亏空？最终结果，不但这些官员难免抄家，就是与他们打交道的"皇商""盐商""洋商"，也不能够幸免于抄家籍没。

第五，因为谋反、叛逆、暴乱等反抗朝廷的团伙，罪大恶极而手段残忍的杀人犯。业师韦庆远先生在 20 世纪 70 年代主编的《康雍乾时期城乡人民反抗斗争资料》中，对这一时期的农民、奴婢、手工业者、城镇商民反抗地主、奴隶主、雇主、奸商、贪官等资料进行分类汇编。清王朝在处置这些案件时，往往以"谋反"罪名实行严厉打击，抄没家产和人口也是常见的。第一历史档案馆藏《刑科题本》，也有许多"谋反""谋逆"的案件，大多数被籍没财产人口。这类涉案人员因为财产无多，所以在田产入官以后，人口多被发遣或发配为奴。此外，在平定三藩、准噶尔贵族叛乱、大小金川等战役过程中，对叛乱者的财产人口也实行抄没。

把抄家档案分为五大类，实际上也不能够反映出抄家案件的全部内容，更不能够用来分析其中复杂的案情，也很少能够看到是依据什么法律裁断的。因此，必须要知道清代的法规体系，了解案件发生的政治与社会背景。

活罪难脱

清代律例规定的抄没刑罚，主要针对威胁到王朝统治的罪犯，而对于犯有重大罪行的各级官吏和贵族，与官府有密切关系的皇商、官商人等，以及文字狱中的"思想犯"，反抗王朝统治和破坏王朝统治秩序的反叛者等，也有抄没的规定。这些罪犯在刑罚之外都有籍没抄家。当然，也有在定案判罪之前即谕令籍没抄家者，这乃是搜获罪证和扩大株连的必要手段。

清顺治三年（1646）奏准，四年（1647）颁行"顺治律"以后，经过70余年，于雍正元年（1723）开馆修律，三年（1725）颁行《大清律集解附例》，勒定清律436条的规模。乾隆元年（1736）再度开馆修律，五年（1740）颁行《大清律例》，此后律文基本不改，一直延续到清末修律。

在律文中，有关抄家在"给没赃物""隐瞒入官财产""谋反大逆"等条有规定。如"给没赃物"条，对贪赃枉法、私藏违禁物品、恐吓和诈欺取财、科敛和求索等行为，要将赃物及违禁物品籍没入官；对谋反、叛逆者不仅仅籍没财产，还要家口缘坐；对一般犯罪给别人造成损失者，追罚钱财，但不籍没财产。凡是籍没的财产，官物还官，私物还主。为此，律文还规定估赃的标准，一般物品按中等物价估定，雇工按一人一日的工钱计算，牛、马、驼、骡、车、船、碾、磨、店舍等按雇赁价值计算。"隐瞒入官财产"条规定，谋反、谋叛、奸党等在"十恶"的罪犯，要抄没人口、财产，如果在抄没时有隐瞒财产和人口的行为，要予以治罪；对同情隐瞒的里长、知情的官吏也要治罪；对举报的人，如果举报得实有赏，举报不实则有罚，不举报则处以笞 50 以下的刑罚。"谋反大逆"条，除谋反正犯凌迟处死之外，其家族、宗族 16 岁以上的男子皆斩，15 岁以下的男子及所有女子（嫁人除外）都给付功臣之家为奴，财产入官。"谋叛"条，谋叛者不分首从皆斩，本家人口给付功臣之家为奴，财产入官，家族则流放。

康熙九年（1670），另行修订"刑部条例"，别自成《现行则例》，收有例文 290 条，从《大清律砗注广汇全书》及《古今图书集成·祥刑典》来看，则是将当时 458 条律文分别加以纂注，并在其后增加了比附条例。康熙十八年（1679），颁布上谕指出："于定律之外，附设条例。"要求在定律之外，所有条例应去应存，著九卿詹事科道会同详细加酌定确议。经遵旨议定，在《大清律集解附例》之外另定《刑部见行则例》，在康熙二十九年（1690）再次刊行时，则名为《刑部新定现行则例》。根据康熙的指示，命图纳、张玉书等为总裁，将律文则例，删定改正，汇为一书，而《刑部见行则例》之撤销，即始于此，自后终有清一代，各部署皆有则例，刑部但有《通行则例》与《章程》。不复以则例见称矣。乾隆五年（1740）以后，形成五年小修、十年大修的修例制度。律与例并行的用意是：

"律为一定不易之成法，例为因时制宜之良规。故凡律所不备，必藉有例，以权其大小轻重之衡，使之纤悉比附，归于至当。"清代条例庞杂而烦琐，每次修例皆以前次为基础，进行修改、修并、移改、续纂、删除等技术手段处理后，例的数量和内容随时都处在动态的变化之中。例在法律上处于优先的地位，这是清代法律的一个特点，此点非常重要，不可忽视。研究清代法律不能忽视条例，否则不但不了解法律的具体运用，还会发生错误。

涉及籍没抄家的条例很多，仅据上列律文所附条例来看，"给没赃物"经过修改、修并、移改、续纂、删除者就有34条，"隐瞒入官财产"有9条，"谋反大逆"有10条，"谋叛"有20条。这些条例在很大程度上补充律文之不足。如"谋反大逆"的条例一，对反逆案内干连流犯的无子之妻免流；条例二，对反逆案缘坐男犯15岁以下者送交内务府阉割，10岁以下则监禁到11岁再交内务府阉割；条例三，明确了缘坐16岁以上男犯发配为奴，妇女及男10岁以下给官为奴，男11—15岁则监禁到16岁，再发配为奴，而不再将他们阉割；条例四，反逆案内凌迟之犯的子孙交内务府阉割后发配为奴，10岁以下者监禁到11岁再阉割发配为奴，缘坐妇女发各省驻防给官员兵丁为奴。条例五，是比照反逆案的亲属，不阉割为奴，均改为流放；条例六，比照大逆定罪的罪犯不知情之祖父、父母无罪释放；条例七，比照反逆定罪的罪犯，其不知情尊长免缘坐；条例八，被怀挟私嫌诬陷者，不能够以缘坐律问拟；条例九，凡是比照反逆及谋叛定罪的罪犯家属一概免其缘坐；条例十，已经给功臣为奴的人犯，主人不能养赡，则发配为奴。从这 10 条来看，与律文相比，多数是属于从轻处置，也有从重处置，而从例不断修订的情况来看，"条例则多从宽典"，在逐渐减少缘坐的情况下，缩小了打击面。

清代律例适于使用的同时，与律例相关的各部、院、寺、监、府的"则例"是当时的行政准则，在政务具体执行过程中起到重要的作用。其中与抄家籍没财产人口有关的，当属《吏部处分则例》《督捕则例》《理藩院则例》中的一些规定。则例侧重于行政处分，即以罚俸、降级、革职为处分，如果则例中规定"议罪"，这就是行政处罚之外还有刑事处罚。由于刑事处罚与行政处罚分属不同的部门，在具体实施过程中，还有各部门之间协调的问题。比如说《吏部处分例·亏空分赔》规定，一旦出现府库亏空，就要将本犯拟罪监追，勒限完补，在勒限期间，要先将其家财产查封，如期不能够赔补足额，再查封其家族、宗族财产，到期这些财产不能抵充亏空，则要各上司赔补。再如《督捕则例》是在众多则例中属于影响较大的，其与律例虽然侧重方面有所不同，但更重要的是彼此相互关联融通。例如，"窝逃及邻佑人等分别治罪"条，自顺治五年（1648）至顺治十四年（1657）修订 9 次，是专门针对窝家而言，从最初"窝家正法，妻子家产籍没给主，仍给一分与出首之人，邻佑十家长等，各责四十板，流徙边远"的严厉刑罚，逐渐调整为不株连分家之父子兄弟，窝家免死板责同妻子一并流徙，十家长减责为二十板，窝逃人的家产给予逃人之主，房地入官，两邻、十家长也要受到板责。顺治十一年（1654）又开始重惩窝家，不但要将窝家的家属人口充发盛京，还对两邻、十家长、该管官施行罚银给逃人之主及出首之人，窝隐逃人本犯正法，家产房地入官，两邻各责四十板流徙，十家长责四十板，所罚之银入官；旗下人窝隐逃人，不但要鞭一百，还要罚银。顺治十三年（1656），十家长也要责四十板流徙。顺治十四年（1657），窝犯免死板责刺字，家产人口给予八旗穷兵，并强调地方官、地邻的责任。9次修订既反映缉捕逃人宽严变化的过程，又反映统治者对待窝家的态度，不将窝家正法，而没收窝家的财产，窝家及相关责任人的流徙充发，使八旗奴仆的来源增加。另如《理藩院则例》中规定在蒙古地区犯偷窃、强盗、发冢、采参、捕猎、杀人、放火等罪时，妻子畜产都将被籍没，不是给予事主，便是给予台吉，人口都被罚为奴，而当清王朝对蒙古地区控制力加强的时候，籍没财产给事主或台吉，人口则发遣西南或内地当差。凡此，都可以看出清代法规的多民族色彩，以及政治与法律制度所表现出的张弛有度、刚柔相济的特点。

事例的形成源起于律例所涉及的事和案。日本织田万认为："清国成文法乃既饶多，不文法之势力亦且极其大矣。"通过颁行事例，以划归一，以儆官邪。事例的形成有一定的程序，最终由君主颁行谕旨或批准遵行，充分体现着皇权至高无上的权威，体现着君主专制的高度集权。关于抄家籍没财产人口的事例也很多。例如，顺治十五年（1658）定：镶黄等三旗有籍没家产者，交与内该管衙门；顺治十八年（1661）复准：除五旗重犯籍没家产，俱交各该都统、副都统拨给本旗外，其三旗重犯籍没家产，免交内该管衙门，交与该都统、副都统等请旨拨给；康熙七年（1668）复准：凡犯军机籍没家产者，除婢姜外，仍给予人口三双，牛马各三匹并器械等件。

这反映出时代的特点，早期全部籍没而不留任何财产，后来给予一定的生活物品。再如，顺治时整饬吏治，凡是隐匿欺蒙钱粮款项，全部杀无赦，还"行籍没人口入官，家产充告发之赏"。贪官"受赃至十两以上者，不分枉法、不枉法，俱籍没家产入官"。另如，康熙初年，对喇嘛教实行严格管理，凡是喇嘛不领度牒，私收人为班第（喇嘛最低级，相当于徒弟），便将"喇嘛处绞，家产籍没"。凡此，都说明事例的时效性。在位的皇帝颁布事例以后，其效力高于所有的法律，但随着时间的推移，统治者虽然没有明令废除该事例，但已经很少或根本不再援引了。

清代的省例是以地方性事务为规范对象，以地方行政性法规为主体，兼含少量地区性特别法的一种法规汇编，在各地司法、行政过程中具有重要作用。"省例则因地制宜，故凡一州一县议详之事件，足为程式者，皆采列，颁之全省，通行各属"。因此"省例的设置，其首要的目的是因地制宜，结合各地方的不同情况作出便于执行的规定"。省例作为朝廷法律的实施细则和补充规范，总体上与朝廷法律保持一致。但各省例在不悖于朝廷基本精神的前提下，也存在不少差异。

章程是律例之外的"通行"，补律例之所未尽，其特点是详于案而略于例。仅以《刑部通行章程》而言，就载有1838—1892年通行的行催汇题、窃毁电线、严禁非刑、酌议会匪、变通叩阍、监禁、扒窃、阵亡、军流脱逃、禁止滥用非刑、禁止吕宋赌票、京控、蠹役正法、军流徒犯脱逃解役、禁止待质公所、停解军遣、咨题案咨复限期、私铸银钱、严定武官扣饷缺额、缉捕盗贼、严禁非刑、盗墓未得财、整顿刑名、捉人勒赎之犯拟入情实、就地正法等百余种章程。王钟翰先生认为章程编纂性质不外 7 种：一曰绅绎例意；二曰申明定章；三曰比例不能划一而折其衷也；四曰因援引尚涉狐疑，而申其议也；五曰酌量办理，而成式可循也；六曰系暂时变通，而非永著为例也；七曰虽经言官奏请，大吏条陈，因而酌改旧文，创立新例，尚未纂入条例也。这是就刑部通行章程而言，而各部门及地方勒定的章程，与现代的章程性质基本相同，在本部门及地方具有很强的司法效力，在一定时期和一定地域，发挥非常重要的作用。

成案，乃已成之案，是"国家之章程有定，而人事之变迁无穷，其有事出非常时，或为律所未及详者，则必议之群司，综诸宸断神明于律，而不谬于律，著为定例，以诏来兹"。所以成案"俱系例无专条、援引比附加减定拟之案"。在形式上，"成案是一种不成文的法律形式，是由各部或各省对某些典型案件判决的先例汇集而成的"。在本质上，成案，非正案，是根据律例而加减比附形成的案件判决。成案"至迟在明代已经出现了"，清康熙年间就有"成案之多亦不啻数千"。乾隆以后"随着司法权的下移，大量的成案被称引比附，并大有代例而行的趋向"。虽然成案在此期间是否有代例而行的趋向还尚待例证，但是此段时间在司法审判大量征引比附确实是一种显著的现象。每一个案件都是一个综合复杂的情况，不可能通过简单的援引律例就可以分清责任，依法惩处。"今时律之外有例则已，备上下之比，而仍不能尽入于例，则又因案以生例，而其法详焉，故断狱尤视成案"。成案的成因是源于案情判决在律例之上无法寻找到合适的专条而加以征引，"其最善者莫如比照加减成案，事略而尽，文简而核，可以辅律例之未备"。所以"成案是在律例没有规定之情况下适用的，目的是为了弥补成文法律的盲点"。比如说在道光五年（1825），北京城内查获一起置买黄袍穿戴的罪犯张浡，这种行为要依照谋大逆律则凌迟处死，如果按照大逆罪就要籍没全家，但该人是"村野编氓"，所以"家属免其缘坐"，显然是从情节上考虑。

此外中央部院衙门和地方官府颁布的禁约、告示、条约、告谕、檄文等可以统称为"禁约"。从管辖范围来看，其效力是不能够出本辖区，但一些具有普遍意义的禁约，往往会影响到其他地方。由于禁约是根据现实存在的问题，有针对性地制定出来的，既有约定俗成的惯例，也有申明律例的内容，有些经过整理汇编，可以成为省例，甚至经朝廷认可，成为固定章程，所以即便是部院衙门与地方府稍有过激的处置，在朝廷及上司默许的情况下，也不属于违法。

由上可见，清代法规体系是以律、例、则例、事例、章程、成案等为主，以中央部院衙门和地方官府颁布的禁约为辅，构建了彼此相连的法规体系，因此在分析具体案件的时候，就要全面了解有关法规的逻辑结构，才能够深刻认识司法运行的动态和变化。

钱去哪儿了

抄家案件除了反抗王朝统治的"谋反""叛逆"等重大事件所涉及的罪犯之外，其余案件大多都有政治方面的原因，既有复杂的人际关系，又有相互倾轧，还有君主的喜恶爱憎，同时也反映各级官僚贵族的一般财产和生活状况，还涉及抄没财产的分配管理等问题，在具体处置上也存在比较大的差异。相同的罪行而不是相同的处置，从一些曾被抄家官员的处罚来看，明显区分为严惩、减等、从宽三种类型。

严惩是刑部等衙门会议拟罪以后，由皇帝直接核准，或皇帝在臣下拟罪以后加等的案件。这类案件不但查抄掉全部财产，而且还要籍没直系亲属。从批复的谕旨看，往往明确写着："妻子俱充发某某地与披甲人为奴"，或"给驻防兵丁为奴"，甚至"给力能管束之回子为奴""充当折磨差使"，还有"妻子俱籍没入辛者库"。所谓"辛者库"，是满文的音译，为内务府管辖的包衣组织，辛者库人为包衣管领下食口粮人，而被籍没的人口则为"缘罪入辛者库"，属于被监管的对象，原来是宗室贵胄或达官显宦及眷属，一经被拨入辛者库，便沦为比一般包衣门下更为低贱的身份。当然，被籍没入辛者库的人，都是旗人，汉人及其他民族则发配为奴或罚充苦差。

减等则是臣下拟罪较重，皇帝谕旨予以减轻一定的处罚。如臣下拟罪籍没家产人口，谕旨略给加恩，如"妻子免入辛者库""妻子免其为奴"等。这样即便是财产被抄没，眷属的身份不变，旗人可以继续领钱粮，非旗人可以参加科举考试，也算是"恩典"。

从宽是在臣下拟罪并要籍没家产人口时，皇帝从宽免于人口籍没为奴，并且给予一定的养赡银两，当事人则从宽免死。如已故直隶总督杨景素被抄家时，乾隆帝在查抄奏折上亲笔批示："著加恩将伊家产内酌量拨给三四万两俾资养赡，其余分别估变解京。"这是因为杨景素已死，所以格外开恩，当时查抄其财产有20余万两，给还三四万两还可以让其子孙为富家翁。不过乾隆帝并没有满足，在他看来，"杨景素久历外任，贪黩营私，其原籍赀财，必不止仅有此数"。直到三四年后，还继续清查其家族财产，并令其子承修河堤城垣工程。就是这样的"加恩"，皇帝也很少使用。

严惩、减等、从宽都取决于皇帝，这与皇帝的好恶有很大关系。以乾隆二十二年（1757）云贵总督恒文勒卖黄金勒索属员案来说，恒文与云南巡抚郭一裕都向皇帝进献金手炉，因向下属派购黄金的价钱不公道，以致全省沸腾。郭一裕惧怕事发牵连自己，便先发制人进行密奏，于是历时半年多的案件审理开始了。乾隆帝派钦差刘统勋前往查案，恒文供出是郭一裕出主意打造金手炉送给皇帝，并非仅本人压价购买黄金。问题是郭一裕不承认给皇帝送礼，而恒文却死称为了给皇帝送礼。在审理过程中，两人的任所及原籍家产都被查封，恒文财产估价 37466.877 两，郭一裕财产估价 40809.65 两。刘统勋依照律例拟恒文罪为绞监候，郭一裕杖一百、流三千里。然后由三法司核拟具奏，同意刘统勋的依律拟罪。接下来就要由皇帝做出最后裁决。乾隆帝认为对恒文的处置太轻，"著派侍卫三泰、扎拉丰阿，驰驿前往，于解送所至之处，即将此旨宣谕，赐令自尽"。郭一裕则革职，"从宽发往军台效力，以为大吏鄙琐者戒"。乾隆帝完全没有依照律例的规定，其中隐情，明眼人都能够看出，因为恒文"以进献为名"，将短价勒属的罪责推到皇帝身上；郭一裕不承认有"进献"，只是"惟以声色货利，殖产营运为事"，没有将责任推给皇帝，当然可以有"朕格外之恩"。不死便有起复的机会，几年以后河南按察使空缺，乾隆帝"著郭一裕补授"。

从本案审理过程，可以看到在错综复杂的案情，在各种人为因素面前，法律规定也变得模糊了。一般情况下，案件审理应该依照法律程序进行，但皇帝的态度决定案件审理的进程，皇帝喜怒及对全局的掌控又直接影响法律的适用。所谓雨露雷霆，恩威并济，一切都在皇帝掌控之中。如果将恒文案与李侍尧案比较，就可以发现，乾隆帝为了顾全自己的脸面，在惩处过程中根本不是什么折衷至当。"李侍尧身为大学士，历任总督，乃负恩婪索，盈千累万，甚至向属员变卖珠子，赃私狼藉。如此不堪，实朕梦想所不到。不特朕用人颜面攸关，即各省督抚闻之，谅无不惭愧痛恨矣"。其顾全的是情面，但李侍尧即使被判为斩刑，也没有讲出自己向乾隆帝进贡之事，而恒文却为了脱罪反复讲自己所为是因给皇帝进贡，两者孰生孰死，也就显而易见。史论云："侍尧眷遇尤厚，屡坐赃败，屡屈法贷之。盖特怜其才，非以其工进献也。"史称其才，而规避"进献"，实际上是清朝遗老遗少为"尊者讳"，如不进献，乾隆帝何能屡屈法贷之？李侍尧承认的赃私数量与抄没财产数量相比，抄没财产不及赃私的1/3，其余2/3都流向何方？不工进献才算怪呢？也就无怪乎乾隆帝惩贪鲜有成效了。

从涉及到政治经济等多种因素的重大抄家案件处置来看，按照律例规定，应该说政治因素高于经济因素，但在具体审判过程中却只谈经济因素，淡化政治因素，多是采取"政治案件经济办"，既显示出法律为统治者工具性的特点，也表明政治斗争复杂性的特点。"不有废也，君何以兴？欲加之罪，其无辞乎？"（《左传·僖公十年》）君主权威低落，这是专制政体所不允许的，如果是权侔人主，必须将之除去，才能够确立君主的威严，也是帝王兴起之道，但如何处置，却是"君临之术"的重要内容。那么淡化政治犯罪而重惩经济犯罪，就成为君主及时了解和掌握政治全局，调整官制，予夺权势的重要手段之一了。比如说年羹尧有大逆、欺罔、贪渎等92款重罪，是震动全国的政治案件，雍正皇帝有许多批示，而于贪污而论，有贪黩之罪18款、侵蚀之罪15款，计有33款之多，是属于经济犯罪。政治罪是触犯皇权，完全可以依照君主的旨意将之定罪处死，但这样便会引到君臣关系上来，即便是君主绝对正确，在某些方面还会给人以皇帝不能够容人的感觉，因此明智的君主，从来不以政治罪来处置大臣。既然不以政治罪论处，其经济罪便会被提出来。年羹尧经济方面的犯罪就有33款之多，因此雍正帝仅以贪污来论罪。以经济罪论处，远比政治罪有说服力，因为其有贪污银两及物品，乃是证据确凿，不容否认。这也是历代在处理权臣大案时，以政治罪定名少、以贪污罪定名多的原因之一。年羹尧及和珅案的处理则证实了上述论断。

君主专制中央集权制度实行的是奉上安下的体制，在奉上的环节常常会出现欺骗上、蒙蔽上、取悦上等变数，这一点在抄家案件中表现得尤为明显。从大量的抄家单来看，虽然是大如金银、土地、房产、商店、放债的借券，小到锅碗瓢盆、布衣碗筷之类，无不登录其内，有的抄家单厚达二三寸。但抄家单并不能反映出被抄者的真正财产，其中被抄者隐匿财产，查抄者欺隐财产，以及财产转移他人之手等情况也是屡见不鲜。例如，雍正查抄原直隶总督李维钧的抄家档案，最初抄家单仅有价值 3800 两的财物，经过严查，则抄出现银 34 万余两、土地 2000 多亩、房屋 260 余间，衣服用具等还没有计算价值。乾隆时查抄江苏巡抚庄有恭广东原籍，竟没有现银及房地产，要不是他病故而免于查抄，不可能没有现银及房地产的。据 2000 年 3 月《广州文物补查成果汇编》讲"庄有恭状元墓"的墓园广约 200 亩，因为有其父的坟墓，因此应该是庄有恭生前购置的，按抄家规定是可以计算入财产的。当然，这类督抚大员也有贪鄙清廉之分，财产也会有很大的差别，不过，被抄家的督抚们，很少能够称得上清廉。从督抚抄家单上看，他们大多有房屋 200—500 间，土地 480—3000 亩，奴婢 60—240 名，其余金银首饰用器、绫罗绸缎衣服、字画古董等则难以估价。督抚都持有皇帝封赠自己及祖先诰命、御笔题字、御批文件、御赐图书用物等，这些在查抄时要"恭谨封固缴进",不计算财产之内,但这些反映他们既往光荣和显赫身份的东西,对案件处理是否宽严有一定的作用。

这些高官一旦发现有人参劾,往往是转移财产,如曾任广东、广西巡抚的钱度被弹劾之后,派仆人往外运送财产,在贵州被查获值银 5000 以上的金玉诸器,在江西被查获银 2.9 万有奇,又从其原籍"书房地窖内起出银二万七千两,并寄顿金二千两,合计不下五六万两"。在查获的过程中,也难保查获人不中饱私囊,或者以金换银。如原任浙江巡抚的王亶望,"诸州县馈赂率以千万计",而被抄家时"得金银逾百万"。所得与所存不符,后来发现浙江巡抚陈辉祖,在抄家时"有将金易银,抽换挪掩情事"。由此可见,抄家单经过各级官吏之手,与实际抄没的数目应该存在很大差距。

抄没的财产与人口,按照律例规定,应该是入官和给主。官员因贪污受贿或亏空帑项,则所有的赃银赃物和追赔银两都要入官。抄没财产分现银与房地产什物两大类,房地产什物在拍卖以后,与现银一起计算数额。籍没人口分男女老幼,也有发配为奴、当差,以及先监禁后处置、老者赦免、妇女发卖等区别。因为涉及方面较多,当另行撰文予以剖析。

违禁取利

　　社会发展与法律制度的建立和完善有着密切关系，法律制度随着社会的发展而发展，也必须随着社会的完善而完善；而社会发展离不开法律制度的保证与支撑。法律对维持社会秩序和推动社会进步具有重要的作用，但是法律的实施并非是一种单行道的强制作用。它们二者之间的这种内在关系表明，社会发展与法律制度的完善要互相协调。从法律与社会的互动关系角度来看，法律从来都是社会发展的函数，社会发展必然要求法律的扩展与变革。从借贷与法律规定的"违禁取利"来看，也可见法律与社会之间的互动关系不仅仅是一种抽象意义上的概念，而是在法律调整具体社会关系中体现出来的互动。借贷与"违禁取利"的互动过程中，既蕴含着社会追求公正和谋求经济发展的愿望，又有着社会的极不公平和人世间的辛酸，更有着社会发展和市场需求的促动。

禁止的高利贷

《大清律例·户律·钱债·违禁取利》，是关于私放钱债不得多取余利的规定。整个律文云："凡私放钱债及典当财物，每月取利，并不得过三分。年月虽多，不过一本一利。违者，笞四十。以余利计赃重（于笞四十）者，坐赃论。罪止杖一百。

"若监临官吏，于所部内举放钱债、典当财物者，（不必多取余利，有犯即）杖八十；违禁取利，以余利计赃重（于杖八十）者，依不枉法论（各主者，通算折半科罪。有禄人三十两，无禄人四十二两，并杖九十。每十两加一等，罪止杖一百、流三千里。罢职，追夺除名）。并追余利给主。（兼庶民官吏）其负欠私债，违约不还者，五两以上，违三月，笞一十；每一月，加一等；罪止笞四十。五十两，违三月，笞二十；每一月，加一等；罪止笞五十。百两以上，违三月，笞三十；每一月，加一等；罪止杖六十。并追本利给主。

"若豪势之人，（于违约负债者）不告官司，以私债强夺去人孳畜产业者，杖八十（无多取余利，听赎，不追）。若估（所夺畜产之）价过本利者，计多余之物，（罪有重于杖八十者）

坐赃论（罪止杖一百、徒三年）。依（多余之）数追还主。

"若准折人之妻妾、子女者，（奸占加一等论）杖一百。强夺者，加二等（杖七十，徒一年半）。因而奸占妇女者，绞。（监候。所准折强夺之）人口给亲，私债免追。"所谓的钱，是"兼财货而言"，即包括货币和实物；所谓的债，则是"贷钱与人"。本律规定了民间放债及典当财物，利息不能超过三分，所得利息不能超过本金；监临官吏不能进行放债、典当，如果违禁取利，无论是庶民官吏，所取余利计赃论罪并追还给本主，而负欠私债违约不还则依额定罪并追本利；豪势之人以私债强夺孳畜产业及估价过本利要论罪，并追还多余之数；以妻妾子女准折利息或因此强夺奸占者，除论罪外，还要免追私债。

该律既认可了放债取息的正当合法，又限制了取息的额度。"凡民间私放钱债及典当财物者，每月取利并不得过三分。年月虽多，不过一本一利"。所谓月利不过三分，是借款者交纳放债者的最高合法利息，每月不许超过本金的3%，不论年月久暂，利息所得不得超过本金的数额。如果违反上述禁限，取利三分以上或者积算利钱超过本钱，即给予笞四十的处罚，并且仍计算三分之利及过于本钱之余利，以坐赃论罪。从文字看，这一法律条款似乎寓有保护借款者利益的意义，故此对利率和债利所得都给予一定的限制。但亦应看到，此条款已经充分照顾到债权人的利益，利率是偏高的。按照这样的法规放债，债主可以稳得年息36%，显然比一般的经营报酬要高，这是有历史原因的。

《唐六典》对利息的规定："凡质举之利，收子不得逾五分。

出息债过其倍，若回利充本，官不理。"是利不得过五分，利不能滚利。开元十六年（728），以当时"公私举放取利颇深"，进行一些改革，"自今以后，天下举放只宜四分收利，官本五分取利"。宋代基本因循民收四分、官收五分的规定，在王安石推行青苗法时，曾经确定利取三分。元代既延续了唐宋律关于"一本一利"的利息总量限额以及禁止回利为本的规定，也确立利收三分的原则。"民间私借钱债，验元（原）借底契，止还一本一利。期间虽有续倒文契，当官毁抹，并不准使。若先有已定还数目，前后通算，止还一本一利"。"诸以财物出举者，每月取利不得过三分。积日虽多，不得过一倍，亦不得回利为本及立倍契。若欠户全逃，保人自用代偿"。大德二年（1298），因军官放高利贷盘剥军人，枢密院严行禁止，对于"债主人等径直私下取索钱债"，要他们"毋得归还"；还要求将"取索钱债之人，开坐姓名申府"，由枢密院审查，没有枢密院批准，也"无得归还"。元代虽然施行打击高利贷政策，但官府和贵族都直接参与经营高利贷，并且受到朝廷公开的保护和支持，其法律的规定虽然不能说是形同具文，却也是只限制于民间，无惩于官贵。

明代在沿袭前代关于借贷规定的基础上，在法律上确定"违禁取利"的罪名，可见统治者在制定法律的同时，已经充分考虑到借贷关系中利率普遍偏高的现实情况，并予以实际的承认；也考虑到监临官吏与豪强放贷逐利，并给予一定的限制。但问题还在于，以年利率 36% 作为高利贷与一般利率非法和合法的界线，其本身就是很高的，没有考虑金融在市场应发挥的作用；监临官吏意义虽明，但听选官吏、监生人等准官吏的意义难明；举放钱债过程中的买嘱行为如何定性等问题，也是律意难明的，所以在弘治以后相继增加了六条例，在一定程度上弥补律规定的不足。

清代在承袭明代"违禁取利"及六条例的全部内容的情况下，随着社会经济的发展，在修订明例的基础上，又新增了七条例。王钟翰先生讲："律者，一成不易者也；例者，因时制宜者也。"律不可过严，过严则不能垂之久远；例不可过宽，过宽则无以绳百司民人。""例因案入，例实由律出"，在具体司法实施过程中，例有不容忽视的作用。

清代社会中存在着多种性质的借贷关系。其中有官府、地主在特殊情况下对农民之间的低息与无息的借贷，如赈贷、常平仓、社仓等，以及宗族、农民之间相互性质的借贷，是属于救济与互利互助的低息借贷关系，一般是小额的通融。在社会中占主导地位的借贷关系乃是高利贷，其魔影笼罩着全国城乡和各行各业。社会上有一些地主、商人、富农、士绅、富有军卒、流民以及一部分小私有者，拥有一定的游资现银，他们乐于以放债食利为生，甚至专门从事这样的经营，是专门经营借贷活动的"称贷之家""子钱家"。他们"具有独立的资本形式和专业经营，通过贷放实物和货币，获取高额利息的生息资本"，构成了社会经济生活中的"高利贷资本"。高利贷资本的经营者非常有广泛性，有专门放债的机构，如典当铺、印子铺、票号、账局、钱铺等，也有不设专门机构而以放债为生的专业债户。清代社会上还出现了一个奇怪的现象，那就是，当时以皇帝为首的各级文武衙门、官僚、贵族，都在公开或半公开地放债取利。皇帝是当时全国拥有资金最巨、每年贷出金额最大的银主，又是全国取得债息最多的人，所放的是"皇债"。各级军政系统，从督、抚衙门到府、州、县衙门；军事系统，从各旗都统、驻各地的将军署到下面的参、游、千、把，差不多都拥有数额不等的"滋生银两"，并且投放到社会中去，是以官方为后盾的、网状形的"官债"。此外，还有相当一部分官僚、贵族、军官、兵丁等，依靠本身的身份与权势进行放债，是属于以权力为后盾的"营债"者。

"皇债""官债""营债"与民间借贷，构成清代复杂的借贷关系，虽然各种借贷都应该在法律的约束下，但专门或主要靠借放债食利为生的人，尤其是"皇债""官债""营债"的经营者，把《大清律例》有关规定视同篾如，不但公然不遵守法律，而且不受有关的法律条款限制，因为他们是法律的制定者和推行者。

皇上的钱还不还

从债权人的角度来看，清代借贷活动中一个明显的特征是皇帝、皇室带头放债，军政衙门纷纷效尤，大规模地放贷谋利。皇帝通过贷放库存的内帑，不断收取到巨额的利息银两，其取得债息的途径主要是开设"皇当"。所谓皇当，是指由皇帝或皇室拥有和出资开设，指定专门机构和人员进行营运，制定有一定的规章制度，收取其溢利以充实皇帝或皇室的财富，并作为政治工具之一，以经营典当业为主要业务的商号。从康熙开始，皇帝、皇室指令内务府投资开设当铺取利，这些当铺有的是皇帝拨出专款，委派官员开设并经营，有的是查抄、籍没一些获罪的贵族官僚的当铺。韦庆远先生根据《内务府奏销档》记载，发现在乾隆年间列入"皇当"序列的当铺有 30 多座，每座资本在 2 万至 5 万之间，总资本至少达90 万两。这些"皇当"对于"了解社会上的金融讯息并调节其流通，以具有强大后台的官方金融机构的身份干预社会经济生活，在当时当然是会起到不容轻估的作用，并从这一角度维护和加强清王朝的统治"。既然皇帝是放贷者，又有官方金融机构为后盾，"违禁取利"的罪名是很难加于"皇当"的头上，从清代增删的有关律例中可以看到，没有一条涉及到"皇当"的。

清代朝廷与各级官府经常拨出一部分"生息银两"作为母金，即"滋生本银"，责成一些衙门或商人、兼充商人的官吏将母金滋生子息，即所谓的息银、余利银。当时各级政官系统，从督抚衙门到下面的府、州、县官府；军事系统，从各旗都统、驻各地的将军署到下面的参、游、千、把，差不多都拥有数额不等的一笔"滋生银两"在手，并且投放到社会中去。军政衙门放债取利的方式为开设当铺，即所谓"官当"或者直接放债取利。如雍正十年（1732），湖广提督岳超龙，将领取的赏给兵丁的生息银一万二千两，"于常德府城招商开典"。乾隆二十一年（1756）七月，山西巡抚德明上奏，准备在巡抚金库中拨出白银八万两，由本省的典当商贷出取息，预计"每年生息八千六百余两"。官僚、贵族也是重要的债权人，他们放债取利的方式也是开设当铺或者直接放债。当时，亲王、郡王、内阁大学士、军机大臣，各部、院、寺、监堂官司员，八旗都统，地方上的督、抚、将军、藩、提、镇、参、游，以至道、副、府、州县等官及其佐贰、书吏、衙役、长随，整个国家机器中从上到下，兼营典当业的都大有人在。当然，这些官僚放债或者经营典当业往往是不公开的。如雍正时，允禶的家人毛太被抄家时，"家中搜出借券八十余张，其借与众姓之银至十余万两"，显然是私下借出的。

清代将军及一些兵丁也是重要的放债者。康熙二十一年（1682），"向来驻防镇江、杭州、福建等处汉军官兵，皆恣意妄为，侵占廛市，擅放私债，多买人口"。雍正二年（1724），"八大臣等议复条奏，内称佐领骁骑校等，系管辖兵丁之员，乃有借放重利银两，每月支领钱粮之时，勒令清偿本利，以至兵丁生计匮乏"。有的兵丁勾结土棍进行放债，对借债之人迫害非常严重，那些悍兵恶棍，"凡遇民人借债，止有七折、八折，票约则勒写足数。又加每月每两行利三分，此外又科索东道钱、保人钱，种种名色，穷民借钱到手，十不及半。迨至取偿，不容少宽时日，或利息过月不还，又勒展票，利上加利，不数月间，资财吸尽，祸及妻孥。始虑民人不即依从，先肆凶威，登门毒殴，吊营拷打，百般狼藉，命若悬丝，势不得不鬻妻卖子"。借权以谋私利，与一般单独追求利润有本质上的区别，用权以取财，必然会无视于法律，最终损害王朝的统治利益。

　　各地商人、商铺也进行货币或实物的放贷。对于商人而言，除在本地进行放贷之外，也常常越境进行放债。如江苏常州府江阴县"质库拥资滋息，大半徽商"。直隶各州县"多系山西富户挟赀而来，囤积米石，放债盘利"。商人逐利的本性使他们不放过任何可以发财的机会，而商人争夺市场与王朝维护社会统治秩序的本意冲突，王朝是不会坐视不理的。如乾隆五十一年（1786），河南巡抚毕沅上奏河南因连年歉收，"凡有恒产之家，往往变买糊口。近更有青黄不接之时，将转瞬成熟麦地，贱价准卖。山西等处富户，闻风赴豫，举放私债，借此准折地亩"。乾隆认为这是"乘人之危，以遂其垄断之计"，命令毕沅，"除原价归还外，酌量给与一二分利息，不使买主图利占据"。乘人之危固然可恶，但作为王朝不尊重法律规定的三分利息，以一二分利息进行清理，对不服气者，还要"一经查出，必当真之以法"，真不知此法为何法。

地主豪强的放贷亦是普遍现象，尤其是进行粮食的放贷。一些地主家里"以谷为本，少则百余石至数百石，多至数千石"，"于青黄不接之时，仿钱典之例，听民以物质谷"。也有一些小私有者时常进行以货币或者用粮食放债。如乾隆年间，湖南"安置军流各犯，原挟有微资者，竟与地方无赖之徒，私行开设典押小铺"，进行放债。道光年间，四川、湖南、广东等省"穷苦之民，前赴滇、黔租种苗人田地，与之贸易，诱以酒食衣锦，俾入不敷出，乃重利借与银两，将田典质"。

由上可见，清代社会普遍存在各种借贷，不但有日益猖獗的民间高利贷活动，而且还有深入到社会各阶层的"皇债""官债""营债"，这些借贷者凭借政治权力与经济实力，形成盘根错节的网络，既不断地吮吸着小民百姓的脂膏，又变着法子钻法律的空子，乃至公开违法乱法，"违禁取利"律例所发挥的效用必然是有限的。

下层的悲苦

从债务人的角度来看，大多数应该是穷苦农民。有些贫苦农民是常年或是年复一年地以借贷维持生活，如果遇上灾年或者红白大事，一定要通过举债来渡难关。贫苦农民举债或贷粮是为了救急救命，小额钱粮即可解决问题，如乾隆十三年（1748），乾隆帝了解到，以前山东省贫民于岁歉之时，"称贷富户，虽加息四五分，尚肯偿还，是以小民挪借有资，不致流离失所"，但到现在，"即取息二三分，借出不还，赴官告理，又以私债置之不问，有余之家恐为所负，不复出借，亦无利息可生，往往中落，贫民仰叩无门，不得不求食他乡"。他并没有检讨制度与法律存在什么问题，却寄希望于"贫富相维之道"，"闾里通周急之情"。这里虽然在一定程度上反映了当时农民在青黄不接之时的借贷情况，但也显示出制度与法律于贫苦农民借贷无补。

有些农民在"耕作之际，家中所有，靡不在质库之中。待至秋成，逐件清理。御寒之具，更所必需。每以食米转换寒衣，交春又以寒衣易谷"。除了生活性借贷和生产性借贷之外，少数农民也进行着经营性借贷，属于民间自我调剂。如"嘉湖二府属县，每年新谷登场，凡有田之家以及佃户小民，一时若有缓急，皆将所收之米，随其多寡，当银用度。次年蚕麦成熟，新稻未收之前，赎回以济口食，较之现买米价平贱，人以为便。既有经营之辈卖米当银复买，亦皆于次年就地枭卖，商获微利，民得资食，并无害于地方"。

商人和商铺，尤其是中小商贩，在经营过程中也难免有资金周转不开的时候，为了经营而借贷的情况也比较普遍。如嘉庆十五年（1810），山东曲阜孔府执事姜玉照，因为"合伙贸易，揭到增义号京钱八百千，二分半行息"。四川巴县商贩刘成万，在嘉庆十六年（1811）上诉时说："去年陆续借刘仙玉银一千一百五十余两，并廖德降银七百八十两，搬运木植来渝发卖。"其他盐业、矿业等商业领域也同样存在着借贷情况。如乾隆元年（1736），大学士协同总理事务大臣办事的朱轼说："凡灶户资本，多称贷于商人，至买盐给价，则权衡子母，加倍扣除。"在两淮"各场盐丁，本属穷民，专以煎晒盐斛为业，每田盐斛不能救济，向各灶户重利借贷，以资日用，生计甚为拮据"。

八旗兵丁和从事各种杂役的夫役弁兵也是放债对象。清政府禁止八旗兵丁从事工农商业，按月发给钱粮，负责兵丁的各种开支，但是其后生齿日繁，加上八旗兵丁本身又不知节俭，追求享受，使得他们不能自立自养，只能不惜重利借债。各种夫役弁兵在应付杂役时，若有事需要钱粮，胥吏官弁往往借贷给他们，反正这些夫役弁兵的工价、饷银都掌握在他们手上，随时可以扣回本利。

官员借债在清代比较盛行，这一是在"捐纳"买官或买功名时需要集中交纳银两，二是文武官员出京赴任时各种花费很多。如在道光、咸丰时期历官晋、闽、陕、甘、豫、直、赣七省，先后职任知府、道员、按察布政两司、署理巡抚的张集馨，讲到自己多次馈送京中各官及本省上级的"规礼"，"陕西粮道出京留别，共费万七千余金。四川臬司出京留别，一万三四千金。贵州藩司出京，一万一千余金。调任河南藩司出京，一万二三千金。而年节应酬，以及红白事礼，尚不在其内，应酬不可谓不厚矣"。在甘肃任上，仅送按察使明绪丁忧回籍，便为其"张罗奠分万金"以送行。这样大的开销，手中不足，只好借债。这种新官上任、候选，为了生活、盘缠、排场、人情关系等的借贷，被称为"官吏债"或"京债"。

京债是中国历史上的一种高利贷，是指京城的高利贷者放债给新选任的官吏，待官吏到任后归还。据清人赵翼考证，京债始于西汉初，其息高达10倍。而康熙年间，"京师放债，六七当十，半年不偿，即行转票，以子为母。数年之间，累万盈千。是朝廷职官，竟为债主厮养"。在京放债者，"遇选人借债者，必先讲扣头，如九扣则名曰一千实九百也。以缺之远近定扣之多少，自八九至四五不等。甚至有倒二八扣者。扣之外，复加月利三分以母权子，三月后则子又生子矣。滚利叠算，以数百金未几而积至盈万。京师游手之徒，代侦某官选某缺，需借债若干，作合事成，于中分余润焉，曰'拉纤'。……（得官者）明知为鸩毒而甘之，除奴仆之中饱，拉纤之侵渔，到手不过数千金，而负债已巨万矣"。因放官吏债的收入丰厚，吸引了大量商人资本投入这种经营。与此适应，一些大城市也出现专门放债与官吏的人，有的还设立了专门的机构，当时被称之为"京债局""账局""账行"等。

只取三分利

　　"违禁取利"律将私债与典当的利率都限制在三分以下，体现了禁止索取高利和欠债必还的原则，对放债人及借债人双方各有约束，以保护正常的借贷关系。"违禁取利"律并非以限制高利贷为唯一目的，更重要的是要通过官府来维护合法债务，所以各地官府在处理私债的相关案件时，大体上都按照律文的规定进行办理。

　　清代借贷利率相当复杂，较为常见的利率是在三分以下。一般来说，正规的典当铺、钱铺、账局、票号等金融机构，放贷银钱的利率大体上都在三分及三分以下；一般商铺和私人放贷的利率虽然有四五分，甚至十分以上的情况，但不受法律保护。现存历史文献中所记载的民间借贷利息率高低不一，这种情况涉及许多复杂因素。如银钱贷放供求关系的宽紧，借债者经济状况的窘迫程度与偿还能力的高低，地方政权执法的宽严，以及专业高利贷者放款利率一般较低、非专业高利贷者放款利率一般较高，等等，都会影响到利率的浮动，但总体是在三分以下。也就是说，"违禁取利"律在当时还是发挥作用的。

清代粮食谷物的借贷利率，年息倍称的情况很普遍，但三五分的情况也不少。在一般的谷物放贷中，利息率一般都超过年利三分，甚至有加倍的年利息率。在粮食借贷中，存在有"贫民春夏贷米一石，冬加利五斗以偿"的所谓"生米"；也有"耕时贷米于富户，至冬偿以米，其息甚昂，有一石偿二石者，谓之转斗米"。倍称者少，五分左右则常见。清代存在有比较固定经营场所的"谷押"，即积谷之家，仿照当铺的经营方式，允许农民以物质谷，秋收再以谷加利赎物，利率与典当铺一般借贷的利率是一致的，大体上在年利三分左右。道光年间"民间谷押，其息不过一分五厘，至二分而止"。而"江西省所属，向有殷实之户，于青黄不接之时，将余谷停农民质押。以有余补不足，沿行日久，贫富相安"。这属于民间互利互助为目的的借贷关系，其利息要低于惯例。

清代的典当业"因资金的多寡，经营规模的大小，经营对象的不同层次，分为典、当、质、押等不同层次，根据出资者的身份、资金来源不同，又有皇当、官当、民当之别，其业务范围按照当时官方规定，存在正当和不正当的不同"。雍正六年（1728）开始规定当铺必须向官府申请登记注册，名曰"领帖"，并且接受官府的管理，属于正当的典当铺。这类典当铺一般规模比较大，经营比较稳定，资本核算比较严格，受官府和社会的约束也比较大，基本上执行月利不过三分的规定，有些则在三分以下。而非法设立的小当、小押，利率则要高得多。如扬州府城"小押甚多，每押钱一百文，扣钱五文，实给钱九十五文，以一百天为满，本利足串共二百文，方准取赎，贫苦小民，不堪其累"。小当、小押资本狭小，甚至没有固定的机构，多开设于穷乡僻壤，或兴起于正规典当铺衰落之时。如光绪十年（1884），江西九江"自二月初慎和质铺闭歇后，市面萧条，钱路吃紧，城厢远近之穷民，大为掣肘，借贷无门，无不呼天吁苦，现在有几家开小押店者，奇货可居，声言押金钱不押衣物，照月四分取息，十二个月满"。"闽省更有一种名曰'私当'，三月为满，加一起息"。这些小押一般是当期三个月，月息十分，即押入物品十两银子，押店只付九两，故曰"九出"，到期取赎应加利息三两，即是要交十三两，故被称为"三分九扣"，或"九出十三归"。更有一种"印子钱"，其利息更高，有时还利滚利。

早在康熙十一年（1673），工科给事中朱成性就认为印子钱是当时十大害之一，"百姓十室九空，无藉乘急取利，逐月合券，俗谓'印子钱'，利至十之七八，折没妻孥，为放债之害"。而处理这种印子钱事件，则需要官府视情况处理。如康熙二十三年（1684），浙江巡抚赵士麟针对地方"旗下营债、街市印子钱至以八作十，按月加算"的情况，要求"各处放债恪遵律令，利息三分及年月虽多，不过一本一利之例"。由于杭州民贷于驻防旗兵的印子钱，"取息重，至鬻妻孥卖田舍"。因为逼债，官兵互相斗殴，几乎酿成大狱。赵士麟与八旗杭州驻防将军共同协商解决，"将军令减子归母，母复减十之六。事遂解，民大称颂"。这里用减少利息，乃至减少本金的方式进行处理，既减轻借债者的负担，又保证放债者不因坏账而血本无归。

中国古代官员在处理司法案件时，常常使用"揆情准理""情理之平""于法难容"等词，说明古代官员在裁断案件时是"情、理、法"兼用，在有相当大自主权裁量权的当时，三者的巧妙结合就成为古代官员是否"清明"的重要标准。这种标准并不在如何严格遵守法律，而在平息事端，要求上不招致君主或上官的指责，下不逼迫百姓铤而走险，中不引起同僚非议。清代各级官吏也是如此。如嘉庆年间，苏州知府针对外来流民在苏州放债日益增多，便下令"嗣后如有外来流民，在苏放私债者，一两以内，三分取息；五两以内，二分八厘取息；五两以外，二分五厘取息；十两以外，二分取息，其在百两以上，本钱愈重，其利亦当递减。且只许按月计利，不许本利滚盘，倘敢故违，照律惩治"。这是在国家法律规定前提下的地方特殊规定，这种限制既不违反国法，又有利于引进外来资金，进而促进本地经济的发展。再如道光八年（1828），湖北襄阳知府郑敦允，针对外来客商以重利称贷，本地田产以折债的方式归入客籍，本地人失去土地则更加贫困，流亡人口增加。郑敦允便"许贷户自陈，子浮于母则除之，积困顿苏"，既保护本地百姓的利益，也不使外来客商因此移资他方，进而维持本地社会的稳定。这些官员都是在不违反法律的基础上，重视情理，并希望大事化小，息事宁人。

"官当"以"生息银两"作为主要的资金来源，而"生息银两"的管理，甚至不惜使用法律的强制力，以图防堵而产生的各种弊病。但是一法立而一弊生，各种贪贿行为一直与"生息银两"制度相始终。如"发商生息，为累帑病民之最甚者。不肖州县，捏称该管道府，以前接受前任仓粮中有霉变，或一万石，或两万、三五万不等，必须减价出粜。道府为其蒙蔽者有之，明知曲纵者有之，批准减粜，发商生息，其实粮并未霉变也。部价每石一两，如请以二万石出粜，只须以七八千金发商生息，余归私囊"。仅一次发商生息，一个州县官就能够净赚万余两白银，而"又有丧心州县，将发商本银，一概提用，银粮两失"。这是因为他们与上司有共同利益，"设有持正道府，不如所请，州县辄扬言曰道府收我节寿陋规，不为我弥缝罅漏，我之馈送究从何来？道府受其挟制，不得不曲意相从"。这样上下级构成一种"猫鼠同眠"的关系，彼此互相包庇，更不能期待他们能够认真办理与他们利益相关的"违禁取利"案件，这也是很少能够发现有重要官员是因为借贷取利问题而受到惩治的原因之一。

禁与不禁

从清初到嘉庆朝的最后一次修订"违禁取利"律例，可以看到例文已经发生很大变化。考察例文的变化，可以看出清统治者一方面在沿袭明代旧例，为适应当时的情况而进行简单的增删修补；另一方面，在社会经济不断发展的情况下，新的放贷手段不断出现，各种借贷活动已经深入到社会各个领域。

从整体来看，新制定的律例推行，对于社会生活会产生一定影响，但仅从法律上进行规范，制度不随之变化，不适应社会的发展，被动地去适应社会生活的变化，其效果是不会明显的。新的法律的实施对于社会生活有着一定的影响，但是这种影响力是有限的，法律如果不考虑预期效果，非但没有权威，还会制约社会的发展。比如说，高利贷恶性发展的一个重要的前提，是社会中存有大量的人户为生活所迫，他们明知"贵利食人"，但又不得不求借而甘受盘剥。在贫穷与饥饿面前，法律失去了它本身的威慑力，毕竟法律不能解决借贷的根源。

清王朝为了解决高利贷的泛滥，不得不在法律之外采取其他措施。如为了解决农民的粮食问题，推行过"社仓"制度；为了解决八旗兵丁的生计困难，推行过"生息银两"制度；为了解决官吏的生活问题，推行过"借养廉银"制度。然而，这些制度只是在于修补，并不能根除高利贷问题。因为当时社会存在不公平和财富不平均，有高利贷得以生存的土壤；而商业和商品经济的迅速发展，金银货币在社会经济中的作用显得更为重要，既刺激统治阶级的贪婪欲望以及对奢侈生活的狂烈追求，又催发着政治腐败，而政治的腐败必然造成连锁反应，进而加剧社会的腐败。资本的价值本应该按照市场的要求来决定，资本将流向高回报的地区和行业是发展趋势，以法律或制度去限制和抑制资本的流动，则不会促进社会经济的发展，还会起到破坏的作用。韦庆远教授"翻阅了从康熙到嘉庆一百多年《内务府奏销档案》所开列的放债账，以及各旗各省奏报上来的对'生息银两'的筹措处置，只看到一笔一笔转借给盐商、当铺，或自开当店、钱铺、粮店，或购置土地收租并逐年上缴利银的记载，却从未看到有任何一笔贷给上述生产性的具有资本主义因素的新兴行业的记载，更不必说有什么优惠低息以支持了"。统治者以法律限制"违禁取利"，目的在于维持社会秩序，没有追求社会经济发展的目标，更加凸显了法律的被动性，也决定其作用一定是有限的。

对于借贷问题，统治者总认为是民间私事，即使社会生活中高利贷活动猖獗，只要不威胁到他们的统治，他们也是很少关心借贷问题的。统治者的不重视，既减损了"违禁取利"律例应该发挥的作用，又为各种借贷规避法律提供方便。如前所述，放债之人为了规避"违禁取利"律例关于利息的限制，不断地想出各种放债名目，如"印子钱""短票扣折"等。在社会生活的借贷活动中，这两种名目实际上早就存在着，并且广泛地存在于民间。统治者将"印子钱"写入例文之中，其根本的原因在于受害对象是八旗兵丁，这是清王朝赖以维持统治的基础，因此例文所限定的"印子钱"借贷，仅仅是不能出现在八旗军队中。"短票扣折"写入例文，是因为这种借贷主要是"京债"，这些放债人"于州县守候之时，因候选人员在京守候日久，乘其窘乏，藉以居奇。创立短票名色，或七扣、八扣，定期三月，如不能还，即将本利合算，另立票约，辗转倒换，盘剥无穷。候选人员堕其术中，后日亏帑剥民，皆由于此"。正因为"亏帑剥民"威胁到专制统治，才将此项内容写入例文，但强调的是受害人自首，才能免追利息。那些"以官爵为性命"的官僚们，又谁敢以这种有碍官箴的事去自首，最终丢掉自己的官职呢？

在借贷活动中，皇帝作为最高债权人，从内库中贷放出"生息银两"，其本身在于追逐最大利润，而通过内务府将大批款项借给地方各级衙门和各旗，以官府的名义放债取息、营商赚钱，再加上官贵开当放债成风，以及将弁依恃军营的势力重利盘剥，进而形成了以皇帝、军政衙门、官贵、将弁相结合的经营高利贷网络。这个网络有雄厚的资金，有军政权力保障，敢于横行霸道，对人民群众大肆戕害，使之哭诉无门。"违禁取利"律例置身于军政权力之下，法律在权势面前也就失去了存在的意义。

在社会的借贷活动中，有放官吏债，亦有官吏放债，有营放债，亦有放营债，更有"商放债"和"放商债"，"民放债"

和"放民债"。他们在社会上的身份地位不同，也使他们之间权利义务迥异，在政治经济利益面前，存在着极其错综复杂的社会人际关系。从清代"违禁取利"律例的增删过程，可以看出官府与民间、官府与官府、民间与民间，在追求不同利益时所存在的微妙而复杂的关系。

清代"违禁取利"律例在继承明代社会经济政策的基础上，进一步从法律的角度对借贷关系进行调整，使得社会经济秩序逐渐稳定，在一定程度上促进社会经济的发展。不容忽视的是，在当时社会生活中也大量活跃着猖獗的高利放贷，"违禁取利"的现象屡禁不绝，不但严重制约社会经济的发展，还经常激起人民的反抗；在借贷活动中，谋取暴利者以各种名目来规避法律的制裁，既破坏了社会经济秩序，也威胁政治统治秩序，进而导致统治者不断增加"违禁取利"的条例，扩大限制范围，以期社会经济按照他们的设计发展。

社会经济发展有其客观规律，如果违反客观经济规律的发展，必然要受到经济的惩罚。在"违禁取利"方面，统治者一味实施限制与打击，最终不但没有建立起他们期待的社会经济秩序，反而使朝廷失去经济控制能力，王朝的政治与社会发展受到严重的阻碍。在内外交困的情况下，不但斩断自己的财源，失去必要的资金，而且在不完全的政治变革中走上自我灭亡之路。

王朝的官司网

　　清代的"官司"比较繁杂，文职的有督、抚、司、道、府、厅、州、县，武职的有提、镇、标、协、营、汛，以及驻防八旗，京师则五城、步军统领、大宛二县、顺天府及各部院衙门，东北及满、蒙、回、藏等地则有特殊管辖制度，云贵等地还有土官、土司。根据不同情况，《大清律例》规定了他们不同的责任，从维持社会治安的角度看，这些"官司"构成了王朝维持社会治安的网络。

做官当做执金吾

清太祖努尔哈赤首创八旗，即黄、白、红、蓝、镶黄、镶白、镶红、镶蓝，以资识别，后又增加蒙古八旗、汉军八旗。每旗设都统一人、副都统二人，参领、佐领若干人，诸旗壮丁约 20 万人。入关以后，除少数留守辽东之外，约 10 万拱卫京师，其余 10 余万人分驻各省，由驻防将军、副都统、城守尉等统领，占领要地，监视绿营，其驻东北、蒙古、青海、西藏等边陲地区的官员还负责当地的各种政务。

外省驻防八旗因统领的兵力多寡不一，所设官员有异，大体上有将军和都统（初为正一品，乾隆三十二年改为从一品），副都统（正二品），城守尉（正二品），统领（正二品），参领（正三品），协领（从三品），佐领（正四品）、防御校、步军校（正五品），护军校、骁骑校（正六品）。从防奸与缉奸的责任看，如该管旗人有犯奸细、赃盗、脱逃、赌博、人命、斗殴、骂詈本官、买良为娼、抢夺妇女、迷拐、诬告、串结土豪放债盘利、赴园看戏、挟诈勒骗、潜习西洋教、妄递匿名封章等事，该管官及家主要受到一定的处分。如果在该管地面出现命、盗、奸细等重大案件，所犯虽非旗人，该管官也要受到一定的处分，以此加强其维护社会治安的职责。

　　清王朝于征服关内一地之后，即收当地降卒进行整编，让他们以绿色旗帜为标识，主管防守、治安及杂差，因为以营为基本编制，故称绿营。绿营兵分布各地，以一省或数省为军区，以文职出身的总督或巡抚为最高军事长官，总揽军政大权，是法定的省级封疆大吏。总督辖一省或数省，"掌厘治军民，综制文武，察举官吏，修饬封疆"，是地方最高军政长官，例兼兵部尚书、侍郎和都察院右都御史衔。巡抚辖一省，"掌宣布德意，抚安齐民，修明政刑，兴革利弊，考核群吏，会总督以诏废置"，例兼都察院右副都御史或加兼兵部侍郎衔。总督和巡抚身兼文武两职，各有一定数量的直辖军队，设有衙门，但衙门内不设职能机构，仅设书吏、笔帖式若干人，辅助督抚办理一些文案工作。

　　提督是各省绿营最高武官，每省一人（从一品，有水师的省加设一人分管），主管一省军政；东三省不设绿营，因此没有提督之职。提督除直辖的提标之外，按军事行政管辖，分别有总兵（正二品）、副将（从二品）、参将（正三品）、游击（从三品）、都司（正四品）、守备（正五品）、河营协办守备（从五品）、守御所千总（从五品）、千总（正六品）、卫千总（从六品）、把总（正七品）、外委千总（正八品）、外委把总（正九品）、额外外委（从九品）等官。

　　绿营的编制类别有标、协、营、汛四种，而汛兵不立营。总督之下为督标，巡抚之下为抚标，将军之下为军标，河道总督之下为河标，漕运总督之下为漕标，提督之下为提标，总兵之下为镇标，各设副将、参将、游击等官统领。协则从督、抚、提、镇分出，由副将统领。营则督、抚、提、镇、协分出，由参将、游击、都司、守备等官统领。汛则从协、营分出，由千总、把总等官率兵丁防汛。汛下又有"塘汛""墩台"等，汛兵约20万人，分汛兵防守。其余40万人集中屯驻，平时进行训练，有事则随时听从调遣。

武职官的主要职责在于防盗、缉盗，如果失事，则要被列入"疏防"职名之内，议定处分。如果有叛逆机密等大事，提督、总兵、副将、参将、游击、都司、守备要会同有司追问，在特别时期，可以采取军法从事。其余奸盗及户婚、田土等民间纠纷，不许他们擅自受理，必须移交州县等有司衙门。

绿营兵的主要职责是防御外患、镇压内乱，警备地方、查缉奸宄不法。以警备查缉而言，对防区内的陵寝、城镇、衙署、仓库、监狱等均有防守之责；对乡村、道路、山野、江湖、内外洋等有巡逻之责；在边疆、关隘、海口、要塞等处有稽查之责；此外，罪犯的解送之责，以及倡立邪教、煽惑民众、结会敛钱、抢夺妇女、迷拐勒索、放火、窝盗、奸细等罪的预防及缉捕之责也是重要部分。除防区内的各种维持社会治安职责外，绿营还有自我约束之责，举凡兵丁、武职的窝盗、受赃、诬良、讦讼、擅受民词、滥刑伤毙、酗酒滋事、斗殴杀伤、辱官害民、容留奸细等，都在自我约束之内，违反者或受行政处分，或军法从事。

绿营兵重点在防，如果出现"疏防"，致使盗贼、失火、违禁出海、私渡关津、奸细潜逃、逃失所解送的人犯，以及其他杂项罪案的发生，绿营的缉捕责任就变得重要，不但要负责查缉，而且还要被勒定期限，至期不能捕获，兵丁要受到杖责，其武职官弁根据级别要受到不同的处分。

　　清初还有一些卫所屯军，以后历经裁汰，所留仅有边区及漕运所经地方的卫所，最终也在光绪二十八年（1902）裁撤。边区卫屯与漕运卫所，也有防奸与缉奸的职责，相对绿营而言，责任较轻。在甘肃、青海、西藏、四川、湖北、湖南、云南、贵州、广西等地设有土官或土司，后虽经雍正、乾隆时期的"改土归流"，还是保留一些。土官、土司统治的是本民族的族众，在自己的辖区有较大的自主权，但清王朝规定，本族内的户婚、田土、钱债等细事，可以由土官、土司裁断，命案、盗案、抢夺、诱拐、奸细等较重的案件，皆不准受理，还必须协同州县的捕役、绿营的兵丁缉捕罪犯，捕获后要解送州县等流官审拟。

文官也是官

清代文职官员设置基本上是按正官、佐贰官、首领官（属官）、教职、杂职的顺序编排的，这是国家典制规定的官员配置。

从社会治安责任来看，正官的责任最重，凡辖区内盗贼、奸细、叛逆、邪教、聚众、滋事、迷拐、需索、诬拿、滥刑、潜逃、兴贩私盐、私制火炮、违禁下海、私出外境，以及擅入苗、番、蒙古、东北等禁地贸易开采等案件，都要他们随时查察，督促下属奸细缉拿、禁止，如下属不能遵行以及出现问题，在自己权责范围内可以进行惩处则惩处，不在自己权限内则要予以揭报，一直报到督抚进行题参，由中央辅政机构请旨，奉旨以后交相关各部议定处分或处罚。凡下属受到处分或处罚，正官都要有连带责任，按情节轻重有不同的处分。

佐贰官有分防区域者，责任基本上如正官，没有分防区域而与正官同城则责任较轻。佐贰官的维护治安主要职责在于预防，凡赌博、酗酒、窃盗、奸拐、私宰、忤逆、斗殴、私盐，以及户婚、田土、钱债等事，接到控告与呈告之后，可以进行初讯及缉拿，但要呈报正官审理。虽然制度上规定佐贰官不能审理案件，但由正官委派，尤其是上级正官的委派，可以称为"委员"，进行一些审理及缉拿事务，但要由正官向上呈报。

首领官（属官）中职司捕盗及管理监狱者，在治安方面的职责较重，凡境内各种案件都有缉捕的责任，如果逾限不能将人犯缉拿到案，要开列入题参的职名之内，等候中央奉旨议定的处分或处罚。至于管理监狱，凡淹禁、滥禁、凌虐、监毙、越狱、自尽、自杀伤、被杀伤罪囚，都要承担责任，以"管狱官"接受相应的处分或处罚。

教职虽然没有治安之责，但所管理的府、州、县学生的品行、才学，必须要清楚，是"文武生员，教官有约束之责"，如果文武生员有不法行为，教职也要承担一定的责任，"倘遇事颟顸，毋论是否公允，即疏漏参差"。然而在统治者看来，"士习既坏，民风随之，且有名隶学官弟子，阴为匪盗渠魁者，固由该劣生等，鼠狗之性，枭獍之资，自取诛夷，难于驯扰"。所以生员遇有劣迹，由地方官详请斥革，酌量情节，教职也有连带责任。所以教职虽然没有明确的治安职责，却有约束文武生员之责，也纳入到官方的社会治安防范体系当中。

杂职中间，巡检治安职责最重，清代全国设置有巡检数百名，分设在关津、险隘所在，在其分辖地区以盘诘奸细、巡捕盗贼为职，在防御方面为"专汛官"，在缉捕方面为"捕官"。至于驿丞、税课局、库、仓、织染杂造局、河泊所、批验所、递运所、冶铁所、闸、坝等大使及副使，虽然没有治安的专责，但在其所辖的地方出现盗匪、奸细等重案，也有一定的责任。如律例规定：八旗从前投充的"契买家奴，果原系灶户，祖父姓名籍贯，确有证据，令该大使查明，出具印甘各结，详报该管上司核明"。"凡灶丁贩卖私盐，大使失察者革职"。拿获贩私盐犯，"若审出买自场灶，即将该管盐场大使，并沿途失察各官题参议处"。乾隆十一年（1746）奏准："嗣后随商灶因命盗、赌博、窝娼、奸拐、匪窃、斗殴、打降、私宰、私铸，以及海洋商渔透漏米盐，一应告发案件，仍归地方官查办，大使不得干预外，其未经告发事件，应准该盐场大使先行申禁约束，一有干犯，立即就近查拿，移地方官审理，并将拿讯情由报明运司查核。"是盐场大使有治安之责，仿照此例，其余杂职也是如此。

清代各级文职衙门都设有衙役，其人数众多，一般的县要有二三百人，大县往往有千余人，乃至数千人，此外还有非在编而谋充进来的白役。三班衙役的分工不甚明确，具体的工作基本上是以本州县的长官所发出的牌票为基准，但捕役的缉捕责任较专。这些衙役是在衙门当差应役的人，"州县衙门的差役们所做的工作实在和现代的警察差不多，而且依照清代的法令制度，他们的责任比现在的警察还重"，这是从责任角度来看。"他们的工作没有正式合法的报酬；平时既没有月薪，奉令公干也不一定有公费"，这是从经济待遇来看。"他们也没有现在警察的公务员身份和社会地位，而是被认为与倡优同等的贱民，他们自己以及子孙都不准应试做官"，这是从政治地位来看。责任重是他们关系到州县的社会治安，没有合法报酬是他们有非法的经济收入，社会地位低下则更容易使他们待机证明自己存在的价值。衙役没有法定的服役年限，直到乾隆四年（1739），才限定他们70岁罢役。他们可以自请罢役，也可能因有过犯、得罪被革退。律例对他们限制很严，所定的刑罚也很重，尤其是因职务方面的犯罪，如需索、诬良、吓诈、教供、逼认、凌虐罪囚、私自拷讯、买放人犯等罪，都要加等处罚。官员有驾驭之责，因此衙役犯法，官员要视情节轻重，接受行政或刑事处罚。

保卫京师

　　满洲入关以后，以八旗精锐的半数驻扎在京师内外，并划定地界，其余则派往各省驻防。八旗在京师的有骁骑营、前锋营、护军营、步军营、火器营、健锐营、虎枪营等，还有招募民人组成的巡捕营，各营都有守卫宫禁的责任，其中骁骑营负责八旗内部的司法，步军营、巡捕营通盘负责京城的治安。

　　清王朝在京旗人分满洲、蒙古、汉军各八旗，每旗壮丁组成骁骑营，设立都统、副都统管辖，下有佐领、骁骑校，各辖壮丁300名，没有编入营的旗人，称为闲散旗人，仍受营官管辖，其旗下奴仆也在管辖之内，旗人及与旗人相关的犯罪，都由该营官自理。旗人罪犯的缉拿归各营负责，民人罪犯也可以缉拿，原则上要移交该管地方衙门审理。

　　清初负责京师治安的有八旗步军营，京城内九门、外七门管门军，巡捕南北营。康熙十三年（1674），命步军统领提督九门事务，康熙三十年（1691）又命兼管巡捕三营，颁给"提督九门步军巡捕三营统领"印信，乃成为负责京师治安事务的最高长官，是旗人专缺，多由重臣兼摄。

步军诸营有八旗步甲 23000 余名，其中捕盗步军校所辖的 400 名捕盗步甲，专司缉捕奸盗。其余有看守城门、衙门、马道、土道、庙坛、圆明园、内火班、白塔山信炮、办道处、技勇营、看街、看河、海巡、激桶（消防器）、跟役、皇城、内城等处的汛守巡逻，负责巡防稽察，并编查内城户口，命盗、抢夺、奸细、窃贼、土棍、赌博、窝娼、奸拐等，均有缉拿之责，拿获则交步军统领衙门审理。

清初有巡捕南北营，顺治十四年（1657）设巡捕中营，是为三营。康熙三十年（1691），巡捕三营归步军统领兼管。乾隆四十六年（1781），增建左右二营，是为五营，兵额万人，内有马兵 4000 人、战兵 3000 人、守兵 3000 人，分布在京师外城及城外乡村，东与通州接界，西南与宛平县接界，北与昌平县接界，周围约 288 平方公里。凡人命、抢夺、逃盗、奸细、棍徒、发家等一应奸匪事件，皆要会同五城文职一体查拿，问供后可解至本衙门办理。

清代是以满族贵族为主体的王朝，因此满族的特权处处能够体现出来，而京师又是宗室、觉罗等皇亲贵族云居的地方，旗人也比较多，隶属旗人的包衣奴仆，服务于皇宫及王府的内监、宫女人等，也与常人不同，他们的词讼、刑名案件，要分别由宗人府、内务府会同户部、刑部审理，或由户部、刑部定拟。公元 1587 年，努尔哈赤"始定国政，禁悖乱，戢盗贼，法制以立"。这种法制以立，也包括处罚"逃人"的内容。入关以后，继续实施缉捕逃人的政策，并于顺治十一年（1654）增设督捕衙门，康熙二年（1663）隶属于兵部，康熙三十八年（1699）进行省并，裁去侍郎等官，并入刑部，为督捕前、后司及督捕厅，雍正二年（1724）改为督捕清吏司，"掌八旗及各省驻防逃人之事"。

京师的大兴、宛平二县，顺天府衙门的衙役定额较外省为多，但也有非法充当的"白役"。而步军统领衙门及内务府衙门有额定的"番役"，也称为"番子"。步军统领的番役规定是从大兴、宛平二县民人应募充任，仅有 40 名，但实际上谁也不清楚他们具体有多少人，因为"步军统领衙门番役等，伙同匪类，捏词诬陷，供证确凿。又称番役私用白役人等，俗名圆扁子，并非额设衙役，亦无定数，每借番役名色，吓诈生事。若遂其所欲，则将事消弭，否则告知番役捕治，得受赏银，饱其欲壑。且往往出银设计，诱人犯法，民间甚为扰累等语。向来提都衙门番役，及内务府番役，恣行不法，往往遇事生风，戕贼良善，其索诈骗害之恶，不可枚举"。律例规定步军统领衙门番役捕人，"既经拿获，属提督府管辖者，限即日送该管营弁，转送提督衙门；属五城管辖者，限即日送该管官，转送御史衙门"；"或有密拿要犯，州县不能擒捕，必须番役擒捕者，奏闻请旨后行"。五城司坊官"录取口供，详解该城御史审讯，一面报本城御史存案"等。

内务府的番役也是额定 40 名，有正副头目各 4 人，主要在京师侦缉上三旗包衣的犯罪，也可以奉命外出侦缉。"奉文缉拿案件，定限三月。如六月不能拿获，值年司员记过一次，并将头目责处。拿获案犯之后，值年司员审明呈堂，咨送慎刑司讯办。"他们虽然是主管与旗人有关的案件，但内务府的职责权限较广，他们所涉及的事务很多，其管辖范围也不局限于京师。

五城是五城察院的简称，管辖五城兵马司及十坊，有额定的捕役 140 人。"每一城，由副指挥、吏目分掌二坊。凡人命案件，由五城指挥相验。盗窃案件，由副指挥与吏目踏勘审解。其余词讼案件，由指挥报巡城御史审断。杖罪以下，自行完结。徒罪以上，送刑部定案。"维护京师的治安，是五城的重要职责，他们上受巡城御史的监督，并承刑部、内务府、步军统领衙门之命，缉拿、收押、递解人犯，是京师维护治安的主要力量，因此编审保甲、驱逐匪类、查禁烟赌、稽查邪教等，也是他们的工作重点。

顺天府所辖东、西、南、北四路厅，分领顺天府 24 州县，他们的关防是"刑钱捕盗同知"，最初是专职捕盗，乾隆二十四年（1759）以后，也负责刑名案件的转审。四路厅辖有捕盗千总、把总、外委等武职，可以指挥兵丁，在顺天府境内进行缉捕，也可以协助京城缉捕。

重案不"重"

　　三班衙役、绿营汛兵可以说是维持社会治安的主要力量，要有效地防范和打击各种犯罪，维护王朝的统治秩序，保障王朝的安全，就必须拥有高素质、高水平，敬业尽职的人员。不能说清王朝不期望所依赖的维持社会治安主要力量达到高素质、高水平，也不能说清王朝不要求他们敬业尽职，因为有严格的选拔及考核监督制度，律例里也有明确的奖惩规定，但统治者没有从根本上关注他们如何达到高素质、高水平，又如何敬业尽职。

　　顺治、康熙时期大臣李之芳的《严饬讳盗累民疏》曾经讲到：官吏畏惧处分，抑勒事主讳匿是一弊；捕役人等对事主进行需索是二弊；强盗重案三推六问，使事主守候，弃业抛家，甚至苦累淹禁致死是三弊；并且提出用法律加以限制，以清除这些弊端。清王朝也确实制定了一些律例，如"凡强盗打劫，各该有司军卫员役，不分事情轻重，务要登时从实申报。如有隐匿者，抚按官即将各该员役，应提问者提问，应参奏者参奏，酌量情罪，轻则罚治，重则降黜，议拟上请，不许容隐"。咸丰四年（1854）上谕讲到遇有匪徒潜匿及奸细勾结重案，"傥事前既不能查察，事发到官，又复畏难徇隐，即立予革职，治以应得之罪，决不宽贷"。在律例中，盗有5387处，贼有1056处，匪有881处出现，而对于缉捕不力的处分就有342条之多，可以看出对官吏的惩处很严厉，亦可见官吏畏难徇隐现象的严重。

究竟什么原因使文武官弁及捕役兵丁都不愿意呈报重案，讳言有奸细盗贼呢？兹分析如下：

第一，捕役兵丁待遇低下而人员混杂。捕役原属于劳役，除免除徭役之外，仅给一些工食银，而"一役之工食，每年多不过十二两，或七两二钱，每日不过三二分，仅供夫妇一餐之用"。可称得上待遇低下，而他们的社会地位更为低下，"被认为与倡优同等的贱民，他们自己以及子孙都不准应试做官"。因为地位低下，官员们把他们当作奴仆看待，"官府经常向他们施发淫威，一事办得不妥或不力，除被辱骂之外，或被打板子，或被打棍子，挨打之后还要匍伏谢罪谢恩，装出满面羞愧无地自容的样子"。因此，稍有志气的人，是不屑于充当此役的，而一些市井无赖应募进来，再加上许多没有工食的"白役"，他们几乎都是为了牟利而来，所以鱼肉百姓，甚至豢养盗贼，是习以为常的事，被称之为"蠹役"。"从来剥啄小民，恶莫甚于衙蠹"，朝廷"禁旧役，革顶首，有犯赃十两之明刑，又有犯赃一两之新令。然立法虽严，而蒙蔽之局，愈不可破。究之残民肥己，盈千累百，而未尝发觉。即使发觉，又有巧术多端，打点弥缝，终成漏网，故肆意虐民，曾无顾忌。且自郡县以至督抚衙门，串成一片，互相救援，虽有三年更替之令，而移姓改名，出此入彼，引接下手，非其亲族，即其子孙，盘踞日深，线索日熟。内则伺本官之性情，窥打点之快捷方式；外则联唆讼之积棍，交不肖之绅衿，因而瞒官嚼民，无所不至"。他们"不捕盗贼而捕百姓，真正拒捕之盗贼，反畏之如神明，不敢声喘之，反残百姓如虫蚁"。可以说，有关"蠹役"为奸的记载不绝于清代各种文献之中，而兵丁的情况也不比"蠹役"好多少。清代绿营兵丁的薪饷，马兵月给二两，步兵一两五钱，守兵一两，米各三斗，马兵另给豆草。薪饷本来不高，在小建月还要"扣建"，即扣除该月少一天的银、米、豆草；发放时还有"朋扣"，即马兵扣一钱，步兵扣五分，守兵扣三分；银子则折钱发放，多时按八成，少时按五成，从清初的银贱钱贵（一两可换 800 钱），到清晚期的银贵钱贱（一两可换 2400 钱），可以看到兵丁所得无几，再加上将弁克扣军饷，兵丁实际上连自身温饱都难以满足。因此期待他们真心维护社会治安，连有驾驭之责的文武官弁都不敢想，以致"宅门内外俱是瞒官之人，钱谷刑名无非作弊之事"。需要文武官弁用心督责与驾驭，将弊端控制在不坏自己官职的程度。

第二，文武官弁素质不一且事务繁多，不能也没有能力将主要精力用于维护社会治安。以州县官来说，他们从科举、捐纳、保举等途径来到该职位。科举则四书五经，捐纳但靠资财，保举全凭上司，可以说与政务都没有直接的关系，再加上回避制度，使其来到人生地不熟的地方；又不能久任，三年的任期，在"候补县，候缺无期，补缺无期"的情况下，也很少能够任满。此外督抚们掌握一些"要缺"的委署权，"从中央政府政策的外表来判断，清朝廷为了防止那些在商业中心掌握经济控制权的人篡权乱政，制定了企图把行政中心与经济中心联合起来、统一管辖的政策。至于省级官员方面，他们热衷于把自己的亲信安插到重要的地方治所"。这样调动就更加频繁了，而委署官员更没有长期工作的打算，"入门即征租税以图加收，日夜敲扑，急于星火，俗言署印如打劫，非虚语也"。这样的素质以及缺乏经验，再加上没有长期的打算，让他们专心维护社会治安，实在是勉为其难。

清代实行主官负责制，所有的事务都要州县官负责。康熙时期的黄六鸿所撰《福惠全书》讲："自筮仕以迄升迁，为部一十有四；自谒选以迄辞上官，为条二百一十有九；于钱谷刑名之大，又分析为条一百一十有九。"州县官"大而钱谷、刑名、教养、风俗，小而建制、修举、科条、庶务"，无不是其权责，在加上迎来送往，其事务已经极为繁重。清中叶以后，官吏贪污腐化，损公肥私，争名夺利，官场上歪风邪气甚嚣尘上。这些官吏"重交际而忽治本，轻简约而务繁华，贿赂是求，民生莫问"。为了自身利益，剥下奉上，巴结权贵，特别是对事关本身前程的上司，"乃年节一见，端午一见，中秋一见，重阳、辞年又数见；生日一见，考满一见；上司凡有家庆，自己欲效殷勤，有常常时见。近者犹可频来频往，尚有远在一二千里外者，往返或二月、或一月、或月半，计一岁之内，定费半年工夫在舟车水陆之间，不惟劳夫、劳马、劳挑送下程之人，而自己且耽劳过苦也，宁复更有精神在民瘼乎"！从表面上看，是"做上官底，只是要尊重，迎送欲远，称呼欲尊，拜跪欲恭，供具欲丽，酒席欲丰，驺从欲都，伺候欲谨"，实际上是因为他们拥有支配和决定下属荣辱的权力，而州县官奉迎上司则是为了自己的政治经济利益。"郡县括奇异之货币，交结要津，习圆软之容辞，网罗声誉，至民生疾苦，若聋瞽然，岂不骤贵迁"。在这种情况下，州县官们的施政重点是顺从上方，心里都在想着自己的利益，根本没有心思，也没有精力去维护社会治安。

第三，地方用于维护社会治安方面的经费不足，既难以支付缉拿人犯以后的赏赐，也难支付捕役的工食及公差费用。

清代州县官吏的薪俸有名无实，衙门行政费用也少得可怜，非但不能满足这些官吏的消费，而且不能应付巨大的行政开支，这就迫使州县官府必须依靠自己的创收来加以解决。清代州县官吏的实际收入是非常可观的。据张仲礼的估计，知县的平均收入每年为30000两白银。书吏、衙役的实际收入虽然没有确切的资料，但政府和官员常常指责这些人只知捞取钱财，而他们的收入也确实可观。幕友年收入在200—2000两白银之间，此外还有收受贿赂的收入。长随是州县官的私人收款的代理人，在聚敛上最为得力，主管要务的长随，其年收入可以达到10000—30000两白银，一般的也要几百两。州县的行政开支也是非常巨大的，其迎来送往的开销，少则每年需要3000余两，多则竟达百余万两。

清王朝反对增加人民的税收，一直保持比较低的征税标准，因此没有足够的财力来解决日益扩大的官吏队伍的薪金，支付日益增加的行政开支，不但对官吏队伍的收入明显缺乏控制，还不能控制行政开支的增长，实际上是中央财政对地方的失控。清王朝所制定的赋役额度在典章上有明文规定，各州县的赋役额度也登记在册，其变化幅度不大。在社会经济不断发展的清代，社会实际上可以承担更多的赋税，清王朝却没有这样做，反而容忍地方官吏们勒索。在国家出现动乱时，中央财政不能支付庞大的军费和地方行政开支，地方却因此扩大了收入。在镇压太平天国的时候，地方的收入"以地丁、漕政、盐政、关税、厘金为大宗。地丁有正额、耗羡、租粮三款，而租粮之中有旗租、地租、屯租等名目，各行省事例不同。漕政有漕粮、漕折、漕项三款。漕项者，按粮额征银，以备运粮经费者也。漕折者，由征粮之原额改为折色者也。盐政有课、羡、厘三款。关税有洋税、常税两款。厘金有百货、洋药两款"。地方财政不断扩大，而中央财政更加困绌。

中央在财政上不能满足地方官吏们的薪金和行政开支，迫使地方行政在经济上依赖地方社会，也使地方势力与本地书吏、衙役相勾结，迫使州县官所带来的外来势力屈服，即便不能使外来势力屈服，至少也要形成"猫鼠同眠"的态势。"从行政上筹措的大部分资金被置于私人的基础之上，使政府就丧失了财政控制的公共秩序，而这种秩序对发展一个充分合理化的官僚机构是必要的。"控制官僚，除道德的约束之外，严厉的法律制裁也是非常必要的，在"明主治吏不治民"的总体思路上所设计的职官管理制度，制裁是针对官僚的，州县官则是主要对象。笔者在第一历史档案馆查阅《刑科题本·贪污类》时，曾经统计了乾隆四十六年（1781）因贪污坏官的知县人数，这一年竟有428名知县犯了轻重不同的贪污罪，理所当然地被免了官。应该承认，这种统计肯定不是全部，但可以看出清王朝对州县官的管理是非常严厉的，对他们的经济收入也非常关注，但不能制止他们去筹集钱财，因为州县衙门和他们上级都需要有资金来应付日益增加的各种开支。

为了应付巨大的财政和经济压力，州县衙门所有的人员在办理公事时都要征收费用，除清政府默许的陋规之外，还实行横征暴敛，进行大规模的收贿索贿，他们为本人、也为他人来搜刮钱财。由于王朝专控的税收、司法等收入额度很低，而地方的税收和司法等收入很高，这些高出的部分原本也应该由王朝控制，但王朝却默许地方去收取了。在清代，老百姓不希望经常更换州县官，并不是因为这些州县官的清廉，而是因为他们已经把这些州县官给喂饱了，如果再换个饿着的州县官来，他们还得重新将这个州县官喂饱。如果这些贪官吃饱了，能够办些利国利民的好事，促进社会经济的发展，改善百姓的生活，百姓对他们还是很宽容的。问题是这些州县官"不以民事为重，易办之事则视为无关紧要，难办之事则又设法推诿矣。一入官衙，惟知打算每年出息若何，至于民生休戚，则始终不曾念及；一遇民事，惟思迎合上司喜怒如何，至于小民利害，则前后更不暇计；只觉眼前官职不甚尊荣，全忘治下子民曾否得所"。他们一边毫无止境地贪污，一边不按照经济规律办事，将手中控制的社会资源当作交易资本，在权钱交易过程中，破坏了社会经济，浪费了国家财政资源，还毁坏了社会经济赖以发展的各种经济资源，也使清王朝苦心积虑建立起来的维护社会治安体系，在缺乏经费的情况下，难以发挥维持社会治安的效用。

第四，刑罚与处分规定严苛，上下在规避刑罚处分的同时，一方面通同隐匿，一方面残忍暴虐，维护社会治安难见效果。

　　从上述有关律例分析中，可以看出，无论对捕役兵丁，还是对文武官弁，都有严厉的刑罚与处分，尤其是文武官弁，无论是保甲、捕役、兵丁等出现问题，还是下级官弁出现问题，都要承担责任。早在康熙时期，李之芳就提出外官参罚处分有罚俸过多、例不问贤否、则例纷纭等三弊。弊端提出，却没有解决方法，反而愈演愈烈。其"罚俸之举，或罚数月，或罚一年，所以生其愧，悔冀其自新也"。然而动辄罚俸，其效果并不大，如"其缉捕、催征、金差、疏防、交代、结案等项应议职名，往往一人一任之中，层见迭出，甚至罚俸降留之案，有积至数十件，逾至数十年者"。这些俸钱对官员来说，根本算不上什么，因为"天下之缺有肥有瘠，所谓肥瘠者，非俸之大小也，谓陋规有多寡也。吾尝计之各缺之瘠者，陋规之所入，或倍蓰于其俸；缺之肥者，或百倍之。今处分仅止于罚俸，则如九牛一毛，太仓一粟，拔而弃之，何关痛痒而顾有所愧悔耶"。轻罚不知愧悔，重罚又不免规避，因为"人之情也，催征不力之法重，不得不侵移；刑名失入之法重，不得不姑息；缉捕废弛之法重，不得不讳饰。刀笔出入，休咎从之，彼其心日谔谔焉，救过之不暇，而暇教养其民哉"。

　　文武官弁如此，捕役兵丁则将魔爪伸向民众。田翰墀《敬陈清苑蠹役需索之害疏》认为蠹役需索有买票、车钱、差账和息钱等"四害"，蠹役肆行无忌，鱼肉乡民，"而为民牧者方且形同昏聩，置若罔闻，率兽食人"。这正是："流民便作贼，迫于不得已。捕人亦作贼，何说以处此。世上流民尚可数，捕人林林遍官府，捕人安乐流民苦。""纪律不谙犹可言，纵奸豢盗皆兵役。"他们肆无忌惮地滥用权力，逼迫人民家破人亡，等于是驱民为寇，何谈维护社会治安！

说清法

　　《大清律例》定本 436 条，除了删除已经不适用的"钞法"之外，其内容基本是照搬《大明律》，而清代的法律规范体系总体上就形成了以《大清律例》为中心，由律、条例、事例、则例、成案、章程、禁约、告示等不同法律样式组成的一套体系。

明清的收继婚

收继婚是人类脱离乱婚阶段以后，却仍然保留有乱婚阶段某些被认为是合理习俗的婚姻形式。随着社会不断地进步，这种风俗也不断地被改变，开始是受到道德上的制约，渐渐又被纳入法律禁止的范围。风俗习惯有很强的承传力，在某些情况下也为道德所接受。然而，在百里不同风、千里不同俗的情况下，某些地方的风俗习惯就会被社会总体认为是不好的，在统一的国度里，这种被总体认为不好的风俗习惯，就会被国家以强制力加以禁止，并用国家认可的道德来进行移风易俗。明代已经进入中国古代社会的晚期，儒家的传统道德规范已经基本为社会所认可，而对于儒家传统道德所不能够容忍的收继婚，国家也有明确的法律条文加以禁止。即便是如此，在很多地区还存在收继婚，而且相当普遍。究竟是什么原因使这种现象能够长期存在？这涉及儒家传统道德的影响力、国家法律实施的效果和传统的风俗习惯。

一

在人类婚姻史上，收继婚曾经是一种重要的婚制，也是婚姻的一个重要发展历程。古希伯莱、印度、波斯等民族都曾经风行过收继婚，而现代的土著民族也大多保留过收继婚风俗。在收继婚形态上，有弟收兄妻、兄收弟妻、子收庶母、侄收叔母或伯母、外甥收舅母等，有人统计共有127种形态，这些形态实际上也就是同辈和异辈两种形式的变体，而最为常见的则是同辈之间的收继，即弟收兄妻、兄收弟妻，而弟收兄妻可以看作收继婚的婚姻常态。

　　古代华夏民族也曾经风行过收继婚。据顾颉刚先生的研究，"烝""报"就是收继婚的专用名词，在春秋前期，"人们把'烝''报'看作等闲事，《左传》里所以不为这种婚姻现象特定一名词，怕就因为这种婚制太通行了，不烦特定"。在战国时代，这种婚姻为各国所禁止，事例也很难找到。秦汉时期，国家法律禁止收继婚，对违反者实行重处。如汉朝诸侯王夏侯颇、刘孝，就是因为奸通父婢的罪名而被逼令自杀和弃市的。沈家本按：父御婢与父妾究有分别，此侯畏罪自杀，在《汉律》不知科以何罪？美阳（陕西武功）男子某，常以继母为妻，被县令王尊认为："律无妻母之法，圣人所不忍书，此经所谓造狱者也。"便以不孝子之名把他吊在树上，叫骑吏五人放箭射杀。寿丘侯刘外人"坐为子时与后母乱"而遭贬黜。燕王刘定国"与父康王姬奸，生子男一人。夺弟妻为姬。与子女三人奸"。公卿议定罪名为"禽兽行，乱人伦，逆天，当诛"。刘定国自杀，国除为郡。这些事例基本上都是异辈婚，只有刘定国有夺弟妻的行为，但在议定罪名时还没有被列入，说明在收继婚中的异辈婚是有禁止的，但也不是绝对的。因为《左传·宣公三年》有杜预注："《汉律》淫季父之妻曰报"，沈家本认为："汉法无死罪"，也就是说当时还能容忍收继婚中的收伯叔母，既然如此，对收继婚中的同辈婚就可不问了。

魏晋以后，收继婚中的异辈婚被纳入法律条文，"重奸伯叔母之令，弃市"的规定，实际上完全禁止了收继婚中的异辈婚。与此同时，收继婚中的同辈婚也有一些禁止。如东汉末年，有人就婚姻问题对曹操选拔人才提出看法，曹操下令："丧乱以来，风教凋薄，谤议之言，难同褒贬。自建安五年（200）以前，一切勿论，其以断前诽议者，以其罪罪也。"即便如此，收继婚中的同辈婚也没有纳入法律的条文。《唐律》关于婚姻有"诸尝为坦免亲之妻，而嫁娶者，各杖一百；缌麻及舅甥妻，徒一年；小功以上，以奸论。妾，各减二等"的处罚规定，此外还有"诸奸缌麻以上亲及缌麻以上亲之妻"，"诸奸从祖祖母姑"，"诸奸父祖妾"等处罚规定。"坦免"是女婿辈，"缌麻"是疏远亲属，"小功"为祖之兄弟、父之从父兄弟、身之再从兄弟。可见在唐代已经禁止收继婚中的同辈婚，但对兄亡收嫂、弟亡收弟媳，却没有明确的规定，也就是说当时还能够允许这种婚姻形式。

当汉族社会排斥、禁止收继婚的同时，活跃在中国历史舞台的少数民族或国家却仍然盛行收继婚。对于这些民族和国家的收继婚形态，民族学和历史学者都比较重视，有许多论著。学者们在讲到各民族收继婚时，重视到"胡人汉化"与"汉人胡化"的问题，但也看到"因俗而治"的一面。学者们肯定这些民族在取得政权以后，还保留有收继婚的习俗，同时也看到这些民族禁止汉人实行收继婚，在不断限制汉人的同时，他们自己也开始禁止。曾经对后代有一定影响的元代，"蒙古人的收继婚类型包括子收父妾、弟收兄妻、侄收婶母三类。这是现存资料中有例证的。现存资料中虽然无兄收弟妻之例，但这并不表明蒙古社会没有这种收继类型"。至于"元代汉人收继婚类型，见诸案例的，有侄收婶、甥收舅母、兄收弟妻，弟收兄妻。其中以弟收兄妻之例最多，可见叔接嫂是收继婚的常态"。"元代汉人只能行叔接嫂，其他类型的收继婚一律禁止、无效。而汉人叔嫂婚也有一定条件限制。1330 年以后，则连有条件的叔嫂婚也禁止了"。学者们强调这些民族政权限制和禁止汉人的收继婚，是尊重汉人的风俗习惯，其实这里也有民族优越感的寓意。

正因为元代在收继婚问题上有严格的民族界限，推翻元朝的明帝国对这个问题便采取了截然不同的措施。明王朝不但限制各种形式的收继婚，而且对蒙古、色目等民族的婚姻也限制起来。以朱元璋的心态，这是"前元之胡俗"，必须痛加革除。因此，无论是在他颁发的《大诰》，还是在他亲自过问的《大明律》上，都有明文规定，其处罚的严厉性也是前所未有的。然而，有明一代并没有完全革除收继婚，尤其是同辈之间的收继婚还相当普遍。这究竟是什么原因？为什么同辈之间的收继婚在法律严格禁止的情况下还能延续？这正是本文所要探讨的问题。

二

明代《婚姻律》中有关收继婚的条文如下：

《尊卑为婚》：凡外姻有服尊属卑幼共为婚姻，及娶同母异父姊妹，若妻前夫之女者，各以奸论。其父母之姑舅两姨姊妹及姨，若堂姨、母之姑、堂姑。己之堂姨及再从姨、堂外甥女，若女婿及子孙妇之姊妹，并不得为婚姻。违者，各杖一百。若娶己之姑舅两姨姊妹者，杖八十。并离异。

《娶亲属妻妾》：凡娶同宗无服之亲及无服亲之妻者，各杖一百。若娶缌麻亲之妻及舅甥妻，各杖六十，徒一年。小功以上，各以奸论。若收父祖妾及伯叔母者，各斩。若兄亡收嫂，弟亡收弟妇者，各绞。妾各减二等。若娶同宗缌麻以上姑侄姊妹者，亦各以奸论。并离异。

《婚姻律》中讲到"以奸论"，便要比附《刑律·犯奸》中的《亲属相奸》条：

凡奸同宗无服之亲及无服亲之妻者，各杖一百。若奸义女者，加一等。若奸缌麻以上亲及缌麻以上亲之妻，谓内外有服之亲。若妻前夫之女及同母异父姊妹者，各杖一百，徒三年；强者，斩。若奸从祖祖母姑、从祖伯叔母姑、从父姊妹、母之姊妹及兄弟妻、兄弟子妻者，各绞；强者，斩。若奸父祖妾、伯叔母、姑、姊妹、子孙之妇、兄弟之女者，各斩。妾，各减一等；强者，绞。若奸乞养子孙之妇者，各减一等。

尊卑为婚及娶亲属妻妾，除比附刑律的亲属相奸之外，还要追加财产处罚。尊卑为婚的判罚为："各离异，宁家，财礼入官。娶亲属妻妾的判罚：无力充徒哨瞭的决，有力纳米等完项，完满日着伍宁家，妇女各离异，财礼各入官。"若是比拟为奸罪，妇女还要"去衣受刑"。这种处罚的规定，就给一些恣意生事的幸乱之民和邀功求誉的贪官污吏以发财致富的机会，他们假借法律之名，而实行敲诈之事，给社会带来很大的祸害。为此朱元璋在他所颁布的《大诰·婚姻第二十二》中明确了前事不究、后事必办的态度。其文如下：

"同姓、两姨姑舅为婚，弟收兄妻，子承父妾，此前元之胡俗。朕平定之后，除元氏已承婚者勿论。自朕统一，申明我中国先王之旧章，务必父子有亲，君臣有义，夫妇有别，长幼有序，朋友有信，方十八年矣。有等刁顽之徒，假朕令律，将在元成婚者，儿女已成行列，其无藉之徒，通同贪官污吏，妄行告讦，致使数十年婚姻，无钱者尽皆离异，有钱者得以完全。此等之徒，异日一犯，身破家亡，悔之晚矣。胡人之俗，岂止如此而已。兄收弟妇，弟收兄妻，子承父妾，有一妇事于父生子一，父亡之后，其妾事于正妻之子，亦生子一，所以夫妇无别，纲常大坏，与我中国圣人之教何如哉。设理旧事，难为者多矣，所以元氏之事不理，为此也。今后若有犯先王之教，罪不容诛。"

朱元璋颁布《大诰》，可能收到一些效果，关于收继婚的诉讼案件似乎是减少了，因为现在能见到的事例确实也太少，黄彰健先生在编纂《明代律例汇编》时所收集有关收继婚的案例多起，并没有明代前期的案例。这是不是说法律的强制力起到效用，把收继婚的习俗彻底革除了？实际上并不是如此。为什么这样说，首先应该从明代初年的审判制度谈起。

朱元璋在洪武三十一年（1398）颁布的《教民榜文》明确规定："民间户婚、田土、斗殴相争、一切小事，不许辄便告官，务要经由本管里甲、老人理断。若不经由者，不问虚实，先将告人杖断六十，仍发回里甲、老人理断。"允许里甲、老人用竹篾、荆条决打和剖断，规定："老人、里甲合理词讼：户婚、田土、斗殴、争占、失火、窃盗、骂詈、钱债、赌博、擅食田园瓜果等、私宰耕牛、弃毁器物稼穑等、畜产咬杀人、卑幼私擅用财、亵渎神明、子孙违犯教令、师巫邪术、六畜践食禾稼等、均分水利。"既然婚姻问题是由基层来进行处置的，许多案件就不会进入官方的档案，当然也就无法看到。

在传统的风俗习惯根深蒂固的地方，人们并不认为这种收继婚，尤其是同辈之间的收继是违法的，民不告则官不究，民告之里甲则里甲自然也会按照本地的习俗处理。如果仔细翻阅地方志中的风俗志，就会发现许多地方记载有这种兄收弟媳、弟收兄嫂的收继婚风俗。地方志编纂者当然认为是不好的习俗，希望能有贤明的地方官对此痛加革除。那么，为什么许多地方官对这种违反法律的风俗习惯视而不见，甚至回避呢？以下的史料或许能说明问题。

成化二十一年（1485）二月二十六日，经礼部等衙门题准的违例为婚依律问断例：

五刑用于至公，使万民远罪，知有警劝；三纲行之合礼，裨男女修身，识效尚节。臣窃见男女嫁娶，近年以来，有兄亡收嫂，弟亡收弟妇者，有尊卑为婚，有姑舅而姨娣妹嫁娶者，有同姓为婚者，有居丧嫁娶者，虽律有明条，民不知禁。缘条禁不许牵告不干己事，人有争论，畏例不敢指攀；有告者，官府参系违例，立案不行。惟婚家户长当告，却被买嘱劝伏。有司问出真情，又哀矜主婚男女罪重及罪轻。重者，悯其生有男女幼小，不忍断离，又令和息，从轻发落。自以为阴骘。此非法之不严而人用之不严也。亦非人之好犯，盖人从之犯不止，甚至视作当为。似此民不知耻，心不知正，孝弟无由而生，节义何从而进。伤化败俗，莫甚于此！今后但有干己亲属及邻佑陈告前非者，即便受理提问，务要穷究明白，不分犯罪轻重，年月深浅，有无男女，必须依律问拟，照例发落，不许仍前哀矜，违于理法。敢有故违，事发一体治罪。如此，非惟法度施行，而万民知禁，抑且人伦既正，而男女知耻。前件，法司查行。近来男女婚姻者，多有人伦不顺，居丧或尊卑、良贱为姻，或同姓苟合。邻里畏惧违例不敢告，户长因买嘱而不肯举。问有告官，情罪昭然，有等官吏流于姑息，存心矜悯。应离异而不离异，当改正而不改正。又有托以体勘，终年未结，以致民不畏法，习以成风，以此败常乱俗。合准所言，今后各衙门遇有告讦前项违律为婚者，即与受理，从公查勘，审究的确，依律问断，毋容违犯，以伤风化。"

律有条文，民不知禁，这是法律与民俗的冲突所造成的现实。正是因为这种现实，才会出现民知不报、邻里相隐、买嘱息讼等诸多情事。至于官府立案不行，轻断和息，既有人情上的原因，也有制度和政治上的因素。

从朱元璋亲审《明律》到颁行《大诰》的二三十年间，收继婚没有消除，而清朝律例的出现与朱元璋时已经相隔百余年，收继婚仍然没有消除。虽然清代继承明代法律，收继婚也是在法律禁止的范围，但还是始终没有根除，一直到民国还有这种风俗。

民国时期，"在湖北襄阳谷城一带，谓之'转房'，甘肃陇西的俗语，则谓之'上舍'。其俗或兄故弟娶嫂，或弟故兄娶弟妇。安徽贵池、歙县的习惯，有同胞兄弟间，若身故兄无妻子者，则以弟妇转配其兄为妻，兄故弟无妻子者亦如之，亲属多赞成无异。赣南弟故以弟妇转配其兄，谓之'升房'。

赣县习惯，夫死其妇由夫之兄弟转娶，转娶者死亡，又可递娶，谓之'转婚'。这种风俗，浙江台属称为'接面'，泰顺叫作'转亲'，湖南名为'转房'"。可以说这种风俗遍布南北，不但为当地人所认可，而且被认为是理所当然的事。

顾颉刚先生曾经以自己的见闻来论述婚姻方式与社会变迁："我年轻时住在苏州，听说乡间'叔接嫂'的事情很多；到抗日战争时期，住在四川，听得川北方面有'大转房'的风俗，假如一家兄弟四人，各有妻室，不幸大嫂子死了，小弟也死，那么大哥和二嫂同居，二哥和三嫂同居，三哥和四弟妇同居，成为完整的三对；倘使大哥死了，四弟妇也死，那就大嫂嫁与二哥，二嫂嫁与三弟，三嫂嫁与四弟，也互相换成三对；如果老二、老三的夫妇有先死的，也循序转房，务使一家没有一个向隅悲叹的。弟兄之间，年龄比较相近，'叔接嫂'或'伯接弟妇'，不烦外求而自谐伉俪，在封建社会里比勉强寡妇守节或殉夫的，可以说是很近人情的一件事。就是比娶庶母、伯叔母以至嫡祖母为妻子的也顺当得多。"

不仅仅是顾先生注意到这种现象，就是我本人 20 世纪 80 年代在东北及华北考察历史档案保存情况时，也曾经听说过这种习俗，而且还参加过弟接嫂的婚礼，当时村民并没有把这当作见不得人的事，而是按照新婚的规格来操办婚礼，场面相当热闹。

三

从明初全面禁止收继婚到民国时期，在这长达 600 年的时间内，收继婚居然没有消失，而且还遍及全国各地，这就不得不谈明代在公布律例以后的具体实施情况；而要探讨为什么不能消失的原因，又不得不谈这种风俗产生的原因。

首先，婚姻之事对于地方官来说，承办起来是比较棘手的，因为断罪轻重，不但关系到婚姻双方的今后生活，而且关系到地方官自己的前程。按照《断狱律》，决罚不如法，断罪不当，官要受到处罚，甚至要丢官。因此，地方官对于这些事多采取"就和"的办法处理。从明代遗留下有关收继婚的案例来看，都是因为出了人命才被揭发出来的。对于地方官来说，他们所关心的是现实的政治经济利益，所以"今之守令以户口、钱粮、簿书为急务，至于农桑、学校，王政之本，乃视为虚文，而置之不问"。对于不关自己前程的事，地方官是不会尽心去办理的，朝廷新推下来的律例，"今有司固有行之者，然率为虚文，鲜实效，其行者去，而继者未必行，故其效鲜睹焉"。有这种上有政策、下有对策的做法，就不能期待他们会认真去革除收继婚这样的小事！

其次，无论中央还是地方，都没有把禁止收继婚当作主要政务，甚至根本就不纳入为政的范围。从现存的官箴政书来看，没有一种把禁止收继婚纳入政务之中的。收继婚属于婚姻范畴，为政者把婚姻纳入典礼和教化行列。典礼以朝觐为首，次及祭祀崇贤，再及祈雨禳灾，根本就没有把婚姻问题列入其内。教养一直是被列入政务之首，而"州县之长，莫不以教养为先，而催科次之，刑罚又次之"。实际上，"今之言政者，不以民生为念，而孜孜钱谷刑名用勤"。这种号称为大政，而又缺乏严格考核标准的政务，历来都是地方官言于口而不赴之行的事情，依靠他们来禁止不关考核，不关社会安定的收继婚，实际上也是不可能的。

再次，地方基层组织的里甲或保甲体系，在规定上是"有德善孝弟则举而旌之，有无良匪类则举而惩之。以及子弟训之谦和而好礼，父老勤其推恤而好义"。但实际上，地方官所重视的就是他们缉盗和催征的职能，谁也不会为收继婚这样的区区小事而严厉责备基层的。就这样，收继婚的风俗在这种民不举、官不究，民有举、官不办的情况下得以保留下来。

除了地方政府推行政策不力之外，收继婚风俗也有其存在的思想基础和民间多年形成的习惯作用。

收继婚本来是人类脱离乱婚阶段以后所形成的一种有限制的婚姻形式，虽然是比较原始，但从血缘遗传的角度来看，并没有近亲血缘关系，也不会出现遗传上的不良现象，这也是收继婚能够得到人们认可的原因之一。

随着社会的发展，人们的伦理意识也逐渐影响并规范着人们的行为，在这种情况下，隔辈婚姻逐渐成为人们所鄙恶的事，再加上政府用强制力加以禁止，收继婚中的隔辈收继便逐渐消失了，但同辈之间的收继却基于伦理的认可及官府的默许而保留下来。

在夏商时期，继承顺序曾经以兄终弟及再传兄子的习惯为主，在这种情况下所出现的收继婚习俗，必然是没有辈分限制的。对于这种习俗的意义，在汉代时，汉人已经完全不知，故汉朝使臣说："匈奴父子乃同穹庐而卧。父死，妻其后母；兄弟死，尽取其妻妻之。无冠带之饰，阙庭之礼。"而投降于匈奴的汉人中行说却不这样认为，他说："君臣简易，一国之政犹一身也。父子兄弟死，取其妻妻之，恶种姓之失也。

故匈奴虽乱，必立宗种。今中国虽详不取其父兄之妻，亲属益疏则相杀，至乃易姓，皆从此类。"说明匈奴的收继婚是建立在宗族和继承关系之上的。关于这一点，早期蒙古族也有这样认识："在他们中间，没有一个寡妇重新结婚，其理由是：他们相信，所有在今生服侍他们的人，在来生也将服侍他们，因此对于一个寡妇来说，他们相信她在死后将仍然回到第一个丈夫那里去。这就在他们中间引起一种可耻的风俗，按照这种风俗，有时候一个儿子把父亲所有的妻子都拿来当妻子，只有他自己的生母除外。因为父亲的斡尔朵总归最小的儿子继承，因此他必须供养他父亲所有的妻子，这些妻子都带着父亲的财产来到他这里。这时，如果他愿意，他可以把她们当作妻子来使用，因为，如果她们在死后回到他父亲那里，他并不认为这对父亲是一种不法的行为。"凡此，都说明收继婚是在宗族和继承制度下得以延续的。

西周以后，"立嫡以长不以贤，立子以贵不以长"（《公羊传·隐公元年》）的父传子继的继承制度得以确立，而随之而来的就是人们对共同祖先的崇拜，进而构成具有血缘关系的宗族体系。在这种情况下，婚姻就被看作合二姓之好，"上以事宗庙，而下以继后世也"（《礼记·昏义》）的大事，而"不孝有三，无后为大"的观念也在于传宗接代。以兄弟而论，是属于同辈，同样肩负宗族的延续责任。在这种情况下，如果有兄弟去世，只有要求妇女不能改嫁，或者改嫁不能带走子女。好女不事二夫，是道德上的要求，并不能规范每一个人，"妇失偶，群恶少争授榔肉，甚至三五家争娶者，往往至期攘夺"。大部分地区并没有严格限制寡妇改嫁，而历朝法律都没有规定妇女不许改嫁。不能带走子女，又不符合养育之情；子女随妇而嫁，则子女离宗，离宗则有违宗法。在这种情况下，兄接弟妇，弟接兄嫂，就被看作符合宗法的事情了。正因为这种原因，儒家并没有对此过分指责，而在元代以前，也没有把兄亡收嫂、弟亡收弟妇纳入法律条文。

朱元璋是在崇我中国圣教、革除胡人之俗的认识下，才将兄亡收嫂、弟亡收弟妇列入律条的。然而，传统的宗法观念和社会的现实，又有兄亡收嫂、弟亡收弟妇存在的基础。在这种情况下，完全禁止兄亡收嫂、弟亡收弟妇的收继婚，是很不现实的。

由此可见，在传统伦理道德尚未把同辈收继婚当作恶俗的情况下，同辈收继婚是得到社会认同的行为。正如顾颉刚先生所说："弟兄之间，年龄比较相近，'叔接嫂'或'伯接弟妇'，不烦外求而自谐伉俪，在封建社会里比较勉强寡妇守节或殉夫的，可以说是很近人情的一件事。"既然近乎人情，法律也就没有限制的必要。法律既然限制，国家也强力推行，但百禁不止，这当然有官僚机器工作效率的问题，但人情向背的事实也足以使这项法律难以推行。

老无所依

中国社会中的慈善活动和互助行为有着悠久的历史传统。从观念形态上看，慈善意味着对受困群体的同情、怜悯和关爱，由此产生出一系列相应的救助行为和公益行为；从组织层面看，主要有四类慈善机构起着济贫帮困作用，它们是宗族慈善组织、宗教慈善组织、政府慈善组织和社会慈善组织。从国家与社会关系看，这些机构可分为政府救助机构和社会救助机构两类。从历史变迁特征看，慈善发展大致可以划分为三个时期，一是宗教慈善占主导地位的汉唐时期，二是政府慈善救济为主的宋元时期，三是社会慈善勃发的明清时期。勃发时期的特点是王朝有"收养孤老"的法律规定，通过法律以保证社会救济制度的推行。

一

洪武元年（1368），朱元璋对中书省臣言："中原兵难之后，老稚之孤贫者多有失所，宜遣人赈恤之。"省臣曾以国用不足劝止，遭到朱元璋的训斥："老者民之父母，幼者民之子弟，恤其老则天下之为子者悦，恤其幼则天下之为父母者悦。天下之老幼咸悦矣。苟置其困穷而不之恤民，将恍然曰恶，在其为我上也。固周穷乏者不患无余财，惟是无是心，能推是心，何忧不足？今日之务此最为先，宜速行之。"所以"国初立养济院以处无告，立义冢以瘗枯骨，累朝推广恩泽。又有惠民药局、漏泽园、幡竿蜡烛二寺。其余随时给米给棺之惠，不一而足"。为保证"养济院收养鳏寡孤独废疾不能自养"的措施实行，朱元璋先将其著之于令，随后编入《大明律》。朱元璋将旨在规范孤贫救济社会行为的"收养孤老"，以法律的形式加以确定，并"永为定制"。

《大明令·户令·收养孤老》："凡鳏寡孤独，每月官给粮米三斗，每岁给绵布一疋，务在存恤。监察御史、按察司官，常加体察。"该条确立了官方救济孤贫的基本范围和标准，并责成监察御史、按察司官行使监察之责，以确保法律和政策得到推行。明洪武十八、十九年律，即《律解辩疑》所载明律，即在此基础上制定的。律云：

> 凡鳏寡孤独及笃废之人，贫穷无亲属依倚，不能自存，所在官司〔应收养而不收养者，止〕以监守自盗论。

该律对收养的范围进一步明确，并规定对政策贯彻不力之官员进行惩处。洪武二十二年（1389）律，即《大明律直解》对官吏渎职有了更加明确的规定：

> 凡鳏寡孤独及笃废之人，贫穷无亲属依倚，不能自存，所在官司应收养而不收养者，杖六十。若应给衣粮

而官吏克减者，以监守自盗论。

洪武三十年（1397）律中"收养孤老"条未作变动。洪武三十年律即《大明律》，被明王朝奉为"一代大法"，自颁行之日起到明末，除万历十三年（1585）合刻颁行《大明律附例》时改动 55 字外，内容未有变更。

清军初定燕京，但天下兵革未定，所面临的是巩固和扩大胜利的问题。在这种情况下，刚刚归顺的明朝降臣争相建言"速定律令"，为多尔衮所采纳。顺治元年（1644），多尔衮谕令："法司官会同廷臣详译明律，参酌时宜，集议允当，以便裁定成书，颁行天下。"经过近三年的努力，清代第一部成文法颁布，即顺治三年（1646）的《大清律集解附例》（实际是顺治四年四月二十四日颁布）。

顺治三年《大清律集解附例·户律·户役·收养孤老》：

> 凡鳏寡孤独及笃废之人，贫穷无亲属依倚，不能自存，所在官司应收养而不收养者，杖六十。若应给衣粮而官吏克减者，以监守自盗论〔凡系监守者，不分首从，并赃论〕。

该律基本沿袭了明律的基本内容，只在明律的基础上加入小注一条，则进一步明确了对"监守自盗"的处置标准是"不分首从，坐以赃罪"，此后的雍正三年（1725）律、乾隆五年（1740）律，"收养孤老"律文都没有变更。

清代的律为不易法，而例却因时损益，例原以辅律，非以破律，是所谓"例因案入，例实由律出"。乾隆五年（1740）以后，还形成五年一小修、十年一大修的制度。律与例并行的用意是，"盖法者，一成不易之举矩；而情者，有曲折轻重，非可以概论者也。是故断法有律，而准情有例。律守一定，而例则因时而变通"。有清一代"收养孤老"前后共增删修订有例 7 条。

条例 089.01："鳏寡孤独，每月官给粮米三斗，每岁给布一疋，务在存恤。"（此条系明代旧例。乾隆五年，以孤贫口粮，按季支给，现有定例，所以将此条删除。）

条例 089.02："直省州县所属养济院，或应添造，或应修盖者，令地方官酌量修造，据实估计，报明督抚，在于司库公用银内拨给，仍不时查勘，遇有渗漏之处，即行黏补完固。傥有升迁事故，造入交代册内，取具印结送部。其正实孤贫，俱令居住院内，每名各给印烙年貌腰牌一面。该州县按季到院，亲身验明腰牌，逐名散给口粮。如至期印官公务无暇，遴委诚实佐贰官代散，加结申报上司，毋许有冒滥扣克情弊。若州县官不实力奉行者，该督抚即行查参，照例议处。"（此条系雍正十二年，户部议复山东布政使郑宝禅条奏定例。）

条例 089.03："军流等犯，除年逾六十不能食力者，照例拨入养济院，按名给与孤贫口粮外，或年未六十而已成笃疾不能谋生者，亦一体拨给。其少壮军流各犯，实系贫穷又无手艺者，初到配所，按该犯本身及妻室子女，每名每日，照孤贫给与口粮。自到配日起，以一年为止，于各州县存贮仓谷项下动用报销。各州县有驿递之处，一切应用人夫，酌派军流少壮中无资财手艺之犯充当，给与应得工食。无驿递之州县，公用夫役，均令一体充当，逐日给与工价。仍令该督抚照各处现行章程妥协办理。"（此条系雍正十三年定。一作乾隆二年，户部议复福建巡抚卢焯条奏定例。雍正九年定例有："流犯年逾六十拨入养济院，给与孤贫口粮"之语，是以有"照例"二字。）

条例089.04："京师五城各设栖流所一处，安顿贫病流民。其修理房屋工料，及衣食药饵之资，每年每城动支户部库银二百两备用，如有不敷，许其赴部具领。如或有余，留于下年备用。该城御史督率司坊等官，实心办理。如有虚冒侵蚀等弊，照例交部治罪。"（此条系雍正十三年定。）

条例089.05："老人九十以上者，地方官不时存问，其或孤寡，及子孙贫不能养赡者，州县查明赈恤，详报督抚奏闻，动用钱粮，务令得沾实惠。"（此条系乾隆五年，遵照雍正元年谕旨定例。）

条例089.06："各省流寓孤贫，如籍隶邻邑，仍照例移送收养外，其在原籍千里以外者，准其动支公项银两，一体收养，年底造册报销。"（此条乾隆九年，户部议复吏科给事中钟衡条奏定例。乾隆十八年一度停止，但没有明令废除。）

条例089.07："凡被灾最重地方，饥民外出求食，各督抚善为安置，俟本地灾祲平复，然后送回。"（此条乾隆十三年奉特旨纂为例。乾隆十八年一度停止，但没有明令废除。）

二

"收养孤老"自明代入律，又经过清代的因袭发展，前后达五百余年，无论统治者重视与否，各级官吏贯彻执行情况如何，对社会的影响也应该是很大的。"收养孤老"律在法律上保证了孤贫人口的基本生存。统治者的初衷是为了维护社会的稳定，以维护自己的统治秩序，但通过立法、执法、监督等环节所建立的社会保障体系，还是具有法制化效应的。

首先，通过国家机关的立法和执法活动，确认和保护孤贫人口得到基本救助的原则。

综观我国古代社会救济制度的发展，统治者关注的重心始终是荒政，而对于社会弱势群体的日常救助，在制度探索和法律制定上则相对缓慢。宋朝的居养措施有了较大的进步，由临时性走向了经常性的政策，基本实现了社会救济的制度化。王朝构建了一套比较完备的社会保障体系，但对于恤养孤贫仍停留在具体政策的实施上。明王朝首次把"收养孤老"写入了《大明律》，这是对社会保障法制建设的一大推动。但是明王朝在法律的执行过程中，却没有形成相配套的制度体系，所以对孤贫的救济，无论是救济标准、机构建设，还是监督执行等方面都缺乏比较完善制度。清王朝在因袭明代"收养孤老"律的基础上，以一定数量的律例、则例、章程等进行补充，使收养对象、标准、救助机构的运作方面有了比较具体的规定，与此同时，还逐步完善自上而下的监督检查体系，也就在一定程度上保障了该条法律的有效执行。政策上升为法律和制度，使政策具有了稳定性。

其次，严格要求官吏和救助对象遵守法律，从而使法律规范能够发挥其本身的功能。

"收养孤老"律明确救济孤贫为官员的基本职责，应收养而不收养以及监管不力就要受到法律的制裁，这是该律的核心所在，也是确保孤贫救助事务的底线。收养孤老是地方政务之一，也是法律规定，地方官吏可以徇私舞弊，但不敢完全破坏收养孤老机构；救助对象可以改换名目而冒名顶替，但不敢不收养额定救助的人。法律规范作用应该说是明显的。

再次，"收养孤老"律在理念上虽然没有跳出历史的局限，特别是传统的人治凌驾于法律之上的当时，但是其社会意义与政治意义应该说是巨大的。

民为邦本，本固邦宁；水可载舟，亦能覆舟；治大国若烹小鲜之道在于安民。历代统治者为了维护自己的统治，对于人民采取的是牧养之道。朱元璋曾讲过："为治之道有缓急，治乱民不可急，急之则益乱；抚治民不可扰，扰之则不治。故烹鲜之言虽小，可以喻大，治绳之说虽浅，可以喻深。"这是一种浅而易见却又很高深的统治权术。尽管统治者在维护自己的利益时，不会以人民的意志为转移，但引导人民顺从统治，巩固统治基础，却是他们的治绳之道，"收养孤老"律无疑是统治者收养治绳之道的组成部分。

明清王朝在制定"收养孤老"法律的同时，进一步发展和完善社会保障制度，保障项目也从一般的收养，扩大到医疗、丧葬、安抚等救济方面。以法律来约束和督促各级官吏，不但规范了救济行为，而且提高了救济效率。朝廷每年从财政中拨出相当份额的钱款，并调拨粮米等作为养赡孤穷之资，意在保证孤贫人口的基本生存需求。在全国广设养济院、普济堂、栖流所、留养局、育婴堂等机构，意在挽救无助的孤老、婴幼，使他们不致流离失所。从养济院、留养局等机构的规章条款及实施效果来看，确实在一定程度上限制了许多孤贫流民的活动，也在一定程度上缓解了社会由于贫穷所造成的各种问题和动乱。

养济院的设立，使一些"鳏寡孤独及笃废之人无亲属可依倚者"得到救助，他们的生存有了一定的保障。养济院兴废与章程虽然屡经蜕化，但一直发挥应有的作用，以至在民国初期还沿用清王朝的旧制。如山东省的社会保障经费由财政厅拨给，各地的养济院也依然按照旧章运作。比如说，济宁州的养济院，旧在西关文胜街东，有大门3间，房屋32间，后来倒塌，至道光（1821—1850）时，仅存房屋6间，贫民皆不住堂，只是按期赴州署支领口粮；民国初期，也没有修缮养济院，依然按旧制发放口粮。明清王朝的各类救助机构，在流民安置问题上发挥着应有的作用，在一定程度上缓解了流民聚集带来的隐患。

明清两代均存在较为严重的流民问题，明清在安抚流民问题上的失误，激化了阶级矛盾，逼迫流民进行反抗。然而，明清王朝利用各地的栖流所，对流民实施收容与资送，这种安抚方式，虽然不能说完全缓解阶级矛盾，但在维护统治秩序方面还是起到了一定的作用。

应该承认，明清王朝对孤贫的救助，完全是基于维护统治秩序的目的，但在客观效果上，还是使相当一部分社会弱势人群得到救助，有了栖身之所和生存之资，哀鸿遍野与怨声载道的现象也有所减少。不能将明清王朝的孤贫救济作用无限夸大，但也应该将之作为明清王朝得以长期延续的一个因素，更重要的是，某些成败还能够提供一些经验教训。

"收养孤老"律例没有否定民间力量参与社会救济，而明清王朝在巩固统治的过程中，对民间力量的看法也有所改变。如明朝末年，江南的各种善会兴起。善会是所有以行善为宗旨的社团的统称。其形式分别有同善会、一命浮图会、惜字会、恤嫠会等，而且精神的支柱又不同程度地受到儒、佛、道三教的影响。对于这种具有民间救助的组织，王朝虽然没有提倡，但也没有反对，在某种程度上，一些地方官员还积极倡导。明末善会"不似宋代的救济组织，处处由中央政府或地方官领导，而以地方上无官职而有名望的人为领袖，同时被救济的人的资格并不受官方机构所定的注籍所限制"。民间力量得以进入社会救济的行列，"明末善会可说是一个前所未有的中国社会新现象"，这种新现象即便在发展过程中不是一帆风顺，但因为是符合社会发展的需要，必然会越来越强大，也会得到官府的认可并提倡。

　　清王朝在入关之初，为防止民间力量集结成反清势力，打击民间结社活动，对民间力量参与社会救济持否定态度，而随着政治统治的巩固，对民间的控制也趋于宽松，率先从江南地区兴起的私人善堂，不但得到朝廷的认可，地方衙门也尽力提倡。这一转折的标志，是康熙四十五年（1706），当时"颁赐京城广宁门外士庶所建普济堂'膏泽回春'匾额及御制碑文，每岁恩赏崇文门税银千两，口粮银二百两，两堂地租银千两，为养赡孤贫之用"。这一行动表明朝廷对民间参与社会救济开始持鼓励态度，而雍正二年（1724）的上谕，则开始在全国鼓励民间参与社会救济，将民间的救济纳入朝廷的规范。

　　"凡老疾无依之人，每栖息于此，司其事者，乐善不倦，殊为可嘉。圣祖仁皇帝曾赐额立碑，以旌好义。尔等均有地方之责，宜时加奖劝，以鼓舞之。但年力尚壮及游手好闲之人，不得借名混入其中，以长浮惰而生事端。又闻广渠门内有育婴堂一区，凡孩稚之不能养育者，收留于此，数十年来，成立者颇众。夫养少存孤，载于《月令》，与扶衰恤老，同一善举，为世俗之所难。朕心嘉悦，特颁匾额并赐白金。尔等其宣示朕怀，使之益加鼓励。再行文各省督抚，转饬有司劝募好善之人，于通都大邑，人烟稠集之处，照京师例，推而行之。其于字弱恤孤之道，似有裨益，而凡人怵惕恻隐之心，亦可感发而兴起也。"

这道诏令不但承认了地方慈善组织的合法性地位，而且要求地方官进行劝募，大力推广。新生事物往往来自民间的智慧，而其发展壮大则往往需要官方的支持和推广。"收养孤老"律例允许地方官员利用地方力量实施救助，一方面调动了民间力量的积极性及资金，另一方面也把民间力量纳入了法律的约束范围。

民间善堂的建立需要得到官方的认可，凡符合建立善堂标准的各种善堂，要得到地方衙门的批准，由官方给予执照，官方则要实施一定的查验，实质上是一种有效的监控。清王朝在防范地方力量发展壮大的同时，试图将地方力量纳入自己的轨道，虽然在一定程度上限制了民间救助事业的发展，但毕竟打开民间救助的大门。官方需要利用地方资源，而地方资源也希望得到官方保护，社会救济体系的"官民合作"特色，给社会救助发展带来了生机。

明清王朝以行政力量介入民间社会慈善事业，使民间慈善事业在目标上与官方取得了一致性。由朝廷主导、官民共同参与的社会救助体系，不但整合了社会资源，也有效地整合了社会力量，共同维护着政治统治基础。民间力量参与救济事业，使救济面拓宽，救济质量提高，更多的孤贫人口在沐浴着朝廷"恩泽"时，反抗情绪也有所缓和。明清王朝的末年，由于官方对社会救助问题的轻视，在社会救助方面所发挥的作用日益减少，而民间力量参与的社会救济在日益发挥作用的同时，不但有效地弥补了官府退出所造成的空白，也使民间力量得以发展，最终使一些民间力量成为王朝的反对面。

三

任何国家的法律都不能脱离政治，而法律作为政治的一种形式，在政治上发挥重要作用。政治的变化直接导致法律的变化，法律的变化又促进政治的变化。政治关系的发展变化对法的废止、修改和创制提出要求，法律则依据政治关系的发展变化而修订。以明朝孤贫救济来说，可以按照政治发展来分阶段。毛佩琦在1993年曾经提出开创（1368—1424）、守成（1425—1505）、祸乱（1506—1566）、中兴（1567—1586）、衰敝（1587—1644）等五个时期的划分。清代至今尚未有人运用这种分期方法，但从政治发展的角度，也可以划分为开创（1644—1712）、守成（1713—1787）、祸乱（1788—1859）、中兴（1860—1897）、衰敝（1898—1911）五个阶段。不过从孤贫救济角度来看，吏治虽然与孤贫救济密切相关，但从另外角度来看，吏治的衰敝却导致民间力量的介入，孤贫救济民间化却开创了孤贫救济的新阶段。

开创期的特点是创造制度，勒定一朝典章制度。朱元璋生活在元末社会危机已经全面爆发，政治混乱已经达到极点的时期。他不论在参加起义过程中抑或是在登上大明王朝皇帝宝座后，都曾多次总结元末政局及其导致覆亡的教训。他一再说："元之疆宇非不广，人民非不多，甲兵非不众，城郭非不坚，但一旦红军起于汝颍，便群盗遍满中原。"认为主要原因在于内部的自取灭亡，即所谓溃发于中。所以他坚持屏除"胡元之制"。力图仿照唐宋制度建立新的制度体系，而"收养孤老"律便在此时勒定的。清王朝初建，政局未稳，恢复社会保障体制，可以争取民心，也有利于政权的巩固。然而，在八旗铁骑横扫，三藩叛乱及各地反清武装抗击的情况下，当务之急是统一国土，没有精力、也没有能力全面恢复社会保障体制，仅仅是各地方视自己的经济状况而重建毁坏了的养济院，朝廷虽然基本没有投入，但在制度和法律上还是确立了孤贫救济的地位。

守成期的制度体系上处于较为稳定和发展的状态，在遵循祖宗基本制度的同时，制度上也出现一些变化。这一方面说明当时的经济得到较迅速的恢复，社会日趋繁荣，史称由乱入治。另一方面祖宗建立的制度在变化了的社会经济与政治条件下，有些不合时宜，不足以应对千变万化的情况，制度在某些策略上的调整也是必然的。在孤贫救济方面，从明代弘治《问刑条例》《皇明条法事类纂》等史料来看，孤贫救济也出现了一些新的规定，但也暴露出许多弊端。清代自康熙中叶以后，清王朝的统治基本稳固，对救助孤贫的财政投入也有所增加，而雍乾隆时期对律例的修订，使"收养孤老"的法律更加完善，但所暴露的问题，也跃然于律例之中，而君主屡下诏书恤孤贫，并督促地方重建和完善养济院等救助机构，对贫困人口的救助事业有所发展。因为"收养孤老"没有纳入地方官政绩考核范围，所以地方衙门对此关注不够，各地救济机构年久失修，财政也缺乏保障，救助机构勉强维持，甚至取消，置孤贫流离于不顾的现象也开始普遍起来。

祸乱期基本承袭前代的事例，而本朝所颁布的新例也附制度而行。本来应该是有新例依新例，无新例依旧例，无旧例依祖制；但是新例与旧例互相矛盾，祖制与新旧例也互相冲突，何者为先，何者当革，何者当兴，没有固定规则，"以恩侵法，以私掩公"，就会"政事多乖，号令不信"。这期间孤贫救济的弊端明显，而朝廷并没有应对措施。清乾隆后期，人口迅速发展，土地不足以为生，大量人口涌入市镇。在商品经济并不发达的当时，进入城镇的人口谋生困难，不得不铤而走险，已经成为城镇不安定的隐患。这些社会因素导致了律例的变化，增加了栖留所、粥厂等机构，在就地收养外来流民的同时，尽可能地将他们遣散回籍，以期减少社会不安定因素。嘉道时期，流民数量增加，他们扶老携幼，千百为群，络绎不绝，涌向城镇。辇毂重地的京师，仅沦为乞丐的流民就有十万以上，而嘉庆元年（1796）二月，一个寒冷的晚上，露宿街头冻死的就有 8000 人。当时土地高度集中，满族内部的阶级分化也更加严重，不但流民日益增加，就连八旗兵也因兵饷不足，大量典卖旗地，也渐渐沦为佃户或流民。"富者连阡陌，而贫者无立锥"，社会矛盾激化，连续镇压 16

年的白莲教大火刚刚扑灭，全国各地的星星之火又开始燃起。此后在内外双重矛盾冲击下，清王朝的统治已经出现危机，不可能去关注社会救济，而官方的救济机构在战争与人为的毁坏下，所存无几。如山东冠县，在捻军过后，养济院的院舍就荡然无存了，普济堂原有房屋18间，也仅存6间，院中隙地也多被强邻侵占。不仅仅是山东，其他地区的养济院和普济堂等救助机构也大部分荒废，土地则"欠租转佃"，转换主人，房屋则日久失修，大部分倾圮，又经"兵燹之余"，恢复实在不易。在祸乱期，官方的孤贫救助往往成为个人的行为，如明代吕坤《实政录》所提倡的养济院政策，虽然"在一定的范围之内唤起了人们对社会救济问题的关心，产生一定的影响。但是，他的养济院政策对以鳏寡孤独政策为中心的国家救济政策没有发生任何影响"。再如清代刘衡在四川梁山县勒定"绅捐孤贫章程十七条""官捐孤贫章程十六条"，发布"收养孤贫劝捐告示"等，身体力行，使收养孤贫扩大到200余名，远远超过朝廷规定的收养数额，也只不过是地方官的个人行为，并没有引起朝廷救济政策的变化。当官方救助机构遭到破坏的时候，民办救助机构却蓬勃发展起来。民办救助机构的发展契机，除了地方经济发展因素之外，与朝廷控制能力萎缩和民间在动乱中寻求自保有密切的关系。朝廷控制能力萎缩，不是朝廷对地方力量的失控，也不是出现所谓的"公共领域"导致官方难以介入。如清代民间在动乱中寻求自保，集结团练、民团等依附于士绅豪强，士绅豪强为笼络人心，创办各种救助机构，在一定程度上弥补官方孤贫救助的不足。

衰敝期的制度取舍出现混乱，不但制度的弊端显现无遗，制度崩溃的征兆也显露出来。明代的衰敝期，"民心、兵心、士子之心，将吏之心，无所不坏，要皆在廷诸臣之先坏而种种因之。重贿所归，使人不知法纪；以科场为垄断，以文字为纠连；举贪官污吏之所渔猎，豪绅悍士之所诳骗，愤帅骄兵之所淫掠，聚毒于民。民心既去，国运随之"。政以贿成，法纪虽存，然而人心不在。清代的衰敝期，"宫廷之般乐无度，本可以招丧亡，而官僚之庸之贪之腐，之高高在上，近于土木偶人，之收受陋规，几于公然舞弊，则当为辛亥革命之因"。此时"地方官吏全无实政，废事者酒色烟赌，终日酣嬉；有余力则奔走形势，不知其他；喜事者则任用蠹役，厚结劣绅；攘夺剥削，无所不至，而民情疾苦，毫无恫念于其中"。中央官吏"除去早衙签到外，闲来只是逛胡同"。真是败亡之典可述，败亡之政警人。在这种情况下，官方的救助机构根本不能发挥作用，而民间的救助组织却如雨后春笋般地发展起来，"虽然一些大型善堂仍保持与政府密切的关系，但越来越多的中小型善堂就纯粹是地方组织，它们的主办人身份也有所变化；清末民初之际甚至有些善堂以地方自治的基地自居"，进而成为稳定社会的地方组织，以致民国以后的社会救济，也没有脱离这种模式。

四

　　有研究者在通过对社会保障实践的历史考察指出："一定时期内的生产力发展水平，或社会经济发展水平是决定该时期社会保障实践活动的决定性因素。"从主观上来说，古代帝王都希望泽被苍生，人民安居乐业，但是主观必定受制于客观因素的制约。"历任父母非不欲举行恤孤之政，但州民复业无几，钱粮征收有数，存其心，无贷于财，安能及此哉！"社会需要救助的孤贫数量很多，而朝廷经济实力有限，是救助理想与现实之间所存在的必然矛盾。每增加一名孤贫，意味着财政预算中要增加一份支出；每增加一间房舍，意味着一个艰苦的筹资过程。统治者十分清楚，社会弱者是收之不尽、养之不竭的，所以明清王朝对各地方收养孤贫限定了数额："各州县收养孤贫，准于地丁内报销者，每处不过数名，或十数名不等。此外或有官地官房收租或金交商生息，经费有限，而额数亦拘。"孤贫的确认也有严格的条件制约，这些制约条件主要包括年龄、残疾程度、户籍、政治道德等条件，还要受到养济名额的限制。孤贫要进入养济院接受救济，首先必须取得乡约邻佑保状，经地方官员的严格审查，最终报皇帝核准。"在统治者眼里，一个名额不仅仅意味着一名孤贫，更重要的，它意味着一项钱粮的征收。"养济机构的名额确立后，继任者往往因袭不变，有研究者在考察两湖大部分州县不同年代所修方志时发现，其中所载孤贫名额都是一样的，部分州县也有增额和额外收养的情况。增额意味着地方财政负担的增加，其难度较大，一般要奉上级命令或征得上级同意。

在官府财政困境加剧的情形下，官方收养孤贫的条件限制越来越严苛，"普济堂以收养贫病老人为主，而养济院则比较强调贫困的残疾之人"。当官府财政困境加剧或社会动荡之际，孤贫钱常成为被裁革的对象。在没有财政支撑的情况下，即使是笃废疲癃极度困苦之人，也应该与养济院无缘。一旦财政状况好转，养济机构的堂宇又得以修建，孤贫支出重又列入预算，传统的养济救助事业就这样在时兴时废、时宽时严的过程中发展的。

韦伯认为："中世纪，家族在欧洲实际上已消失了，在中国却完好地保存着，它与经济团体一起在地方行政机构中起作用，并在某种程度上向未知的其他方面发展。"中国古代国家的形成，不是因为家长制家庭关系完全解体，而是在家长制家庭内部的血缘关系和与之相辅助而成的公社土地关系直接演变而来。因此家长制家庭关系在国家发展过程中国家化了，以婚姻为纽带的家族关系也政治化了。正如梁启超所讲："而所谓家族之组织，国家之组织，村落之组织，社会之组织，乃至风俗、礼节、学术、思想、道德、法律、宗教一切现象，仍岿然与三千年前无以异。"家庭单位作为社会基本组织的形态，在中国得以长期延续，内部有着类似于国家的权力分层，具有政治和经济的双重功能。每个家庭的成员在"忠孝"的规范下，服从于具有最高权威的"父家长"，这种家庭本身的稳定性，构建了整个社会的稳定秩序。这种稳定性不但削弱了社会变革的潜力，也给朝廷的施政带来了阻力。地方衙门施政得不到当地宗族的支持，不但权力难以深入到基层，而且会影响到地方的稳定。

在以家族为本位的社会中，皇帝被渲染为国家的"家长"，而社会成员则成为其子民。"中国政府就完全建立在这种伦理关系上。客观的家庭孝敬是国家的标志。中国人认为自己既属于他们的家庭，同时又是国家的儿子。在家庭内部，他们不具特性，因为他们所在的实体单位是血缘和自然的单位。

在国家内部，他们同样缺少特性，因为国家内部占统治地位的是家长制。政府的任务仅仅是落实皇帝预先制定的措施。皇帝像父亲一样，掌管一切。"正是这种"父"与"子"的权力关系，塑造了其在社会保障中的"施舍"理念和被动性。

与明清官府救助机构的大量出现相呼应，世家大族效法范仲淹家族义庄，纷纷设立义庄。据统计，清代仅苏州就有义庄达 179 个，其中清代创办 168 个，占 94%。对同族贫困者进行救助是义庄的建庄原则。明清时期家族一般都拥有一定的经济基础，即以义庄为主要形式的族产。族产除了用于祭祖、修谱之外，主要用以救济困难族人。设立义庄救济族人，有利于维护社会的稳定，因此得到朝廷的支持，"立家庙以荐蒸尝，设家塾以课子弟，置义庄以赡贫乏，修族谱以联疏远"，成为清王朝的祖训。

这种宗法模式的传统社会结构，决定了社会保障以家庭为主的自我保障性质。在传统社会，家庭、宗族，特别是宗族所设立的族田、义田等承担了保障的主要职能，但其具有较强的封闭性、狭隘性、排他性，在很大程度上限制社会性保障事业的发展。

古代统治者将救济孤贫视为朝廷的责任，是统治者代天理物的职责所在。在早期儒家传统中就已经有了"政府应是社会福利的主要甚至是唯一提供者"的想法，所谓"天下之穷民而无告者，责令官司收养，可谓仁政矣"。中国历史上的大部分时期，均以儒家思想作为治国的指导思想，"天地之大无弃物，王政之大无弃民"，这是历代统治者所标榜的"仁政"原则。

中国古代国家一直是一种家国同构的结构方式，朝廷视臣民为"子民"，百姓视朝廷为"父母"，"父母"对"子民"的生产、生活等各个方面全盘负责，被认为是十分自然的事情。明清"收养孤老"以法律的形式明确了这种责任，落实到现实中。作为一种"罪"的认定，官吏不收养孤贫，就是失去"父母"的责任，要受到责罚，而百姓的孤贫被收养，官吏则尽到抚育之责，为民"父母"的政治体现在法律当中。

法律的制定需要符合社会现实，如果是法因弊立，弊由法生，循环往复的一法立而一弊生，不但法律的尊严容易受到伤害，人民也将失去对法律的尊重。明清在"收养孤老"法律实施过程中，曾经出现过许多问题，统治者不去从根本上找原因，仅因弊立法，当然也免不了陷入循环往复的怪圈。

救济孤贫所追求的是社会利益而非经济利益，其立法的真正意图应该在于构建一个稳定的社会，但统治者所着眼的仅仅是巩固统治秩序。所以朝廷在救济立法和政策制定及实施中，体现出较强的被动性和阶段性。在统治秩序面临危机的时候，统治者往往注意"施仁政"，而一旦国家安定或出现财政上的困窘时，救济孤贫又变为"非急务"。明清统治者所关注的是大规模的自然灾害所引起的社会混乱，弱势群体的日常救助责任更多地为地方所承担，在维护社会的稳定为朝廷的首要目标时，也失去社会稳定的一个重要方面。

"收养孤老"法律的核心内容在于规范官吏的救助行为。律文明确规定官员"应收养而不收养"的行为要受到法律制裁，但又限制收养的名额，给付有限的资金，而何者应收养又没有明确的规定，这就为官员规避责任提供了便利，更没有缘由对他们实行制裁，从《刑案汇览》合刊本所收的7600多件来看，"收养孤老"方面没有一个刑案，则可见这条法律的实施情况。

孤贫救助虽然有"收养孤老"法律的支持，但是救助事务却取决于地方官的素质。如朱元璋认为："若县令贤明，则赋敛平，徭役均，诉讼简。"清康熙帝曾经感叹："有治人，无治法，但能真正任事者亦难得。"雍正帝则认为："治天下惟以用人为本，其余皆枝叶事耳。"在行政权力包揽一切的当时，"人存政举，人亡政息"，所依赖的是"人治"。在"人治"的政治环境下，法律必须服从于政治，而政治则取决于主事者，在这种情况下，君主的"喜怒哀愁"与地方官的"奉上安下"紧密地联系在一起。君主的"喜怒哀愁"，使救助政策缺乏稳定和连续性；地方官的"奉上安下"，使他们只注意把和上级的关系弄好了，而置人民的利益于不顾。因此，对"收养孤老"法律在当时所起的作用，既不能估计过高，也不能说作用全无。

牢头不"牢"

　　明清州县都设有"监"，也称为"狱"或"牢"，这是朝廷规定设置的监狱，除了负责关押罪犯之外，对犯罪嫌疑人也进行收押。为了审讯上的方便，有时也收押原告，因此各州县实际上还存在一些拘禁人犯的非正规的监狱，有收容重罪犯的"监"，拘禁轻罪犯人的"羁铺"，羁押欠债罚赎人质和人证的"差馆"等，形成层次分明的三级牢狱体系。在牢狱管理方面虽然有官、吏、卒等，但面对众多的人犯，如何实施有效管理却是难题，因此从人犯中选拔牢头协助管理，便成为一般州县通行的做法，牢头为恶，使用私刑欺凌其他人犯，就成为明清州县监狱普遍存在的问题。

一

　　依据明清法律规定，看守狱房之人是狱卒，也称禁子、禁卒，他们是役，仅有一些工食银，勒索犯人便成为他们主要的经济来源。在监狱中选拔一些狱囚为首领，采取以囚治囚之法，便于对狱囚的管理，这就是牢头。牢头也是狱囚，因为某些原因，他们在监狱中获得了特殊地位，从而可以支配其他狱囚，并借助监狱赋予他们的权力，往往以狱囚的支配者自居，对其他狱囚进行非法的人身和财产侵害，谋取利益，成为狱霸。监狱管理者在谋求管理方便的同时，往往也通过牢头勒索财物，如明代福建惠安县"囚常不满二十，而禁子岁编七人定于官，人三两六钱，取诸民则四五倍矣"。于是在监狱内既有贪财的狱卒，又有了凶恶的牢头狱霸。

牢头之强横在明代是路人皆知的，吕坤认为："监霸多系豪强之人，买通吏书，役使禁卒。凡犯人入监，无钱打点，伊即替多出，务满需索之意。未出监门，利已加倍，或家中典卖田园，或临时剥脱衣帽，伊且自待甚尊，奉身甚侈，狱中大小，皆其气使之人，凡欲短长，皆得趁意随心之便。甚者市恩报怨，捶楚号呼，每称再杀一人，只是添一又字。教唆新犯变乱是非，就中取利，而豪无赖者，又为之羽翼焉。又有狱吏、禁卒相与朋党为奸，为害不可胜数。"因此，即便是身为高官，一旦银铛入狱，也难免受牢头的勒索侮辱，如明末兵部尚书傅宗龙，以"拂上意下狱，入门即索钱，及行至天下太平一门，钱尽，监门者闭不使入。宗龙彷徨门外，俟续取钱至方入"。兵部侍郎谢启光，也因事下狱，"为牢头索诈不遂，被击数掌"。给事中李清上疏云："不知提牢官所司何事，而致令狱吏之贵，移为牢头之横。"又如，崇祯时，魏忠贤十狗之一的太仆寺少卿"曹钦程以逆案论死，十余年来，逆案诸人，正法略尽，而钦程独存，遂为牢头。每一缙绅入狱，需索万端，必大有所获而后已"。这是刑部大狱，在天子脚下尚且如此，在天高皇帝远的地方州县监狱，牢头之横就更难免了。

明末清初的朱士稚，顺治四年（1647）从浙江按察司监狱出来，向好友王猷定讲狱中之事，"始入，狱卒导罪人至狱司前索金。故事，罪人入见狱吏，无重轻皆输金，卒如之，又推罪人有赀为牢头者主进焉，而后掠其私，谓之常例钱。金多者，虽重罪处净室，或自构精舍以居。否，置一狱名套监，周遭树木栅，地秽湿覆以腐草，郁蒸之气，是生恶虫，罪人械而入，卒持其两手縶栅上，使不得便，须臾虫触人气百千攒集人体，自耳鼻缘入衣襟，凡属有窍，虫满其中，经画夜，虽壮夫生什不得一二。折而下一径，黝黑盘曲深坳，突有石门，犴狴司之，门坚重启之声似吼，阴风飒飒从内出，炎暑当之股栗。中多积尸，臭达门以外，罪人既入，狱卒闭两门，逻者仅存一窦通勺麋，白昼鬼鸣鸣狰狞立人前，强有力者与之角，众鬼来，人力不胜则立毙"。是一番黑地狱的描述，而所谈的牢头，却是明清两代监狱难以清除的弊端。

于成龙（1617—1684），字北溟，山西永宁州人，明末副榜贡生出身，历为广西罗城知县、四川合州知州、湖广黄冈府同知、黄州知府、江防道道员、福建按察使、福建布政使、直隶巡抚、两江总督。在为两江总督时，认为"牢头之恶，更为惨毒"，要清理地方监狱，提到自己在为广西罗城知县时，在府的监狱里遇到"府监囚犯，哀诉牢头、禁卒之虐，天日俱惨"的情况，而江苏省的情况更坏，"更有牢头酷炙，新犯尤为惨烈，一待新囚入禁，百端苛索，讲盘敛费，苟不厌壑，置之黑阱冤枷，以至吊拷威逼，汤火非刑，无所不至。串同捕卒，教贼扳良，尤其长技，或有身家之人偶犯羁禁，必倍遭其迫胁，荼毒不至，满欲不止"。但他似乎也没有办法根除这些弊端，只有"仰速时刻留心严饬所属，矜恤囚犯"而已。直到乾隆二十四年（1759），浙江巡抚庄有恭，将长兴县牢头费云海在监凌虐监犯的事情上奏，才勒定"斩绞人犯如有在监年久，自号牢头，串通禁卒、捕役，挟制同囚，吓诈财物，教供诬陷，少不遂意，恣意凌虐，凶恶显著者，审实，即照死罪人犯在监行凶致死人命例，依原犯罪名，拟以立决。其寻常过犯，酌量严惩示儆"的条例，有了惩治牢头的专门法规。

浙江省长兴县监犯费云海，是"顾士元等谋死金浩如等二命案"的同案犯，早在乾隆九年（1744）就被判处绞监候，经过历次秋审，均被定为缓决，在监狱关押已经15年。该犯在禁年久，遂称号牢头，同监罪犯无不听其指挥。由于"后来禁卒俱属新充，凡遇罪犯进监，并由该犯吓诈钱文，将钱分给"。其在监凶横不可一世，向各犯索取随身钱物，如无给与，即加荼毒。乾隆二十二年（1757），该犯与捕役费鸣皋认作兄弟，将家口也接进监狱同居，并"嘱令费鸣皋置备钥匙二把，至夜自行开锁，并将同监相厚之命犯徐文学、杨文、管世选等代为开放"。乾隆二十三年（1758）六月，"命犯王国治进监，无钱送给，该犯肆行殴辱，择用紧铐加扣，王国治受苦不堪，有伊婿钱应和探知情惨，措钱三千文送给。该犯将钱八百文分给禁卒姚升等，自得钱二千二百文，始将王国治镣铐松放"。不久，"窃犯韩阿七被获收禁，该犯知系前司访拿贼匪，亦用紧铐加扣，并不许给饭食。韩阿七情急，信知伊弟韩复兴措给钱十千文。该犯嫌少，索添银五十两，韩复兴无措，又卖房付给九折银三十九两，始将韩阿七镣铐宽松。该犯将钱七千文分给牢书、禁卒，自得足钱三千文，并九折银三十九两人己"。由于多次得手，此后便变本加厉，"有命犯潘泰成亦因无钱送给，该犯如前凌虐，向索银一百两，并许教令翻供减罪，潘泰成允许。该犯随令费鸣皋往唤潘泰成之弟潘宾臣进监向索，潘宾臣无力求减，当措七折钱三十五千，由费鸣皋转给。该犯自得七折钱二十四千，余钱十一千分给牢书、禁卒。又，有监犯王贵笼，该犯因逼索无钱，嘱令扳害无辜之董天成，计图进监索诈，后经该县审释，始幸获免"。由于事情闹得太大，被知县刘光汾察知，将该犯严加提讯，各款罪行均属实，申报到浙江巡抚庄有恭，将有疏忽之责的典史题参革职，并将案情上奏，指出："费云海一犯，本以谋杀二命拟绞监候，历次秋审蒙恩缓决，该犯敢因在狱年久，自号牢头，外通革捕，内挟刑书、禁卒，凌虐众囚，肆行吓诈，并非寻常监犯强横不法者可比。本年秋审时，因要证费鸣皋未获，该犯狡展，案未审定，仍以缓决定拟。今既究得不法实情，合将费云海一犯请旨敕下法司，于本年秋审案内，改照情实定拟。庶使凶暴知所警惧。"此外还建议："各省严饬有狱官，将年久罪囚不时查察。如敢有仍藉牢头名目向进监人犯凌逼索规者，轻则立提杖责，重则详报督抚审明立案，俟秋审时声明入册，分别定拟。似亦清理禁狱之一端。"经过乾隆皇帝的批准，刑部议复，最终勒定条例，惩处牢头有了法律依据，但并没有消除牢头狱霸把持监狱的弊端。如道光十四年（1834），有一起案子："童三与同监犯人张二自号牢头，梁三与刘六称为锁头"，他们勾结在一起，图谋讹诈钱财。于是用"兜三折、二人轿等名目"，将张斌等26名新犯百般折磨，"共讹得京钱九百余千，童三等与旧禁各犯并禁卒等瓜用"。

直隶总督声请将童三、梁三拟为斩立决，却被驳回，"改拟情实，赶入本年秋审办理"。照样监禁，他们的牢头、锁头的地位依然如旧。

牢头在监狱里锦衣玉食，又能够欺诈狱囚，挣下千万贯家财是很容易的事情，因此他们不愿意出狱，如果是遇上大赦，他们必须出狱，往往有些失落。如清人方苞《狱中杂记》云："奸民久于狱，与胥卒表里，颇有奇羡。山阴李姓，以杀人系狱，每岁致数百金。康熙四十八年，以赦出。居数月，漠然无所事。其乡人有杀人者，因代承之。盖以律非故杀，必久系，终无死法也。五十一年，复援赦减等谪戍。叹曰：'吾不得复入此矣！'故例：谪戍者移顺天府羁候，时方冬停遣，李具状求在狱候春发遣，至再三，不得所请，怅然而出。"

无独有偶，清代同治年间，有在狱中时间较长久的囚犯与胥卒表里为奸，鱼肉诸囚，成为一件奇羡之事。当时有山东人张某，在北京经商，后来因杀人被判处绞刑，在狱中十年，每年依靠敲诈新入囚犯收入几千金，并将这些钱交给其妻子，供养家中的母亲、子女。到光绪乙亥年（1875），因为光绪皇帝即位而大赦天下，张某被释放出狱。计算几年来的收入，"则已赢数千金"。他出狱之后即为悔恨起来，"以诸治生事皆莫如囚之逸而丰也"。后来，张某在家居住一年多，郁郁不乐，甚至最后采用冒名顶替的办法重新入狱。当时"会坊中有伙殴人致死者，案送刑部。张喜得间，急以金贿部吏，使窜己名从犯中，遂复系狱，所积益不赀"。1890年，光绪帝大婚，慈禧太后归政，又是大赦天下，于是狱中其他囚犯就开始想办法将张某清除出狱，以便顶替，"欲效其所为，而资望势力皆不及，计非去张，不得专利。乃亦以重金贿吏，于张案独声明其久在絷下，恣为奸利状，请递解回籍，以弭后患。堂司官可之，如所请行，张遂携妻子橐万金出都门矣"。临出狱门时，张某甚至十分心痛地说："吾遂不得复居此耶。"可见，由于在监狱中做牢头获利颇丰，有人甚至把做牢头当作一种好的谋生手段。与一般狱囚不同，他们希望能够长留狱中，甚至在离开后还想方设法重返监狱。

二

监狱中牢头的危害有多种，特别是恃强凌弱、动用私刑的情况很多。对于许多囚犯来说，入监之后，不仅仅要受到刑讯之苦，由于狱卒、牢头的横暴，还要经常遭受囚犯之间的私刑。根据《福惠全书》所载，牢头在对罪囚进行敲诈勒索时，遇到稍不遂意的情况，则加以凌虐。主要包括以下几种私刑：

> 本管牢头与众牢头群来帮殴，名曰"打攒盘"。
>
> 夜间倾水湿地，逼令睡卧，名曰"湿布衫"。
>
> 将犯人足吊起，头下向卧，名曰"上高楼"。
>
> 捏称某犯出入，难以提防，既上其枷，又笼其匣，名曰"雪上加霜"（今匣已禁用，将两板夹其身，以足套于楞木之外，缳以铁索，使身不得动转。狱中见此，巫命去之）。
>
> 新犯入监有钱者，本管牢头先设酒款待，私与开锁松枷，以示恩惠。次早众牢头俱来拜望送礼，三日本管

牢头开账，派出使费，名曰"铺监"。

牢头诈饱，又唆散犯各出钱五六文，买鸡肉等，送与新犯。本管牢头，又派一账，如不遂意，即唆散犯，成群凌辱，名曰"打抽丰"。

无钱使用者，遇亲属送饭来，故令饿犯抢去，甚至明绝其食，名曰"请上路"。

又有泼湿草荐，令卧其上之恶。

有逼勒终夜站立，不许睡倒之恶。

有私加短索，扣锁过夜之恶。

有以手杻撞犯人胸额，枷板痛打脚底之恶。

有穷犯无钱，即剥取衣服之恶。

有新经杖责之犯，故将柏香熏焚，托言解臭，刑处触受，流血不止，不得生肌之恶。

除上述牢头使用的私刑之外，还有如前所讲的兜三折、二人轿等名目。所谓的"兜三折"，就是将人蹲屈，用口袋装起，将之乱摔或乱打。所谓"二人轿"，就是将人扯住四肢，高高举起在地上蹾碰。所以时人认为："监狱为至苦不堪之地，禁卒牢头，为残忍狠毒之人，罪人苟入其中，非买命有钱，未有不受异样凌虐者。"诸如此类，所有谈起牢头作恶的人，常常用"不可枚举"来形容，可见牢头使用私刑的手段极多。

明人佘自强及清人郑端曾经讲过监禁的弊端："狱中之弊无穷，最可恶者，狱中多年恶囚，智力足以制服群囚，或党与足以疏瓿众囚者，不论几人，牢中名之曰牢头。"作为与狱卒、禁子相通者，牢头在对囚犯进行管理的过程中，必然对其他囚犯进行勒索、恐吓等，其危害主要包括以下几个方面：

第一，对新进囚犯进行财物勒索，对富户实施诬扳。牢头一般都和禁子相勾结，禁子"每一日使一牢头值日，有新犯进监，则与之接风设酒，费一钱要还数两，一不遂意，百拷千磨，异常惨毒"。如果新犯系因犯盗罪入狱，那么"牢头教之以供，报平日仇家，或一方家温食厚之人。官府不察，提摄到监，则此辈之鱼肉无所不至。在诬扳者，破家身亡。在犯盗入监者，得计改口，而牢头则从狱中放账"。这些牢头所扳害的人，"一入狱中，无一人不破家者"。

第二，牢头在狱中横行，容易出现反狱暴动。"禁子得牢头之利，则必爱之惜之，遇晚松刑，且使之身藏利刃，出入无禁，公然拥妾私家者，往时反狱之弊患，正坐此"。明人吕坤认为："近日有司常不下监，牢头禁卒日久情熟，安常心怠。夜间，囚犯既不入匣床，又不上锁镣。彼贼无一念生理，心怀百计脱逃，虎兕出柙，非掌印官之过欤！"州县官固然有责任，但其事务繁多，监狱事务还是依赖禁子，也就不免禁子与牢头狼狈为奸。

第三，牢头对囚犯进行教引，导致囚犯翻供，致使大奸大恶漏网。"小民犯法，即情节重大，亦未必有甚机械，自有牢头教引。一入监后，即便为铁口百舌，究使变诈反复，大恶漏网。"犯人铁口翻供，审官得不到证据，自然无法将之定罪，而牢头则从中牟取私利。

第四，牢头熟悉律例，对审官及管狱官的性情了如指掌，能够兴起滥讼之风。"牢头在监日久，其心思别无他用，往往某官某官性情，一一探讨在胸，是以狡囚为人作一诉词，或告一打网抑状，或做一截招诉状，无不能颠倒是非，害遍一方，此狱中纸笔之害。"主守教囚反异，律有明文禁止，但所谓教囚反异都是司狱官、典狱卒，对本身就为犯人的牢头却没有规定，他们教囚反异，也就逃脱了法律的制裁。

第五，牢头虽然身在狱中，却能够通过其监外亲属来危害良民。"牢头身在狱中，每每使子弟亲戚，将远年田地，无干事情，波害一方人众。一方人畏之如虎，多送月钱。至于江洋大盗，党与伙劫，贿救累囚，千百弊端，有未能缕数者。"为什么一方之人都怕他们呢？因为一旦遇有强盗案件，"不惟黠于贼易挟嫌嫁祸，且有捕役、牢头择殷教柔囚而为利者，即官为审释，良民已受累不堪矣"。即便是最终确定是无辜的，但所受之累，不仅仅是经济上的损失，在重视名声的当时，一旦涉及诉讼，被官府提讯，将成为终身之玷，子孙都难以在乡里乡亲面前抬头。

三

牢头为害，几乎是所有州县官都心知肚明的，一遇重大案件，捕役与牢头相勾结，诬害良民，敲诈富户，波及甚广。既然是牢头为害，总要预防，尤其是在"繁、疲、冲、难"[①]等要缺具备的大州县，监狱的犯人比较多，仅凭狱卒很难对

[①] 清雍正间，分定全国州县为冲、繁、疲、难四类，以便选用官吏。照雍正时的解释：交通频繁曰冲，行政业务多曰繁，税粮滞纳过多曰疲，风俗不纯、犯罪事件多曰难。县的等级高，字数就多，反之，字数就少。冲、繁、疲、难四字俱全的县称为"最要"或"要"缺，三字（有冲繁难、冲疲难、繁疲难三种）为"要"缺，二字（有冲繁、繁难、繁疲、疲难、冲难、冲疲六种）为"要"缺或"中"缺，一字或无字的县称为"简"缺。

囚犯实施有效管理，而设置牢头，也是管理狱囚的无奈选择，因为"狱犯众多，若无牢头统辖，彼性皆凶悍，每起争竞"。既然是管理，那么制止牢头在狱中对其他囚犯动用私刑，并能够调动起囚犯的积极性，将囚犯组织起来，便成为州县官们的驾驭之术。

首先，明确现行管理的责任，让管理监狱事务的刑房书吏履行其监督之责，责令身为管狱官的吏目、典史经常巡查监狱，而身为狱官的州县官要不定期地去巡查，最好是不让相关的人员知道，采取突然袭击的方法。"印官于起更后，不时携带监簿笔砚，先至监外默听，火夫有无敲梆巡逻（火夫躲监，常有在被窝中敲梆者，不可不察）。然后密启监门，监门仍令掩闭把守，不许余人出入，查看刑书有无值宿，狱卒有无熟睡，各监门有无上锁；然后开门，逐犯点名，有无遗漏；再验逐犯有无手杻足铐及项锁。若应杻铐而不杻铐，应墩槛而不墩槛，与不应杻铐而杻铐，应锁项而不锁项，有五长者，五长狱卒之罪；无五长者，止狱卒之罪；俱注明监簿，与贪睡之狱卒，不巡逻之火夫，不值宿之刑书等，并于次日早堂提拿，分别惩处。"此外，责令刑书清查牢头监霸，也是可行的方法，"如有牢头监霸轮作火头，或以照面稀汤，熏鼻坏饭，不得半饱，多科饭钱，每日刑吏回风，务要指实禀治"。那么吏目、典史，"于牢头狱霸行暴殴人，当衣夺食，放钱卖饭"等情况，要"时加体悉，重犯严关防之法，不肯凌虐，斯为称职，而子孙享其余庆矣"。

其次，废除任用牢头的"顶首银钱"制度。"牢头系年久罪囚，欲为牢头，例有顶首钱，狱卒居间交易。故一为牢头，便肆横作恶，诈索银物。"因此，除去顶首钱，将囚犯按轻重罪编整起来，"法宜于犴狴门内分为四层：第一层，近狱神祠者为软监，一切重案内，从轻问拟者，应追赃未完，及拟徒候遣者居之。第二层，稍进者为外监，流罪及人命窝逃正犯，偷窃未结者居之。其两层，专令狱卒掌管。第三层，又进者为里监，所谓重监是也，人命正犯，已结拟辟，及强盗审明，情可矜疑者居之。第四层，最深邃者为暗监，所谓黑狱是也，强盗历年缓决，及新盗拟辟者居之。其两层，令本监狱罪囚，轮流充伍长管辖，而狱卒为之总理，其牢头名色，竟行革去"。让囚犯轮流充当伍长，没有牢头名目，却能够收到囚犯自己管理自己的功效。

如何组织囚犯，各州县官使用的方法不一。潘杓灿认为采取保甲制度的编排方法，"将监内人犯，用保甲法，挨名编定一册，照依千文字号，十名编为一甲，开置一牌，背书禁约。牌中自首名以至十名，轮流值日为甲长，周而复始，互相稽察。再置鸣冤锣一面，悬于黑门，如有需索凌虐，许被害鸣锣叫喊，司狱转报查究。如本甲容隐不举者连坐，值日甲长加责。如有致死鸣冤人犯者，抵命。如系死囚，立毙杖下。仍须亲身不时进监查点，讯问有无前项恶习，则新犯旧犯互相管辖，无牢头专权，有甲长察弊，庶棘木之下可少冤魂"。黄六鸿则认为采取轮流之法，每五名编一字号，黑狱以"修心悔过孽障自消"为字号，重监以"诸恶莫作众善奉行"为字号，"如头五名，第一名修字一号，第二名修字二号，五名排完；次五名，第一名心字一号，第二名心字二号，余仿此。不足五名之数，名曰'畸零'，即排于临末字号，作某字号六名。每一名管四名，自第一名充伍长为始，管辖五日；至第六日，交与第二名，亦管辖五日；挨次管完，又交与第二字号第一名，周而复始，照此挨轮"。然后责令伍长，"凡所管四名之内，有生事争斗，饮酒赌博，不守法度，俱令此一名禁饬。如不遵禁饬，即说知狱卒，对众笞责。又于两监门外，各置铜锣一面。如伍长借端需索凌虐，及狱卒无故作践罪因，或受贿欲行谋害，许本因即鸣锣叫喊，守外禁卒，值日提监刑书，立刻禀报，以凭严究。如伍长凌虐众囚，狱卒不举，狱卒并坐。如狱卒作践众囚，欲行谋害，如伍长不举，伍长并坐"。这样的编排，较每甲 10 名便于管辖，而且明确 5 日更替，比轮流值日容易管理，而具体如何操作，则视地方官关注程度，朝廷并没有硬性规定。

其次，为了便于对监内罪囚滥用私刑进行有效监控，制定必要的规章制度，将各项注意事项书写明白。潘杓灿认为，在监狱内设立"狱中保甲牌"，其正面书写监狱第几保第几甲及字号、姓名、犯罪情由、给发年月日等，其背面书写条约8 条。希望因犯时时诵读，凡有牢头、禁卒凌虐，即时禀报，以便予以惩治。

此外，管狱官加强对监狱的巡视，如果管狱官能够身体力行，在一定程度上便可以消弭牢头为恶的弊端。如明正统（1436—1449）年间，常州武进人毛靖宇，在为阴阳正术时，被巡按御史（部使者）委派管理监狱事，"有二人争讼系狱，一富一贫，贫者病，富者以白金五十两赂君，令勿容医入视疾，且阻隔其饮食，欲置之死，君厉声叱之曰：'尔独不畏官法，且置此人死无难，其如人心天理何？'辄令医与之药，且召语其家人，时具饮食，贫卒赖以全活"。因为管狱官的关心，发现弊端及时更正，使牢头的阴谋不能得逞，这也是管狱官行仁的体现，所以其事迹得以传扬。

明清州县监狱滋生牢头与私刑的怪胎，固然是专制制度所造成的，但牢头对监狱秩序及朝廷法令的挑战，以及所造成的危害性，无论是统治者，抑或是州县官都很清楚。他们批评这种现象，揭示其危害性，也提出和实施了一些办法来解决这一问题。不过，从实际效果来看，牢头和私刑并没有得到有效遏制。许多狱囚既要接受国家刑罚的惩罚，忍受恶劣的生活条件，还要遭遇牢头和私刑，其命运十分悲惨。实际上，牢头、私刑的产生和存在有许多原因，如监狱内条件的恶劣、资源的稀缺，部分狱囚头脑狡诈、有恃强凌弱的习惯，朝廷以及法律对狱囚的冷漠，以囚治囚的管理方法，再加上牢头狱霸活动的隐蔽性、对狱卒的控制不严，部分官吏、狱卒与牢头互相勾结和利用，等等。在这些问题没有得到很好的解决时，单纯从某些具体规定、措施、程序、操作手段上入手，至多能收一时之效，很难予以根治。

喝干这盆洗澡水

按照古代的审判制度，在每一个案子结案之后，都要写一篇"判牍"。什么是"判牍"呢？用今天的话来说，就是一个结案报告。在这个所谓的报告中，主审官员要记录下案件过程和相应的判决结果。只不过这种记录是按照当时官方规定的公文体撰写的，是一种符合当时司法文书规范的记录方式。恰恰是这么一种司法文书方式，把当时每一个案件的发生与审判情况记录下来，称之为"粘连卷"，给理解当时的司法裁决提供了方便。那么给大家讲的"妙判"又是什么意思呢？在过去，一些文人出身的官员在办理完案件之后，将判词进行文学加工，也就成为"妙判"，这种判牍对案情的叙述往往是环环相扣，使用的文字也很优美，并且用了一些典故，使整个判牍文采飞扬，判决结果也往往出人意表，有时不得不让人拍案叫绝。

话说清代山东莱州府近郊，有位少女名杨二姐，生得娇美艳丽，是个远近闻名的美人，且待字闺中，求婚者络绎不绝。她的邻居李大根是个无赖，早就垂涎杨二姐的美貌，总是想方设法地要和她亲近亲近，但杨二姐一是嫌李大根貌丑，二是嫌李大根性格凶暴残忍，三是嫌李大根不务正业、游手好闲，加之家里人的反对，所以拒绝与李大根来往。李大根虽然无缘与杨二姐亲近，但垂涎之心已有，总是暗地窥测她的行踪，等待时机。

机会终于来了。嘉庆十六年（1811）夏日的一天，烈日当空，酷暑难耐，李大根因思念杨二姐，跑到杨二姐家附近的树下乘凉，不时地向杨二姐家张望，希望能够一睹芳容。同样因为天气炎热，杨二姐没有出门，但门外酷暑，门里闷热，少许时间便大汗淋漓，于是杨二姐拿出澡盆，烧些热水，准备洗个澡以去去烦热。孰不料拿盆、倒水的乒乓声被李大根听见，抬眼望去，似乎明白了什么，一时大喜过望，便蹑手蹑脚地悄悄摸到了杨二姐家的后窗下。

杨二姐弄好了洗澡水，一面脱衣服，一面用手试探水的冷热，不一会儿，衣服脱尽，杨二姐看到自己光滑的皮肤，不由得脸红起来，对着一盆清水，观看自己的身影，颇有顾影自怜之势，正是"添两颊之红潮，徘徊顾影"。杨二姐进入浴盆，用水轻轻湿润自己的身体，待用毛巾擦拭后背时，余光发现后窗有人窥探，不觉大惊失色，连声惊叫。杨二姐的惊叫声被邻佑听见，纷纷起来，将偷看的李大根擒获。

这里先讲一下什么是邻佑。大家一听"邻佑"，马上就会想到是邻居，但这个邻佑与现在所理解的左右隔壁、对门儿的邻居含义是完全不一样。中国古代一直将"邻佑"视为一个群体，是指居住在邻近，可以互相佑护的人。那么这个邻近的范围究竟有多大呢？在清代的法律中，举凡在本人居住的周边5里（2500米）范围内，都算是邻佑。而且按照当时的律令，这些邻佑都有"守望相助"的义务，凡有谋反、谋叛、斗殴杀人、兴贩私盐、私铸铜钱、私习邪教、私藏军器、私出外境及违禁下海、强盗行劫、白昼抢夺、盗田野谷麦、略人略卖人、夜无故入人家、窝留盗贼、买良为娼、容留聚赌、失火等事情，邻佑都有刑事责任，凡是知而不举报，不协助擒拿，不积极救火救助，都要被判刑，重者杖一百、流三千里，轻者也要笞四十，而对于谋反、谋叛等重案要案，邻佑知情容隐，与犯人同罪，要被判死刑。什么是容隐呢？容隐就是容留与隐藏，凡是容留与隐藏犯人，就要与犯人同罪，如果犯人是死刑犯，容留与隐藏犯人也要被判处死刑，但要区分知情与不知情，知情判罪，不知情从轻处罚。杨二姐的叫喊，邻佑听闻，如果不来救助，按照当时的法律规定，至少是杖八十。大家想啊！有这样的法律规定在，这周围的人又有谁敢不前来援救杨二姐呢？他们从四面八方涌向杨二姐的家，这李大根还能跑得了吗？所以李大根无处逃匿。邻佑协助抓住了李大根之后，就与杨二姐一起将李大根押送到莱州府，具状要求知府严惩无赖。

当时的莱州府知府是谁呢？那就是大名鼎鼎的张问陶（1764—1814），字仲冶，号船山，人称张船山，翰林院出身，在当时可以称为是最高学历，因此也颇受人尊敬，其在文学、思想方面的造诣，更是得到时人与后人的推崇。

大家试想一下，这么一个才华横溢又非常聪明的人，面对着这样一个案子会怎么判呢？又会用什么样的语言来描述杨二姐的美貌和李大根的凶恶呢？还是先从这个案子的判词说起。其判词如下：

讯得杨二姐，葳蕤弱质，小姑犹是无郎；而李大根豹虎性成，色胆竟思猎艳；往日垂涎已久，恨无嫌隙可寻；一朝机会忽来，讵肯凭空放过？

这段话先交代了案件的起因，一个漂亮的姑娘，还没有结婚；一个生性凶猛的小伙子看上了姑娘，早就对姑娘垂涎三尺了，只是没有机会亲近，现在有窥探的机会，能够放过吗？这段判词用了几个对比句，"葳蕤弱质"对"豹虎性成"；"犹是无郎"对"竟思猎艳"；"垂涎已久"对"机会忽来"；这就把案件发生的原因交代清楚。"葳蕤弱质"是华美艳丽的意思，"豹虎性成"是凶猛丑陋的意思。这里有个问题，即"豹虎"是什么动物？是豹子老虎的意思吗？不是，豹虎又称为金丝猫，实际上是一种蝇虎科蜘蛛，不会织网而擅跳跃，性凶猛好斗。用在这儿，就是说华美艳丽的杨二姐，被凶猛好斗的李大根盯上了，所以才会发生偷看洗澡的事情。那么张船山对当时案发现场的具体情况是怎么来描述的呢？涉及哪些偷看的细节呢？判词继续写道：

祸缘杨二姐，罗襦乍解，背人悄试兰汤；绣带旋松，随手抛将藕覆；添两颊之红潮，徘徊顾影；皱一弯之青黛，婉转凌波。

这段判词中交代了案件发生时的场景，而且文字写得很优美，生动地刻画出少女洗浴的情景。这里解释一下"藕覆"，这是古时妇女于裤之下端，另以布帛制成的桶状物缚于脚踝间，前遮足面，后蔽足根，与现在的膝裤、裤袜相似。面对这样一个场景，李大根的内心蠢蠢欲动。那么他的内心是怎么想的？张船山描述如下：

> 而水声之轻蘸，顿惊隔院登徒；遂谓香泽之堪亲，遽效逾墙宋玉。寺非普救，无有张生；地异巫山，不逢神女。

这段文字交代了李大根作案的动机，以为会得到杨二姐的爱，实际是一厢情愿的妄想。他听到洗浴的水声以后赶来偷窥，心里想的是杨二姐应该是个多情女，是自己梦中情人。这里用典故来进行比喻，将李大根的单相思刻画得淋漓尽致。

"顿惊隔院登徒"的"登徒"，即登徒子。"登徒好色"是有名的成语，是形容一个人好色，贪恋美色的意思。那么实际上的登徒是否好色呢？却是值得商榷的。"登徒"为复姓，见于战国时楚国宋玉所写的《登徒子好色赋》，宋玉说登徒子的妻子长得又丑又邋遢，还有一身癞疮，就是这样，登徒子还能够和她连生 5 个孩子，所以登徒子应该是"好色"，此后"登徒"就成为好色之徒、色狼的代名词。其实宋玉《登徒子好色赋》所讲登徒子的这段话，按照现代人的看法，登徒子娶了那么丑的女人，还能和她相亲相爱，和睦相处，应该是爱情专一的好丈夫，就是被宋玉加上一个"好色"，很难再洗脱了"好色"的罪名，但是这种愿与丑妻相伴终生、忠贞不贰的男人，又有哪些良家妇女不喜欢呢？

为了说明李大根的心理，张船山接连用了"逾墙宋玉""普救张生""巫山神女"等几个典故。"逾墙宋玉",是指楚国宋玉的东邻有女,貌可倾城倾国,因为喜欢宋玉,便在墙头窥视三年,希望引起宋玉的注意,而宋玉却若无其事。"普救张生",是元代著名杂剧作家王实甫的《西厢记》中的故事,书生张珙,在山西永济普救寺邂逅已故崔相国之女莺莺,产生爱情,莺莺在侍婢红娘的撮合下,夜奔西厢探慰张珙,最终成就一段爱情,一句"愿普天下有情人都成眷属",将爱情置于功名利禄之上,成为男女相爱的名言。"巫山神女"的神女,帮助大禹治水,成功后定居巫山,幻化成著名的巫山神女峰。战国时楚怀王游高唐,梦与神女相遇,神女自荐枕席,后来宋玉陪侍楚襄王游云梦时,作《高唐赋》与《神女赋》追述其事。张船山用这几个典故,是比喻李大根总想着杨二姐会主动地爱他,正可谓是痴心妄想。正因为是痴心妄想,所以这李大根才想出了偷窥的这么一个方法来。那么他又是通过什么方法偷看的呢?张船山在判词中,针对这个疑点又是怎么记录的呢?

> 红窗六扇,欲窥浴兮何难?白屋三间,即偷香兮亦易。看含春之莲苞,但有荷荷艳出;水之珠胎,是真咄咄。

这段判词交代作案的经过。李大根为什么能够看见的呢?这里写得很清楚。本来嘛,有六扇窗户,被人偷窥并不难,三间草房,就是偷情也容易。那么李大根看见什么呢?这里应该是文人自己的猜想。本段所用的典故就是"韩寿偷香",比喻男女私通。晋朝初年,有位名叫韩寿的美男子,与司空贾充之女贾午情好，家里人并不知道，而贾午将家中所藏的西域异香赠予韩寿。这种香在当时非常少见，只有高官权贵才能够享用，贾充身为"八公"之一，相当于丞相级别，因此才能够得到此异香。韩寿因为佩戴此异香，被同僚揭发检举，贾充得知，便拷问贾午的侍女，了解贾午与韩寿通奸的情况以后，唯恐事情张扬而失去颜面，不得不把贾午嫁给韩寿。

值得一提的是"白屋三间"。按照明清的礼制，一般百姓盖房仅允许三个间架，就是三间房，即便是富有，可以盖上几十间房子，但每所房子必须是三个间架，如果超过，便是"违制"，不但房子要被没收，盖房人与住房人都要被判刑，至少是杖一百，还要枷号一月以上，就是戴着25斤的木枷在城门或闹市游街示众。为了规避"违制"，古代百姓也多有创造，比如说"明三暗五"的建筑。所谓"明三暗五"，就是加盖阁楼，在下面一层是三间，上面一层是两间，总算为五间。按照典制规定，厅堂五间便是一、二品大员才能够使用的，因为房子是三个间架，即便是寓意于厅堂五间，官府也无可奈何。说完房子，再回到本案上来。正因为是平民百姓，只是普通的房子，所以李大根轻而易举地偷看到了他人洗澡，但被杨二姐发现了，发现以后的情况如何呢？张船山在接下来的判词中用了两个精妙的词来形容：

奈此狡童，吓破犀娘小胆；怜彼淑淑，忍叫鼠辈轩眉？扭赴讼庭，乞伸国法；含垢忍辱，似怒还嗔。

本段交代了案件起诉原因，就是偷窥被发现了，小姑娘被吓坏了，当然要将偷窥者扭送到官府，为自己伸冤。这里用了"狡童"和"犀娘"的绝妙好辞。"狡童"一词出于《诗经·郑风·狡童》："彼狡童兮，不与我言兮。维子之故，使我不能餐兮。"意思是："小伙子啊太狡猾，不肯和我再说话。为了你啊为了你，害我饭都吃不下。"这本来是女子嘻骂男子的昵称，犹如"坏蛋""小滑头"的意思。古代姣、狡、佼三字相通，也有美好、美少年之意，这里当然是讽刺之意。"犀娘"是指相貌不俗而脾气很大的姑娘，形容姑娘非常厉害，得理不饶人。李大根的偷窥，连这颇为凶悍的美娇娘的胆都吓破了。也难怪，要是一般的女子，被人偷窥也不敢大肆声张。

判词写到这里，案件的起因及经过都讲完了，但最重要的判决还没有做出。如何进行判决呢？现在的男人偷看女人洗澡，在道德方面，属于偷窥行为，违反了社会公德；在法律上，侵犯了他人的隐私权，可追究其法律责任。按照《治安处罚条例》可以进行拘留。那么在当时干了这样的事情又会怎么处理呢？有"大清神断"之誉的张船山，自称爱民如子，谨遵朝廷律法，于是申明判决理由如下：

本府疾恶如仇，爱民如子；若不从严惩办，何以正风化而匡人心？自当照律科刑，聊以安良善而戒来者。惟是风流罪过，未为入幕之宾；允当菩萨心肠，且开放笼之鸟。

惩办的理由是"正风化而匡人心"，"正风化"是当时的地方官重要责任。所谓的"风化"，一般是指社会公德和旧习俗，往往涉及性的话题，在民国时期还有"妨害风化罪"，有16条法律，凡是强奸、轮奸、强奸杀人、强制猥亵、乘机奸淫猥亵、奸淫幼女、诈术奸淫、血亲相奸、引诱容留良家妇女、引诱他人卖淫、公然猥亵、散布贩卖制造和持有猥亵物品，都要被判刑。那么具体到这个案子，张船山究竟会怎么判决呢？

李大根偷看杨二姐洗澡，并没有给杨二姐造成肉体上的伤害，律法对此行为也没有明确的处罚规定，但李大根的行为不仅伤风败俗，还给杨二姐带来精神伤害，如果不加以惩处，于风化、人心都有影响。因为《大清律例》中有一条"不应为"的规定，给裁判官以很大的自由裁量权。凡是被时人或官府认为不应该做的事情，都可以看作不应为，轻者可以笞四十，重者杖八十。按照这条法律规定，李大根属于不应该偷看杨二姐洗澡，就是不应为，如果按照法律裁断，笞四十是恰如其罪的。宋元时期，笞杖之刑都减三下，是天饶一下，地饶一下，朕饶一下，比如说杖一百，就打九十一下。朱元璋一改元代的制度，一面严定法律以重惩犯罪，一面将笞杖打折以示皇恩浩荡。于是天饶两折，地饶两折，朕饶两折，剩下四折还要取整，清代因循。比如说四十板的四折是十六板，取整为十五板。说起来不多，但如狼似虎的行刑皂隶，按照规定用刑去处，即在臀腿上狠打，李大根也可能是终身残废。所以张船山思索再三，最终免去李大根肉体之刑。然而，要是不对李大根进行适当的惩处，不但杨二姐气不能消，对扭送李大根的邻佑也无法交代。那么张船山又是如何安抚杨二姐？让邻佑及观看审判的人们满意呢？

应判令李大根，将杨二姐浴汤，一饮而尽。识如兰之气，狂奴当亦无辞；充惜玉之心，巨盏无妨引满。此判。

这个令人叫绝而出人意表的判决，是令李大根将杨二姐的洗澡水喝干。幸亏当时的木浴盆容积有限，如果是现在的浴缸，李大根真的要被撑死了。所以判令李大根喝洗澡水，是让其在广庭大众面前丢尽颜面，更让观者引以为戒。判决以后，张船山还不无嘲讽地讲：你不是想闻闻杨二姐身上的香气吗？现在你应该如愿以偿了。权当你怜香惜玉，一大盆洗澡水也不妨一饮而尽。这正是：

嬉笑怒骂成文章，休怪他人论短长。

大媳妇和小女婿

　　案件发生在清代乾隆年间的河南省某县。那时候的河南有一种很不好的习俗，就是给七八岁的小孩子，娶一个二十几岁的成年妇女做媳妇，这一是为了照顾孩子，二是可以照顾公婆，更重要的还可以充当劳动力，操持家内外的各种劳作。大家想一想，一个青春正茂的女子，一进门就当保姆，还要承当繁重的劳动，而且是名为夫妻，却不能过正常的夫妻生活。等到小丈夫长大了，自己的青春年华又不在了，更何况在那个时代，稍微有点钱的人，都要娶妾，所以当时有俗话说："农夫若余五斗粮，一个小妾入土房"，可见娶妾的现象相当普遍。小妾入房，已经成年的丈夫又怎样能够再看得上饱受劳累、历尽沧桑的老太婆呢？这种泯灭人性的风俗，正不知有多少青春貌美的女子身受其害。有人说了，为什么要嫁给小丈夫呢？一句话，穷呗！

　　清人曾经有《嫁女词》讲道："富家嫁女易，罗列紫鸳鸯。贫家嫁女难，牵犬出东厢。"富家女有大量的陪嫁，出嫁时风风光光；穷家女没有陪嫁，还要带走家中所养的狗，更有甚者，穷家女为了自己的家庭，用身体换取财礼。这种近似于买卖而没有爱情的婚姻，要是在现代，妇女早就告到法院，去寻找自己的幸福了。可是，在那个社会，妇女上哪里去告状？她们连登上县衙大堂的资格都没有，因为《大清律例·刑律·断狱·妇人犯罪》条规定："妇女有犯奸盗、人命等重情，及别案牵连，身系正犯，仍行提审；其余小事牵连，提子侄、兄弟代审。"也就是说，妇女除了奸罪与强盗罪之外，是不能够上公堂的。那时候户婚、田土、钱债，被称为"细事"，岂能够让妇女上堂？妇女有冤屈，只好往肚里咽，反抗是毫无前途的。然而，爱情是伟大的，有些妇女虽然明知反抗无望，但也不愿意逆来顺受，所以不顾一切地进行反抗。

此案的主人公名叫翠兰，因为家庭贫穷，拿不出陪嫁，都26岁了，还没有找到婆家，就在父母包办下，许配给一位姓唐的人家，讲明不要陪嫁，还给数目可观的彩礼。

不要陪嫁，又给彩礼，这应该是好事，可是许配的是唐家幼子，年纪还不满8岁，这显然是不可能和谐的婚姻。翠兰家穷，人口又多，父母所指望的是用彩礼为翠兰的兄弟娶媳妇，哪里管翠兰的感受？翠兰再不愿意，也不能够违背父母的意志，也只有以泪洗面了。

婚期到了，翠兰哭哭啼啼地上了花轿，来到婆家，与那8岁的小丈夫拜了天地，进了洞房。按照当地的习俗，新婚次日，亲戚朋友都要前来祝贺，可是问题出现了。当亲戚朋友已经齐聚在一起的时候，新婚夫妇却迟迟不露面。但见新房的门紧闭，眼见到正午了，新房的门还是不开。公公婆婆等不及了，便来到门前呼唤儿子，却只听见儿子的声音，不见儿子的人影。唐家老俩口急忙捅开窗户纸，往里一看，只见儿子被捆绑在床脚下，一身单衣，正在瑟瑟发抖。老俩口吃惊地向儿子喊："怎么了，是谁把你捆在那里？"儿子回答："昨天在夜深人静后，有一个彪形大汉从床下出来，把我绑在这里，他却搂着新媳妇睡觉。"老俩口说："你为什么不喊叫呢？"儿子说："我要喊，他们就要杀我。"

儿子话音未落，床帐开启，从里面出来男女二人，其中那位彪形大汉说："我与你们的新媳妇是自幼相好，青梅竹马，彼此情深，不想却嫁到你家，陪伴你们的乳臭儿，我心不甘。所以昨天乘你们办喜事忙乱之时，进入新房。你们应该容我与你们的新媳妇重叙旧好，尽欢而别。如果谁敢破门而入……"说着从衣袖内拿出一把刀，指着他们的儿子威胁道："我就把他开膛破肚了！"

面对这种情况，举家惊慌失措，不知如何是好。而那彪形大汉在新房中，不时地索要酒肉饭食，并威胁说："你们不给我好吃的，便杀掉你们的儿子；给我吃得不丰盛，也杀掉你们的儿子！"唐家人没有办法，只好按照彪形大汉的要求，一一满足，将食品送过来。彪形大汉并不开门，而让送食品的人从窗户缝隙把饭菜放在窗前的桌子上，用长绳拴着唐家的儿子，叫他到窗前去取。取回来之后，先命令唐家的儿子品尝，然后男女再一起共食，吃剩下的再给唐家儿子果腹。吃完饭之后，让唐家儿子将器皿放到窗口，让送饭食的人取走，再用绳将唐家儿子拽回来，重新绑在床脚下。

好事不出门，恶事传千里。一时间左邻右舍，前村后镇的人都来围观，都担心会伤害那小儿子。人多口杂，谁也想不出什么好主意，更没有什么解救之方。就这样，相持了三天，才告到官府。县太爷闻知，也大吃一惊，便亲自前往观看，眼见为实，此时不得不承认现实。

既然是告到官府，官就不得不办理了。于是这位县太爷问："新媳妇有父母吗?"众人回答："有。"县太爷便派人将新媳妇的父母带到，叫他们呼喊他们的女儿。父母高呼："翠兰，你快出来吧! 千万不要干傻事!"翠兰如何肯答应。县太爷看翠兰的父母呼叫不管用，就命令皂隶用竹板打翠兰父亲的屁股，用牛皮拍子打翠兰母亲的嘴巴。翠兰的父母疼痛难忍，高声呼叫，其声甚惨。打完之后，再让翠兰父母呼喊女儿，翠兰仍然不回答。县太爷命令再打，打完了再呼喊，如此反复三次，翠兰母亲挨了一百嘴巴，翠兰父亲挨了二百板子，老俩口是流血漉漉，跪在新房窗前哀求女儿快点开门，可是翠兰似乎听不见，不但不回答，连个头也不露。县太爷没办法了，只好派人把新房围住，带着翠兰的父母赶回县衙。

回到县衙门，县太爷思量对策，忽然想到自己办理的案件中有一个蟊贼，特别善于挖开人家的墙壁偷东西，现在正关在县衙的监狱当中。于是县太爷传令该蟊贼到堂，命令他到新房去营救那位小丈夫。古代农家的房屋多是以黄土用干打垒的方式建造的，极容易挖开洞。相传夏代少康的母亲后缗，在寒浞围攻的情况下，因为怀有身孕，不能翻墙而出，便在墙上挖了个洞，钻出去逃往母家有仍氏（今河北任县），在那里生了少康。后来少康纠合同姓氏族，将寒浞灭掉，恢复夏王朝，这就是历史上有名的"少康中兴"之缘起。读过诗书的县太爷，不可能不知道这个典故，所以想出这个主意。

蟊贼来到新房，先埋伏在门外，静静地等候，约莫新房内两名男女睡熟，便来到屋后，挖开土墙进屋，悄悄地将捆绑小丈夫的绳索割开，从墙洞中将之救出。于是，埋伏在新房外面的衙役捕快，便合力撞开大门，将两名男女，抹肩头、拢二臂地捆绑起来，天一亮便押送到县衙门。这件事全县都知道了，听说两名男女被捉获，谁不想前来看看，因此县衙门从大门到大堂，挤满了好奇的人们，等待县太爷升堂问案。

先是云板敲击五声，即是"太爷起驾了！"衙门外边随之回应二声梆子，则是"知道"。梆子声过后，衙门内吏、户、礼、兵、刑、工等房的书吏一起前来点卯；皂、壮、快三班衙役集合，分班站立在各自的位置。所有的胥吏全部集合完毕，云板再敲击三声，即是"升堂了"；衙门外边再随之回应三声梆子，重复"升堂了"。于是专门主管捧印的那名书吏及两名门子，来到知县内宅门前伺候。云板又敲击一声，即是"启"；所以把门皂隶用钥匙打开内宅大门，主管捧印的书吏进去将印箱捧出，两名门子进去将办理案件的卷宗匣子捧出。站堂皂隶高喊"升堂"，县太爷一身官服在身，从内宅门出来，直奔大堂，来到那张高高的桌子后面，在那个大椅子上就座。县太爷审理一般户婚、田土、钱债案件，衙役不在大堂站立，仅有一名负责笔墨的书童和一名负责记录的书吏。这次是审理重大刑事案件，衙役当然是要在大堂伺候，所以在公案前面的两边各站着六个衙役，有的拿着宝剑，有的则撑着打人的竹板。

所有人员各自按部就班之后，县太爷传令将人犯带上，两名男女被五花大绑地推到堂下跪倒。县太爷居高下望，但见那名男子，原来是名屠夫，名叫朱阿六，一脸麻子，络腮胡须恰如一蓬乱草，其面目"黑丑可憎"。又看翠兰，乃是其貌娟娟，皮肤白嫩，细腰小脚，"颇有风致"。于是县太爷呼令翠兰上前，指着她的鼻子厉声大骂之曰："吾见人多矣，从未见无耻如尔，不孝若尔者，犬彘不若，非人类也。律载：妇女犯奸，去衣受杖，况尔岂可以人理论乎！"当时下令，将翠兰的上下衣服全部剥去，"不留寸缕"，赤条条地跪在堂前。

县太爷先让执刑皂隶用牛皮拍子打嘴巴，与其日前翠兰母亲所挨一百下的数目相同；再让执板皂隶用竹板笞臀，与日前翠兰父亲所挨二百板子数目相同。行刑完毕，当堂判决。按照《大清律·刑律·犯奸》条规定："凡和奸，杖八十。"本应男女同罪，但本案是以男子为主，朱阿六可以算是强奸，按律例规定：强奸者，妇女不坐。因为翠兰也是知情人，虽是通奸，却似和奸，因此给予减等处置，"决大杖四十，命父母领去，而归聘礼于夫家"。大杖四十，是州县官权限范围内的，如果按律杖八十以上，州县官就要上报府道核准了。那么，有人要问，前面打翠兰及其父母的一百嘴巴、二百板子，这不是违反律例规定了吗？其实并没有违反，因为《大清律·刑律·断狱·故禁故勘平人》条规定：依法拷讯者，虽致死伤，不坐。对于这类的案件，州县官是有刑讯权力的，此前所打的一百嘴巴、二百板子，算是刑讯，而后者所打大杖四十，算是断罪，也就是处罚。

翠兰被决杖之后，由她的父母搀扶着走出县衙门。见到女儿赤条条一丝不挂，翠兰父母便各自脱下衣服给女儿穿上。孰不料围观者数千人，非但不加怜悯，却纷纷上前褫夺翠兰的衣服，竟使翠兰赤条条地行走数里回家。这样的羞辱，使翠兰的父母恼羞成怒，但又怎么能够奈这数千人何？于是在羞愤中相继去世。翠兰则命不该绝，不久所受刑伤便痊愈了，风采依然如旧。

与翠兰相比，那位屠夫朱阿六的命运便很悲惨了。县太爷先是命令打朱阿六二千板子，试图将朱阿六立毙杖下。不想朱阿六身体强壮，挨了二千板子，居然没有死。按照《大清律例》规定：一日之内不得二度用刑。于是，县太爷又命令次日再打二千板子，结果二千板子没有打完，朱阿六便一命呜呼了。

案件虽然审理完结了，但故事却还没有完结。过了几年，有人出游经过此县，在一家小酒馆里看到翠兰"为人行酒"。翠兰不但"风致如故"，而且热情待客，毫无羞涩之容。不过，翠兰的脸上却有因为挨嘴巴过多，而留下难以消失的伤痕。酒馆客人或有指着翠兰伤痕，问她因为什么留下此伤，翠兰则"缕述前情不少讳，至公堂受辱情状，尤言之历历如绘"。讲这些事情，人们爱听，翠兰也借此招徕许多客人前来光顾，为的是自己能够糊口。一名年轻美貌的女子，遭此变故，已经是廉耻全无，而将自己曾经受过的刑，当作"光荣"历史讲与人听，真不知《大清律例》寓刑于教的意义何在？却只见人性的摧残。

案件讲完了，但这个案件的审理留下什么思考呢？那时的州县官是如何把握"情、理、法"，并且能够有机地融入断案之中呢？在审判过程中又怎样掌握"情、理、法"的分寸？又是如何在不违国法的情况下，上不拂上司之美意，中不负自己之良心，下不逆属民之感情的呢？

本案涉及的男女两名案犯，事关纲常名教，当然不能原情，所以州县官在现有法律规定当中，运用自己的权力去追求自己所谓的"理"。本案适用的法律很多，前面已经讲了一些，这里重点讲一讲"立毙杖下"的问题。

《大清律例·刑律·断狱·故禁故勘平人》条规定：明立文案，依法拷讯，邂逅（偶然）致死者，勿论。已经给了承审官员以很大的权力，而条例规定"内外法司，外而督抚、按察使、正印官，许酌用夹棍"。"若因公事干连人犯，依法拷讯，邂逅致死，或受刑之后，因他病而死者，均照邂逅致死律勿论"。主要承审官可以使用律例规定之外的刑具，刑讯致死公事干连人犯都不受处分，那么对证据确凿的死刑犯立毙杖下，不但合法化，而且成为承审官的常用手段。

乾隆八年（1743），江西大庾、崇义等县发生聚众抢米事件，江西巡抚认为"此风断不容长"，于是将为首者立毙杖下。按罪名，这些犯人仅能够判杖徒之罪，现在将他们毙于杖下，是明显违反法律的行为，因为律例规定：如有将徒流人犯，拷讯致毙二命者，照决人不如法加一等，杖六十、徒一年；三命以上，递加一等，罪止杖一百、流三千里。江西巡抚重责杖徒之罪人犯，并立毙数名，已经触犯此条律例，却得到乾隆帝的夸奖："甚好！执法办理，以靖刁风。"

有皇帝的支持，承审官们便可以为所欲为了，他们可以对犯有斩绞以上死刑的人犯实施立毙杖下，而且还不承担"故勘"的责任，因为"故勘"的罪名是基于勘问"平人"，人犯则非属平人。这正是：

治狱非难断狱难，罪人生死寄毫端。

——〔清〕李化楠：《恤囚吟》

　　此案的县太爷不能够说没有能力，他曾经希望用情打动翠兰，所以殴打翠兰父母；也能够想出深夜挖洞解救人质的计谋，顺利地营救人质；但他为了维护所谓的"礼教"，在大庭广众面前将翠兰裸体刑讯，不按法律给屠夫朱阿六定罪，却钻法律的空子，将朱阿六活活打死，又显示出他残忍无情的一面。统治者口口声声说："明刑弼教"，期望以惩罚来弘扬所谓的"礼教"，完全不顾个人感受，以至于翠兰把自己裸体受辱当成光荣历史讲给众人听。本来嘛！不从根本上移风易俗，不去根除毁灭人性的婚姻习俗，与人类永恒的主题——爱情为敌，即便是能够操人生死，也会遭人唾骂。

见义勇为的危险

　　康熙二十九年（1690），有人到都察院击鼓鸣冤，因为他在邻居被强盗打劫的时候，挺身而出，结果被强盗砍掉右臂，邻居不肯补偿，官府说其多事，如今残废，不能够耕作佣工，无以为生，只有恳求皇上为自己做主。此事奏闻以后，康熙帝要地方官予以奖赏，赡养其终身，并且制定条例，对这种见义勇为者予以奖赏。康熙帝是如何看待见义勇为的呢？他是基于什么考虑而让刑部制定条例的呢？且从案情谈起。

　　却说南昌府武宁县中，有一乡绅，名叫霍晋，曾在四川当过道台，因为办事不力，也可能是不会走门路，所以在大计之年，考核时定为"疲软无力"，被勒令致仕了，如今归乡养老，实际上还不到五十岁。霍晋虽然是乡绅，家中也饶有钱财，但一生省俭持家，从没有穿一件新鲜衣服，吃一味可口东西；也不晓得花朝月夕同个朋友到名胜古迹玩游一番；更不甘四时八节备个粗筵席，会一会亲族，请一请乡党。终日紧缩在家中，皱着两个眉头，吃这碗粗茶淡饭。一串钥匙，叮叮当当，有如牢头禁子一般，终日紧紧挂在身上，丝毫东西都要亲手出放，从不假手他人。房中桌上，除了一个算盘、几本账簿之外，更无别物。日夜思算把银钱堆积上去，要撑破了屋子，方得快心，分文不舍得妄费。就是在至亲兄弟面上，也锱铢必较，还说什么亲兄弟明算账。这样吝啬的人，如何能在官场立足，也无怪乎其被勒令致仕了。

霍晋有两个儿子，长子霍如泉，人才出众，性质聪明，若使读书，也可图得上进。霍晋深知官场险恶，也不想让他再读书做官，所以读了几年书，就让他辍学了，让他管理家事，却是井井有条，诸事妥当。至于钱财出纳，也遵守严父家训，算是个克肖之子。所以霍晋以这个长子为左右手，一刻也少他不得。次子霍如源，生得人物秀美，风流洒落，不喜欢读书，也不想管理家事，却深得父母喜欢，尤其是母亲，对他总是有求必应，却养成他膏粱气质，说话纨绔腔调，做事不明不暗，显得缺少调教。

少年子弟，宁可终身不读书，不可一日近小人，若是近了小人，总会被小人带坏的。武宁县有几个无赖光棍，都各自起了诨号，叫什么穿山虎、坐地虎、爬山虎、笑面虎、跳涧虎，号称"五虎"，还有八个帮闲，号称"八狼"。他们每日打听谁是乡绅后裔，谁是财主儿子，他们家里有多少产业，父兄是否能够管教，然后引诱他们赌博嫖娼。霍如源这样的膏粱子弟，当然逃不过他们的法眼，很快就被他们拉下水。

在霍晋宅院后面，住着一个单身汉，名叫陶尚志，父母双亡，又无兄妹，家有几亩薄田，不足以糊口，农闲时给别人打工，以贴补生活。这陶尚志生得面如重枣，两道浓眉，身长七尺有余，肩宽背阔，是个壮汉。他从小就练武，刀枪棍棒，件件皆精，而且勇力过人。自己虽然穷困，却也出手大方，济困扶危，即便是倾家荡产，也在所不辞。凭借一身好武艺及强壮的身体，再加上他仗义疏财，所有的大户人家都愿意雇他打工，也曾经重金聘他来看家护院，但他都拒绝了，愿意过那种闲云野鹤、无拘无束的生活。

那时候在扬州城隍庙有一副对联云：刻薄成家，难免子孙荡费；奸淫作孽，岂能妻女清贞。这可以作为格言，因为与世俗相吻合。霍晋吝啬，儿子霍如泉却会生财，凭借乡绅的家庭，四处放高利贷，常于每年三四月间，粮食青黄不接之时，借米一担与人，到秋来还米一担五斗，名为"借担头"。只隔四个多月，就加米五斗，利息竟然敢超过律例规定的利不得过三分。乡中但有穷人无粮的，没奈何，不顾重利，只得借来应急。倏忽秋来，他就带着家丁沿村取讨。若或稍迟，小则嚷骂，大则拳打，动不动就要拉去见官。乡民知道其父曾经当过道台，与县官关系甚好，如何敢同他去见官，即便是卖儿卖女，也不敢拖欠他的钱粮。

霍晋父子悖入，也必然悖出。二子霍如源被"五虎""八狼"引诱，吃喝嫖赌抽，五毒俱全，这些都要银钱。父母虽然宠爱他，但父亲吝啬，哥哥好财，如何肯让他花钱如流水呢？母亲骄纵，把自己的体己钱给他花用，但母亲能够有多少体己钱呢？没有钱，"五虎""八狼"就借给他，基本上按照朝廷规定的三分利，但利滚利的话，时间长了，债务也是越积越多，他几次想从家中偷钱，无奈父兄看管很严，难以得逞。家里不给钱，又欠一屁股债，"五虎""八狼"还日夜逼迫，霍如源苦苦哀求，难免被他们打骂，也就英雄气短了。"五虎"之中的笑面虎，是口内说着仁义道德，心中藏着刀剑水火的人，其阴险贼狼，甚于他人。笑面虎让霍如源讲出其家财宝藏于何处，宅院有几个人防守，四周可有巡夜更夫，邻佑有无强悍之人。将霍家虚实打听清楚，"五虎""八狼"便合计深夜带着霍如源去霍家打劫，如果霍家家丁拼死拒敌，就以霍如源当人质，逼迫他们退让。要是官军衙役来援，万一被捕，就以霍如源为主谋，不信霍晋肯置自己亲生儿子于死。笑面虎认为，押着霍如源去打劫，不如让他作为内应，到时打开大门，众人再以其当人质，谅霍乡绅防范贼人，也不会防范儿子。

"五虎""八狼"等设计妥当之后，便在一个月黑风高夜，来到霍晋的宅院。霍如源从内打开宅门，"五虎""八狼"一拥而入，护院的几个家丁高喊"有贼"，却看到二少爷被贼人拥着，因此不敢动手，只有节节后退，让他们进入后院。"五虎""八狼"将睡梦中的霍晋、霍如泉及家眷们赶到院中，逼迫霍晋交出库房的钥匙。霍晋好财如命，如何肯交出呢？"五虎""八狼"便用刀架在霍如源的脖子上。此时霍如源的母亲及哥哥，跪倒在地，恳求霍晋把钥匙交出来，以保全儿子之命，全弟弟之身。霍晋正在犹豫间，忽听得一声呐喊，从后院窜出一个人来，飞起一脚，踢飞架在霍如源脖子上的刀，将其推到人群中，手持木棍，与"五虎""八狼"对打起来，此人便是住在霍宅之后的陶尚志。

那日陶尚志尚未入睡，听到前面霍家宅院有人喊"有贼"，便抄起一根木棍，来到霍宅后墙观看，见到"五虎""八狼"劫持霍家二少爷，还举刀威逼霍家的女眷，便不顾个人安危，翻墙而入，冲了过来，与"五虎""八狼"打将起来。霍晋见有人来救，急忙喊家人助阵，双方打了起来。"五虎""八狼"

平日以人多势众，行凶撒泼，武宁县的人无不怕他们，要是真的打起来，也是中看不中用，早就被陶尚志打倒数人，也被家人拿住二三人。因为陶尚志武艺出众，"五虎""八狼"一起围攻他，而家丁们手持刀枪，却不敢向前。俗话说：好虎架不住群狼。陶尚志顾前而不能够顾后，结果被跳涧虎从后面偷袭，一刀砍在右臂之上，将整个臂膀砍了下来。陶尚志负痛，用左手举棍劈向穿山虎的头顶，打得他脑浆迸裂，顿时一命呜呼了。这时候巡夜更夫敲起铜锣，村众们也纷纷拿着镰刀镐头前来救助。穿山虎是"五虎""八狼"的首领，如今已死，村众们又来援助，剩余的无赖光棍见势不好，纷纷逃窜，而村众们也害怕伤了自己，只是呐喊，不敢上前厮杀，无赖光棍顺利逃走。陶尚志右臂已断，此时鲜血直流，初时尚且以棍支撑不倒，见贼人逃去，一时放松，便昏倒在地。霍晋怕再出人命，急忙叫家人为陶尚志包扎伤口，然后将其送回陶家。

天亮以后，霍晋令家人押着被捕获的四个无赖光棍，抬着穿山虎的尸体，邀集邻佑证人，亲自来到武宁县衙告状，要县太爷追查余党，严惩盗贼。霍晋是退休的高官，县太爷哪里敢得罪呢？根据无赖光棍的交代，将"五虎""八狼"全部擒获，押入囚牢，申报各级上司，等候按律惩处。

在审讯过程中，"五虎""八狼"等众口咬定霍如源就是首谋，按照《大清律例·刑律·贼盗·强盗》条规定：凡强盗已行而不得财者，皆杖一百、流三千里。"五虎""八狼"抢财不成，还不至于是死罪。霍如源是首谋，属于"造意"，按律当斩。县太爷虽然照顾乡绅的情面，但也不能够放弃眼前的钱财，所以向霍晋索要霍如源，要按律予以定罪，言下之意是索要钱财。霍晋当过官，能够不明白这个规则吗？此时他虽然心疼钱，但也不能够不顾儿子的命。再说了，儿子成为强盗之首，自己就是盗贼窝家，按照《盗贼窝主》条规定，窝主也是斩罪，弄不好还要丢去自家的性命。为了儿子的命，也是为了保自己的命，霍晋只好出血，这就是悖出。霍晋花了近万两银子，才买得县太爷的首肯，以"五虎""八狼"挟制霍如源为人质，不能够自主为由，定其无罪。

霍晋到县衙告状，从来未提及陶尚志见义勇为之事，只说家丁奋力拒敌，杀死穿山虎。按照《大清律例·刑律·贼盗·夜无故入人家》条规定：主家登时杀死者，勿论。因此家丁无罪，若是见义勇为的陶尚志杀死强盗，按照《大清律例·刑律·捕亡·罪人拒捕》条规定：即便是将罪人格杀之，也是勿论的；而按照《强盗》例的规定，常人捕获强盗一名，应该赏银二十两，强盗五名以上应该赏一官。陶尚志与家人杀死一名，捕获四名，按例除了给赏银之外，还应该赏陶尚志一个官职。

霍晋不提陶尚志见义勇为，县太爷也不彻查此事，已经残废的陶尚志，居然没有人管。这个霍晋也真可气，陶尚志救了他们一家，即便是官府不管，他也应该管呀！但他却以没有请陶尚志来相救，是他自己前来的为由，不给陶尚志一文钱，还说陶尚志深夜进入其家，非偷即盗。不给钱可以，但诬蔑自己非偷即盗，这与名誉有关，陶尚志哪里能够咽下这口恶气，便来县衙控告。却不想县太爷庇护霍晋，坚持说他不该深夜进入霍家，因为霍家有防守家丁，足以拒敌，不用他多管闲事，一顿乱棒将之赶出县衙。

　　陶尚志受此屈辱，当然不肯善罢甘休，便只身来到南昌府告状，却不想官官相护，知府以他没有人证物证，不能够听一面之词为由，维持县太爷的意见。陶尚志再到巡抚行辕去告状，被守卫兵丁拦在门外，他只好等候巡抚出来，然后喊冤，以为巡抚能够主持正义，却不想巡抚认为此事不归他管，将其移送到按察使衙门，由按察使办理。按察使"掌振扬风纪，澄清吏治"，主管监察与刑事案件审核，按理说他应该公正办理，但按照当时的制度，如果府县办理案件出现错误，他也要承担相应的责任，若是更正府县的审理，便等于是承认错误。如果陶尚志是个有钱有势的人，能够得到某种利益，承认一些错误也不算什么。问题是陶尚志就是一个单身穷人，无亲无故，为这样一个人去承认自己的错误，按察使如何肯呢？所以还是维持府县的意见，认为陶尚志是无理取闹，派人将之押回原籍看管。

　　此时陶尚志真是叫天天不应，叫地地不灵，自己残废，不能够种地，也没有人再请他佣工，只能够沦落成为乞丐。有人知道陶尚志的冤屈，也可怜他成为残废，在施舍之余，跟他讲官贪吏污，一个穷百姓如何斗得过官府呢？认为当今皇上圣明，若是告到皇帝那里，或许能够为你伸雪冤屈。众人都这样认为，陶尚志也就相信了，反正自己孤身一人，已经是乞丐了，到哪里要饭都一样。陶尚志在看管人疏忽之时，逃出武宁县，一路乞讨，辗转来到京城，到都察院登闻鼓击鼓鸣冤。

　　凡是击打登闻鼓告状的案件，都要将案情奏报给皇帝。

康熙帝得知案情，当即召集刑部官员，对他们说："劫盗被邻居之人及众人擒获，或为被盗之家人擒获，皆应赏励。盗若抗拒，捕者被创，应依行间受伤例赏之。"也就是说不管是什么样的人，只要能够擒获劫盗，都应该予以奖赏鼓励，如果因为捕获劫盗而受伤，应该按照军人在战场上受伤一样，不但予以奖赏，还应该予以赡养。康熙帝要求刑部议定条例，以便将来有法可依。刑部遵旨会议，最终议定条例云：嗣后擒获强盗之人，及拒捕被伤之人，俱分别一二三四等，给赏银两。著为定例。得到康熙帝的批准，并且提出陶尚志即按此例给赏，江西巡抚、按察使、南昌知府、武宁知县等，凡与此案有关的官员，均交吏部予以分别议处，霍晋取消其退休待遇，为民闲住，等于是革职为民。这正是：

见义勇为遭劫难，袖手旁观享清福。

陶尚志的冤屈被昭雪了，但刑部没有完全按照康熙帝的旨意勒定条例，因为康熙帝要将抓捕强盗受伤者，按照军人战场受伤的待遇，除了给予赏金，还要赡养终身。按照刑部议定的条例。即便是按照一等予以给赏，也不过是银百两，对于一个已经残废的人来说，百两银用完以后，又如何生活呢？康熙帝曾经意识到捕盗受伤者今后生活的问题，但刑部官员要考虑官府的财政支出，一次性给赏容易，长期赡养的负担，财政是很难承担的。这些官老爷们为什么不想一想，康熙帝提出"邻居之人及众人"，这些人显然不是被强盗打劫的事主，他们能够帮助事主擒获强盗，乃是一种见义勇为的行为。对于这种见义勇为的行为，官府固然可以出钱奖励，用以弘扬正气，但事主之家就没有义务吗？如果条例增加有关事主应该承担的义务，不但使见义勇为者减少后顾之忧，也可以使见义勇为的行为得到弘扬，更不会让事主成为袖手旁观人。可惜朝廷官员没有这样长远的设想，所以在清王朝时，一旦发生强盗打劫案件，邻居之人及众人，碍于律例邻佑不前往救助便有罪的规定，不得不出来救助，也就是齐声呐喊却盗而已，很少有人出头去抓强盗，以免自己死伤，所以强盗才能够横行无忌。

© 柏桦 2017

图书在版编目（CIP）数据

柏桦说明清律例：罪与罚 / 柏桦著. —沈阳：万卷出版公司，2017.7
ISBN 978-7-5470-4510-7

Ⅰ.①柏… Ⅱ.①柏… Ⅲ.①法律－研究－中国－明清时代 Ⅳ.①D929.4

中国版本图书馆CIP数据核字（2017）第095163号

出品人　刘一秀

出版发行：北方联合出版传媒（集团）股份有限公司
　　　　　万卷出版公司
　　　　　（地址：沈阳市和平区十一纬路25号　邮编：110003）
印 刷 者：北京鹏润伟业印刷有限公司
经 销 者：全国新华书店

幅面尺寸：146mm×210mm　　　　装　帧：精　装
印　　张：13　　　　　　　　　　字　数：280千字
出版时间：2017年7月第1版　　　印刷时间：2017年7月第1次印刷
责任编辑：杨春光　　　　　　　　责任校对：杨春晓
装帧设计：马婧莎
ISBN 978-7-5470-4510-7
定　　价：48.00元

联系电话：024-23284090　　　邮购热线：024-23284050
传　　真：024-23284521　　　E－mail：book_light@sina.com
腾讯微博：http://t.qq.com/wjcbgs

常年法律顾问：李　福　版权所有　侵权必究　举报电话：024-23284090
如有印装质量问题，请与印刷厂联系。联系电话：010-80270005